suhrkamp taschenbuch 1248

Franz Rottensteiner studierte Publizistik und englische Philologie in Wien, wo er promovierte. Er war Herausgeber der *Science-fiction der Welt* im Insel Verlag sowie des Almanachs *Polaris 1–3* in den *insel taschenbüchern; Polaris* erscheint ab Nummer 4 als *suhrkamp taschenbuch*. Er ediert die Zeitschrift *Quarber Merkur*. Als Mitglied des Redaktionsbeirats arbeitet er an der amerikanischen Zeitschrift *Science-Fiction Studies* mit.

Polaris 10 ist den Werken der Brüder Arkadi und Boris Strugatzki gewidmet, den führenden Autoren der »wissenschaftlichen Phantastik« der Sowjetunion und, nach Stanisław Lem, den vielleicht interessantesten Science-fiction-Autoren überhaupt.

Neben einigen Erzählungen der Strugatzkis, Selbstaussagen und einer nicht realisierten Fassung ihres Drehbuchs für den »Stalker«-Film Tarkowskis enthält dieser Band Analysen ihres Gesamtwerkes und spezieller Bücher und Probleme. Die Strugatzkis, die sich nur selten zum eigenen Werk äußern, halten sich übrigens für realistische Schriftsteller und betonen die Ähnlichkeit des phantastischen mit dem historischen Roman, gemäß ihrer Maxime: »Schreibe darüber, was du gut kennst, oder darüber, was niemand kennt!«

Polaris 10

Ein Science-fiction-Almanach
Arkadi und Boris Strugatzki
gewidmet

Herausgegeben
von Franz Rottensteiner
Phantastische Bibliothek
Band 171

Suhrkamp

Redaktion und Beratung: Franz Rottensteiner
Umschlagmotiv von Tom Breuer

suhrkamp taschenbuch 1248
Erste Auflage 1986

Satz und Druck: Ebner Ulm · Printed in Germany
Umschlag nach Entwürfen von
Willy Fleckhaus und Rolf Staudt

1 2 3 4 5 6 - 91 90 89 88 87 86

Inhalt

Vorwort

Die Brüder Arkadi und Boris sind viel übersetzt, gerade auch im Westen, am gründlichsten wohl in der BRD, Frankreich und den USA, und sie haben auch international kritische Anerkennung gefunden, sogar in den USA, wo sich SF-Autoren wie Ursula K. Le Guin oder Algis Budrys sehr enthusiastisch vor allem zu *Picknick am Wegesrand* geäußert haben, aber dennoch sind sie außerhalb der Sowjetunion bislang eher Autoren für einige wenige Kenner als Schriftsteller mit Erfolg beim breiten Publikum. Auch Tarkowskis Film *Stalker,* der nach ihrem Roman *Picknick am Wegesrand* gedreht wurde, und zu dem die Strugatzkis selbst das Drehbuch schrieben (die in diesem Band abgedruckte »Wunschmaschine« ist eine frühe, nicht realisierte Fassung des Drehbuchs), vermochte daran nichts zu ändern. Derzeit wird von dem Regisseur Peter Fleischmann als deutsch-sowjetische Co-Produktion der bekannte (und wohl erfolgreichste) Roman *Es ist nicht leicht, ein Gott zu sein* verfilmt, und es ist anzunehmen, daß dieser Film den Autoren zumindest in der BRD beträchtliche Aufmerksamkeit sichern wird.

Zweifellos sind die Strugatzkis die bei weitem führenden SF-Autoren der UdSSR, es gibt niemanden, der ihnen qualitativ auch nur entfernt nahekäme – und auch der Umfang ihres Werkes kann sich sehen lassen. Eine solche Zusammenarbeit zwischen Schriftstellern, in der allgemeinen Literatur eher selten, ist in der SF sehr beliebt, und es gibt einige beachtliche solche Teams – man denke nur an Johanna Braun und Günter Braun oder Frederik Pohl und C. M. Kornbluth; aber zweifellos sind die Brüder Strugatzki das wichtigste Autorengespann. Boris, Jahrgang 1933, ist Astronom, Arkadi, Jahrgang 1925, Japanologe; Boris lebt in Leningrad, Arkadi in Moskau; zum Schreiben trifft man sich in der Mitte, in der Provinzstadt Bologaje, in einem Café, das mittlerweile ein Schild »Bei Borja und Arkascha« schmückt.

Die schriftstellerische Entwicklung der Strugatzkis ist auch im Westen – und gerade dort – sehr gut dokumentiert, vor allem dank der Arbeiten Darko Suvins. Verwiesen sei hier auf sein umfangreiches Nachwort zur Suhrkamp-Ausgabe der *Schnecke am Hang*. Grob gesprochen, begannen die Strugatzkis im »mainstream« der sowjetischen SF zu schreiben, also Abenteuerromane vor dem

Panorama der strahlenden Zukunft der kommunistischen Gesellschaft, wenn auch mit größerer Bandbreite der Charakterisierungen, mehr erzählerischer Raffinesse und interessanteren, menschlicheren Konflikten, als man sie sonst in der sowjetischen SF findet. Später schlugen sie einen eigenständigeren Weg ein, schufen märchenhafte und symbolisch verschlüsselte Texte, in denen sie, wie häufig nachgewiesen, die Grundlagen Utopias selbst in Frage stellten, was ihnen, als sie Themen von geschichtlicher Brisanz aufgriffen, teilweise heftige Angriffe eintrug, sowohl in der Öffentlichkeit wie auch im Grabenkampf des sowjetischen Kulturbetriebes. Ihrem Schriftstellerkollegen Alexander Kasanzew sagt man nach, daß er keine Gelegenheit ausläßt, die Strugatzkis beim Zentralkomitee der KPdSU zu denunzieren. Doch haben die Strugatzkis zweifellos auch ihre Fürsprecher und Sympathisanten, denn ihre Erzählungen erscheinen weiterhin in Zeitschriften, sie werden, wenn auch in völlig unzureichenden, aber dem Durchschnitt der sowjetischen SF entsprechenden Auflagen, in Büchern gedruckt (aber Nachauflagen gibt es praktisch nie, auch eine Besonderheit des sowjetischen Kulturlebens), und sie können auf öffentliche Angriffe ebenso öffentlich und ohne Umschweife antworten. In einem kurzen Aufsatz in der *Süddeutschen Zeitung* vom 16. Juli 1985, »Die Käfer und die Götter«, berichtete Helen von Ssachno zum Beispiel von einem im Sprachrohr des kommunistischen Jugendverbandes, *Molodaja Gwardija*, vorgetragenen Angriff auf den Roman *Ein Käfer im Ameisenhaufen*, auf den Arkadi Strugatzki in der *Literaturnaja Gazeta* vom 15. Mai in einem Interview antwortete: »Das ist keine Besprechung, sondern ein dummes Geschimpfe über einen Roman, der vor mehr als fünf Jahren erschienen ist. In der Tat, ein kooperatives Echo.« Wenn ihre Stellung inzwischen nicht relativ gesichert wäre, könnte sich Arkadi Strugatzki schwerlich solch ungeschminkte Worte erlauben.

Daß die Strugatzkis Sozialkritiker sind, ist unstrittig; umstritten ist allenfalls die Frage, ob sie partielle Kritik auf dem Boden des Systems üben oder Kritik am System als solches. Unzweifelhaft ist auch, daß ihre Kritik verfremdet ist, so daß manche ihrer Texte schwer zu entschlüsseln sind und beinahe dunkel anmuten. Daß ihre Erzählungen häufig nicht eindeutig interpretierbar sind, ist für den, den nicht in erster Linie ihr gesellschaftlich-politischer Stellenwert interessiert (oder gar ihre Verwertbarkeit für propagandistische Zwecke), nicht unbedingt ein Nachteil, denn echte Literatur ist immer vielwertig und auf die verschiedenste Weise interpretierbar. Gewiß müssen sowjetische Autoren weitaus vorsichtiger argumentieren als viele andere Schriftsteller – im Westen wie im Osten. Aber im Grunde ist die Frage, Systemkritik ja oder nein, nicht sehr ergiebig, wie es auch nicht sehr wesentlich ist, was die Autoren »wirklich sagen wollten«, weil der Text als solcher entscheidender ist als die (privaten) Ansichten seiner Urheber, und jede Interpretation, die sich mit dem Text vereinbaren läßt, ist erlaubt. Sicher scheint mir zu sein, daß die Strugatzkis, bei aller Gesellschaftskritik und bei so mancher negativen Zeichnung von Charakteren und Umständen, dennoch den Boden des utopischen Denkens nicht verlassen haben, daß ihr Werk durchgehend vom Gegensatz Utopie – Antiutopie strukturiert wird, und daß ihre Weltsicht keineswegs nur pessimistisch und düster ist. Aller schwarzen Züge ungeachtet, ist das Prinzip Hoffnung für sie noch eine greifbare Realität. Das zeigt auch das aus der *Sowjetliteratur* nachgedruckte Interview mit Arkadi Strugatzki, selbst wenn man von der demonstrativen antiimperialistischen Haltung absieht, die das Interview nach landläufigem Strickmuster einleitet und der man vielleicht keine allzu große Bedeutung beimessen sollte.

Der Meinung, daß die Strugatzkis keineswegs tiefschwarze Pessimisten sind, ist auch Istvan Csicsery-Ronay jr., der sich in seiner Märcheninterpretation von *Picknick am Wegesrand* so nebenbei auch auf eine brillante Polemik mit Stanisław Lem einläßt. Leider wurde ein zweiter Essay Csicsery-Ronays, der einen ausdrücklichen Vergleich Lem – Strugatzkis hätte bringen sollen, nicht rechtzeitig fertig. Ein solcher Vergleich wäre aus verschiedenen Gründen besonders interessant. Lem selbst ist ja der Ansicht, daß die Strugatzkis in manchen Büchern eine implizite Polemik mit einigen seiner Büchern führen, so könnte man durchaus meinen, *Milliarden Jahre vor dem Weltuntergang* sei gewissermaßen eine Replik auf *Die Stimme des Herrn* oder auch *Die Untersuchung*. Ich selbst wollte für dieses *Polaris* ein Interview mit Arkadi Strugatzki durchführen. Da die postalische Kommunikation aber schleppend ist, war das Ergebnis nicht sehr befriedigend. Manche Antworten waren wohl eher höfliche (und auch elegante) Ausweichmanöver, denen man mit neuen Fragen hätte nachsetzen müssen, was aus Zeitmangel nicht ging. Arkadi Strugatzki verneinte ausdrücklich jeden Zusammenhang zwischen Lems *Eden* und ihrem eigenen *Fluchtversuch* oder *Es ist nicht leicht, ein Gott zu sein:* »Kann sein im Garten die Tante, und in Kiew der Onkel« oder englisch: »Im fernen Land fliegt deine Schwalbe, doch mein Großvater liebt die Salzgurken.« Übersetzt also wohl: »Jedem Tierchen sein Pläsierchen«, vielleicht auch: »Der Spatz in der Hand ist besser als die Taube auf dem Dach.« Arkadi Strugatzki schätzt, als Spitzen der Welt-SF, von Lem vor allem *Solaris* und *Der Unbesiegbare,* also traditionelle SF-Werke, und dann *Die Stimme des Herrn,* wohl weil hier Problematik und auch Darstellungsweise, trotz des essayistischen Charakters dieses Romans, gewisse Gemeinsamkeiten mit dem Werk der Strugatzkis aufweisen. Bezüglich ihrer Gemeinsamkeiten und Unterschiede führte Arkadi jedoch nur an: »Wie ich vermute, liegt der wichtigste Vergleich zwischen Lem und den Strugatzkis in dem Umstand, daß Lem Philosoph ist und wir Brüder Strugatzki uns mehr als für alles andere für die Probleme der moralischen Wahl und der persönlichen Verantwortung vor der Gesellschaft, der Geschichte und dem Menschentum interessieren.« Das ist gewiß sehr allgemein gesprochen, aber trotzdem kein bloßes Ausweichmanöver, sondern die Herausarbeitung eines wesentlichen Unterschiedes. Lem ist in erster Linie ein philosophischer Schriftsteller und – auch wenn seine Werke zuweilen eine politische Komponente und sogar offenere Kritik als die der Strugatzkis enthalten – kein eigentlich politischer Schriftsteller. Ich würde sogar so weit gehen, Lem einen unpolitischen Menschen zu nennen. Er hat es immer vermieden, politisch Stellung zu beziehen. Die konkrete Geschichte ist Lems Metier nicht, vor allem nicht die Sozialgeschichte. Zwar gibt es auch bei Lem Geschichtliches, aber nie in pseudorealistischer Manier, nach Art eines historischen Romans, sondern als hochabstraktes Skelett. Lem ist aber ein Theoretiker, dem das Denken alles, das gelebte Leben aber fast nichts gilt; die Strugatzkis aber interessiert das Leben, die konkreten Umstände der Gesellschaft und Geschichte, weit mehr als theoretische Überlegungen. (Dieser Unterschied zeigt sich auch schon daran, daß Lem umfangreich und tiefschürfend über die SF reflektiert hat; von den Strugatzkis gibt es nur einige kurze Interviews, Vorworte und knappe Aussagen, deren Essenz darin besteht, daß sich die Strugatzkis weigern, eine starre Grenze zwischen SF und anderer Literatur anzuerkennen; für sie muß ein Stück Phantastik in erster Linie ein Stück guter Literatur sein. Punktum.) Die Strugatzkis lösen die Emotionen des

Lesers weit mehr aus als Lem, weil sie sich selbst engagieren. Sie sind in weitaus stärkerem Maße herkömmliche Romanciers als Lem, und sie sind stärker in einer bestimmten Tradition verwurzelt; sie sind typischere russische Autoren (und Angehörige der russischen Gesellschaft) als Lem ein typisch polnischer Autor ist (er ist ein Autor der ganzen Welt), und ihre Verpflichtung gegenüber der Tradition Gogol – Bulgakow ist unverkennbar. Als psychologische oder psychologisierende Romanciers betrachtet, sind die Strugatzkis zwar nicht sonderlich anspruchsvoll, aber als in Folklore, Märchen und der russischen satirischen Tradition verwurzelte Geschichtenerzähler sind sie um so bedeutender. Weit stärker als Lem schildern sie ganz gewöhnliche, alltägliche Menschen, in zwar ungewöhnlichen, aber zugleich auch oft sehr alltäglichen Prüfungen, ohne Vernachlässigung der häßlichen Seiten des Menschen.

Ein Beispiel illustriert vielleicht den Unterschied Lem–Strugatzkis. Als Kris Kelvin auf der Station Solaris zuerst der vom Tode wiedergekehrten, mit außergewöhnlichen Körperkräften ausgestatteten Harey begegnet – die Frau, an deren Tod er sich schuldig fühlt –, steckt er sie ohne viel Federlesens in eine Rakete und schießt sie ins All, ohne später auch nur einen Gedanken an sie zu verschwenden. Gewiß, Harey ist »kein Mensch«, sondern ein Konstrukt des Ozeans, aber dieses Vorgehen zeugt doch von außergewöhnlicher Kaltschnäuzigkeit und sogar Gefühlskälte. Zwar stehen die Überlegungen dahinter durchaus im Einklang mit den zum Beispiel in den *Dialogen* geäußerten Gedanken Lems über eine serielle Existenz, das Fortleben in anderen Körpern – für den ursprünglichen Menschen ist das laut Lem kein Fortleben, sondern es handelt sich um völlig getrennte Existenzen –, aber für einen mit dem Ebenbild seiner toten Frau konfrontierten Menschen würde doch wohl der rein äußere Eindruck, dem man sich schwer entziehen könnte, alle theoretischen Überlegungen der Art der *Dialoge* auslöschen, und es scheint mir schwer vorstellbar, daß eine Hauptgestalt der Strugatzkis so reagieren könnte. Sikorski, der im *Käfer im Ameisenhaufen* eine vergleichbar grausame Handlung setzen muß – an Lew Abalkin, der zu ihm nicht in einem so engen Verhältnis steht wie Harey zu Kelvin –, ringt sich dazu erst nach schweren Gewissenskonflikten und quälerischen Überlegungen durch. Kelvins Tat, wenn nicht die Tötung einer ihm nahestehenden Person, ist doch höchstwahrscheinlich das Verbrechen der Auslöschung eines Bewußtseins.

Die Strugatzkis sind eminent politische, tief in Gesellschaft und Geschichte verwurzelte Autoren, denen die Praxis mehr gilt als deren wissenschaftliche Untermauerung, Symbole mehr als abstrakte Begriffe. Nicht umsonst stehen die Kinder, wie Csicsery-Ronay sehr richtig bemerkt, für die Zukunft, sind sie – wie in *Der ferne Regenbogen* – der höchste Wert, der gerettet werden muß. Anders als bei Lem, dessen Märchen höchst artifiziell sind, Kunstgriffe eines hochgezüchteten Intellekts, getragen von satirischen »märchenfremden« Absichten, ist auch das Verhältnis der Strugatzkis zur Märchenform weit natürlicher, wenn man will auch »naiver«, in gewisser Weise selbstverständlich wie das von Kindern, sozusagen mit einer Wertschätzung des Märchens um seiner selbst willen, nicht nur als Träger von Satire und Humor, zur Verspottung einer unerträglichen Realität. Zweifellos haben die Strugatzkis an volkstümlichen Traditionen viel tiefer teil als der kosmopolitische Lem.

Letztlich sind Lem und die Strugatzkis Schriftsteller von grundverschiedenem Denken und unterschiedlichen Interessen, ohne daß der eine den anderen an Originalität und Tiefe nachstünde. Sie haben eben verschiedene Perspektiven, erlauben eine unterschiedliche Sicht der Welt. Zumindest *Es ist nicht leicht, ein Gott zu sein, Die Schnecke am Hang, Die zweite Invasion der Marsianer, Das Märchen von der Troika, Picknick am Wegesrand* und *Ein Käfer im Ameisenhaufen* gehören zu den Spitzen der Welt-SF und sind sehr beachtliche Literatur. Viele weitere Erzählungen der Strugatzkis sind hochinteressant.

Drei dieser Werke *(Picknick am Wegesrand, Es ist nicht leicht, ein Gott zu sein* und *Ein Käfer im Ameisenhaufen)* werden in diesem Almanach besonders gewürdigt (von Istvan Csicsery-Ronay jr., Dagmar Barnouw und Erik Simon). Halina Stephan und Diana Greene beschäftigen sich mit Spezialproblemen: Stephan mit den Grenzen des wissenschaftlichen Fortschritts in *Milliarden Jahre vor dem Weltuntergang,* Greene mit dem Frauenbild in dem vielleicht rätselhaftesten Strugatzki-Roman *Die Schnecke am Hang*. Florian F. Marzin liefert einen allgemeinen Überblick über das Schaffen der Strugatzkis. Die Hauptleistungen der Strugatzkis liegen unzweifelhaft auf dem Gebiet des Romans bzw. der längeren Erzählung, doch haben sie auch einige kürzere Texte geschrieben, von denen in *Polaris 10* einige Proben abgedruckt sind.

Ich hoffe, daß diese Zusammenstellung allgemein interessant ist und daß sie dazu beiträgt, das Verständnis für die beiden sowjetischen Autoren zu vertiefen und vielleicht neue Leser auf das Werk der Strugatzkis neugierig zu machen.

Franz Rottensteiner

Arkadi Strugatzki

Der Mensch muß immer Mensch bleiben

Der bekannte sowjetische SF-Autor spricht mit dem Redakteur der »Sowjetliteratur« Alexander Fjodorow

Arkadi Strugatzki, ich brauche Sie unseren Lesern nicht extra vorzustellen. Die Bücher der Brüder Strugatzki sind den SF-Freunden in aller Welt ein Begriff. Auch unsere Zeitschrift brachte Werke der Brüder Strugatzki und schrieb über ihr Schaffen. Und Sie selbst haben auf unseren Seiten erzählt, wie Sie zur Science-fiction kamen. Doch möchte ich auf Ihr erstes, vor genau 25 Jahren erschienenes Buch zurückgreifen, und zwar auf die Novelle »Die Asche von Bikini«, in der reale Ereignisse im Zusammenhang mit einem US-Kernwaffentest auf dem Atoll Bikini geschildert wurden. Wie entstand dieses Buch? Besteht da eine Brücke, die zu Ihren späteren Werken geschlagen werden könnte?

Wie und warum »Die Asche von Bikini« geschrieben wurde? Damals war ich im Fernen Osten tätig, und meine Arbeit brachte es mit sich, daß ich viele japanische, amerikanische, philippinische usw. Periodika las. Die Explosion einer amerikanischen Wasserstoffanlage – das war noch keine H-Bombe – erschütterte die ganze Welt. In der Presse erschienen Einzelheiten über die Folgen des ersten Tests dieser unmenschlichen Waffe, auch darüber, wie ihm ein paar Dutzend japanische Fischer zum Opfer gefallen waren. Ihr Schoner befand sich recht weit vom Explosionsort, aber sie sahen, wie »der Himmel in Brand geriet«, und dann regnete es Asche auf das Deck... Diese einfachen Fischer hatten keine Ahnung davon, daß die Asche radioaktiv war, daß ihnen allen nun entsetzliche Leiden beschieden waren. Die Japaner waren in See gestochen, um Thunfisch zu fangen, um etwas zu verdienen und ihre hungernden Angehörigen zu ernähren, und als sie zurückkehrten, waren sie dem Verderben preisgegeben – durch einen fremden bösen Willen...

Darüber mußte man schreiben. Man mußte laut und vernehmlich sagen, was diese neue schreckliche Waffe über die Welt bringt, mußte zeigen, wie unmenschlich sie ist. Zusammen mit dem inzwischen verstorbenen Lew Petrow schrieb ich also die Erzählung »Die Asche von Bikini«, einen belletristischen Bericht über wahre Ereignisse. Freilich war dieses Buch alles andere als vollkommen. Aber das darin behandelte Thema ist leider auch heute brisant. Atomwaffen, Atomkrieg – das liegt ja jenseits der normalen Vernunft. Das ist eine zu große Gefahr für die Menschheit, man kann sie sich anhand der Erfahrungen der früheren Kriege allein nicht vorstellen. Deshalb setzen sich unser Land und unsere Literatur so aktiv für den Frieden ein.

Was die »Brücke« von der »Asche von Bikini« zu unseren späteren Arbeiten betrifft – nein, eine direkte Brücke besteht da natürlich nicht. Das war das erste Buch, aber noch nicht eines der Brüder Strugatzki.

Das erste Buch der Strugatzkis – der Kurzroman »Atomvulkan Golkonda« – erschien ein Jahr später, 1959. Es gibt eine lustige Anekdote, die Strugatzkis hätten das Buch als Ergebnis einer Wette geschrieben, nach dem Motto: »Was andere können, können wir längst.« Ist das wahr?

Ja und nein. Unsere Vorliebe für die Science-fiction begann schon in der Kindheit. Jules Verne, Herbert Wells, Karel Čapek, Alexej Tolstoi, Alexander Beljajew – wir verschlangen förmlich ihre Phantastik. Aber auch alle Neuerscheinungen. Und es wurmte uns, daß es in den Büchern unseres Lieblingsgenres so viele Schablonen gab: in Themen, Fabeln und Stil. Da lasen wir zwei Romane nacheinander: »Argonauten des Alls« von Wladimir Wladko und »Notlandung auf der Venus« von Konstantin Wolkow, beide also über einen Flug zur Venus, und beide mit so vielen Klischees behaftet... Bei einer der Diskussionen im Freundeskreis, als wir diese Autoren »verrissen« hatten, wurde uns gesagt: »Andere zu kritisieren ist gewiß leichter, als selber zu schreiben!« – »Könnten wir auch!« – »Wetten?« – »Wetten!« Und wir machten uns an den »Atomvulkan Golkonda«.

Ebenfalls über eine Reise zur Venus...

Ja, die Handlung darin spielt auf der Venus. Doch darf ich Sie vielleicht an folgendes erinnern. Der Flug der Venus ist in unserer Erzählung Ergebnis einer gewaltigen Vorbereitungsarbeit großer Wissenschaftlerkollektive und Industriebetriebe. Einer komplizierten, schwierigen Arbeit, bei der Fehler und Mißerfolge keineswegs ausgeschlossen sind. Heute wissen wir alle, wie viel Arbeit, wie große Mittel, welch eine Vorbereitung jeder Start ins All erfordert, und wenn er auch heutzutage schon etwas Gewohntes ist und von den meisten Menschen als selbstverständlich, ja alltäglich empfunden wird.

Als wir den »Atomvulkan Golkonda« in Angriff nahmen, sahen wir zwei Hauptprobleme vor uns: das technische, d. h., wie wir unsere Helden möglichst schnell zur Venus befördern sollten, um eine klischeehafte Schilderung des Flugs mit faden Gesprächen der handelnden Personen zu vermeiden, aus denen der Leser eine langweilige Information darüber erhalten soll, wie sie fliegen, mit welcher Geschwindigkeit, welche Gefahren auf sie lauern können, usw.; und das zweite Problem: unsere Helden selbst zu zeigen, d. h. darzustellen, wie die Menschen in 50 Jahren – dies die Handlungszeit des Romans – sein würden.

Mit dem ersten Problem wurden wir dank der Idee einer Photonenrakete fertig, sie verkürzt die Flugdauer sprunghaft. Die Menschen aber, wie werden sie sein, die Menschen unseres Morgen? Wir stellten uns Eigenschaften vor, die die Gesellschaft und den Menschen der Zukunft auszeichnen sollen. Humanismus, Pflichtbewußtsein, Fähigkeit zur Selbstaufopferung, hohe berufliche Qualifikation, klarer Verstand, fester Wille... Und als wir uns nach Menschen mit all diesen Eigenschaften umsahen, stellten wir – doch wohl zu unserem eigenen Erstaunen – fest, wie zahlreich sie um uns sind, Menschen, die schon heute vollberechtigte Mitglieder der kommunistischen Gesellschaft sein könnten. Mehr noch, es gab solche Menschen auch viel früher! Giordano Bruno, Michail Lomonossow, Isaac Newton, Iwan Kulibin... Dürfen wir denn nicht von ihnen sagen, daß sie ihrer Zeit voraus, daß sie Menschen der Zukunft waren?

Als »Atomvulkan Golkonda« erschien, stellte sich heraus, daß das technische Problem, das uns beiden erstrangig erschienen war, für den Leser keineswegs am wichtigsten war. Unsere handelnden Personen dagegen lösten Diskussionen aus, sowohl im Leserpublikum als auch in der Literaturkritik.

Jetzt ist das schon Tradition: Um jedes Ihrer Bücher entbrennt ein Streit. Wird denn über die Helden Ihrer jüngsten Erzählung, »Ein Käfer im Ameisenhaufen«, nicht gestritten?

Wir haben auch selbst nicht erwartet, daß dieser Roman so heftige Kontroversen hervorrufen würde. In Wladiwostok z.B., wo es einen sehr interessanten Klub der SF-Fans gibt, hat man über Sikorski ein regelrechtes literarisches Gericht gehalten.

Da nicht alle ausländischen Leser mit diesem Roman bekannt sind, gestatten Sie, daß ich ihn kurz vorstelle.

Eine rätselhafte fremde Superzivilisation gibt zu ihren unbegreiflichen Zwecken in einen Erdbewohner ein Programm ein, das möglicherweise die ganze Menschheit bedroht. Rudolf Sikorski, Leiter der Kommission für Kontakte, der die Sicherheit der Erde zu gewährleisten hat, muß entscheiden: Kann er, darf er einen Menschen aufopfern – in der Welt der Zukunft, da der Mensch der größte, der entscheidende Wert ist –, um die Erde vor Unbekanntem, Unerkanntem, Unbegreiflichem zu bewahren? Dabei weiß er nicht einmal, ob dieses Opfer die Menschheit retten oder umgekehrt, ihr etwas, was ihre Entwicklung unermeßlich beschleunigen könnte, vorenthalten wird.

Ich will hier nicht verraten, welche Entscheidung Sikorski trifft, es ist jedoch verständlich, daß ein Mensch, der mit der Verantwortung für die Menschheit und folglich für jeden einzelnen Menschen betraut ist, kein Recht hat, einen Fehler zu begehen ... Wie aber, wenn er trotzdem den Fehler begangen hat?

Vergessen Sie nicht, daß Sikorski durch lange 40 Jahre die Bürde dieser Verantwortung und der Notwendigkeit trägt, die Entscheidung zu treffen – vielleicht morgen, aber möglicherweise schon heute, jetzt gleich, sobald der »Auslöser« in Aktion tritt. Und im Laufe dieser ganzen 40 Jahre muß er bereit sein, die vom Standpunkt seiner Pflicht und seiner Menschlichkeit einzig richtige Entscheidung zu treffen.

Jenes literarische Gericht, das ich erwähnte, hat Rudolf Sikorski »freigesprochen«, obwohl es auch nicht wenig Stimmen gab, die ihn schuldig sprachen ...

In den Werken der Brüder Strugatzki haben ihre Helden, die unter extremen Umständen handeln, praktisch immer die Prüfung in Menschlichkeit zu bestehen, darin, ob sie dazu berechtigt sind, Mensch zu heißen, Mensch zu sein. Hier nun sehen sie sich vor das Problem der Wahl gestellt. Dieses Problem bewegt nicht nur die SF-Literatur – denken wir z. B. an Juri Bondarews Roman »Die Wahl«, der auch in unserer Zeitschrift veröffentlicht wurde. Gehört demnach das Problem der Wahl zu den zentralen Anliegen der heutigen SF-Literatur, in erster Linie der sozialen Sciencefiction?

Der Mensch muß immer, unter allen Umständen Mensch bleiben. Die Wahl, die wir alle ständig treffen müssen, im großen wie auch im kleinen, muß dieser Forderung entsprechen. Die Erziehung des Menschen zum Menschen, die Erziehung eines ideologisch reifen, schöpferisch denkenden Menschen ist unseres Erachtens die wichtigste Funktion unserer Literatur.

Haben wir denn so wenig Probleme? Seinerzeit wurde in unserer Phantastik z.B. die Vorstellung vertreten: Sobald der Arbeitstag kürzer und die Freizeit länger wird, werden sich alle auf Selbstbildung und Kunst stürzen. Dabei macht die Verlängerung der arbeitsfreien Zeit an sich den Menschen nicht klüger oder geistig reicher und vielseitiger. Gewiß, der wachsende Wohlstand befreit einen vielseitig interessierten, schöpferisch ausgerichteten Menschen von einigen täglichen Sorgen, und die größere arbeitsfreie Zeit bringt sowohl ihm als auch der gesamten Gesellschaft Nutzen, weil er stets für seine Kräfte und Fähigkeiten eine im Hinblick auf die eigene und die gesellschaftliche Entwicklung vernünftige Anwendung findet. Aber dieselbe zunehmende arbeitsfreie Zeit droht, die Moral eines bornierten, unwissenden Menschen zu zerstören, der außer primitiver Unterhaltung keine andere Freizeitgestaltung kennt und akzeptiert.

An solchen Problemen darf unsere sowjetische SF-Literatur nicht vorübergehen. Natürlich muß das Problem der moralisch-ethischen Wahl im Brennpunkt ihrer Aufmerksamkeit stehen. Folglich auch das damit verbundene Problem der Verantwortung: gegenüber sich selbst, der Umgebung, der Menschheit, der Geschichte, der Zukunft. Anton Rumata aus unserem Roman »Es ist nicht leicht, ein Gott zu sein« steht vor der Wahl: Gott zu bleiben oder Mensch zu bleiben. Er bleibt Mensch, und unser Leser hat diese Wahl verstanden und gutgeheißen.

Die wissenschaftliche Phantastik ist heutzutage eine vollberechtigte Literaturgattung und nimmt aktiv am weltweiten literarischen Prozeß teil. Aber der Streit darüber, was wissenschaftliche Phantastik sei, wo ihre Domäne liege, was ihre Spezifik und was ihre Methoden seien, geht weiter, sowohl unter den Lesern als auch unter Literaturwissenschaftlern, ja, ich glaube, auch unter den SF-Autoren. Die einen betonen dabei das Wort »wissenschaftlich«, die anderen »Phantastik«. Die einen möchten die SF in einen engen Gattungsrahmen einzwängen, die anderen halten sie im Gegenteil für ein uferloses Meer, für ein Versuchsfeld für die Phantasie im weitesten Sinne des Wortes. Was ist die Science-fiction von Ihrem Standpunkt aus? Die Rede ist nicht davon, daß Sie hier eine universelle Definition der SF liefern, sondern von den Prinzipien, an die Sie sich in Ihrer Tätigkeit als Schriftsteller halten.

Für uns SF-Autoren ist Phantastik eine Methode, ein uns bewegendes Problem am kürzesten und prägnantesten zum Ausdruck zu bringen. Wir schreiben SF-Bücher, weil uns Probleme interessieren, die sich in einem anderen als dem SF-Rahmen einfach nicht aufwerfen und ausarbeiten lassen. Es ist für uns unsere »Art zu denken«. Selbstverständlich steht die Phantastik in der Literatur nicht irgendwo abseits, sie hat ihren Platz im allgemeinen literarischen Strom. Das aber heißt, daß alles, was für realistische Literatur gut ist – vollblütige und glaubwürdige Gestalten, Aufrichtigkeit, Gedankentiefe, Emotionalität, klare und ausdrucksvolle Sprache –, auch für Phantastik gut ist. Ebenso wie in der realistischen Literatur darf es in der SF keine Ideenlosigkeit, keine seichten Themen, Schablonen, keine Banalität, keine Entstellung der Wahrheit der menschlichen Beziehungen geben. Wir lehnen jedwede Nachsicht mit dem Genre ab, wenn auch die Phantastik gewiß ihre Spezifik hat. Ich würde sagen, daß sie der Spezifik des historischen Romans verwandt ist. Der historische Roman erzählt normalerweise davon, was war oder was im Rahmen bestimmter geschichtlicher und sozialer Vorstellungen hätte sein können. Der SF-Roman erzählt davon, was und wie geschehen könnte, diesmal im Rahmen einer bestimmten phantastischen Hypothese oder einer phantastischen Annahme. Für das eine und das andere Genre sind eine erhöhte Dosis und Rolle des Bedingten im Vergleich zu dem sogenannten Alltagsroman charakteristisch. Das erklärt sich erstens mit dem grundsätzlichen Informationsmangel beim Autor und zweitens mit der Notwendigkeit, die geschilderten Ereignisse dem zeitgenössischen Leser, seinem realen Leben, seiner Weltanschauung und seinem Weltbild näherzubringen.

Und wenn Sie unbedingt etwas vom »schöpferischen Prinzip« hören wollen, würde ich es so formulieren: Das Hauptprinzip des realistischen Schriftstellers, nur darüber zu schreiben, was er gut kennt, lautet auch für den SF-Autor genauso, nur mit einer kleinen Ergänzung... oder darüber, was niemand weiß.

Ich habe festgestellt, daß Sie in unserem Gespräch selten den Ausdruck »wissenschaftliche Phantastik«, häufiger dagegen das Wort »Phantastik« gebrauchen. Ist das der Kürze wegen oder...?

Seinerzeit, als bei uns eine Phantastik »der nächsten Zukunft« vorherrschte, wurde die SF völlig utilitaristisch aufgefaßt: Sie sollte Schuhe mit »ewiger Sohle« beschreiben, sollte reale Erkenntnisse der Wissenschaft und Technik popularisieren oder »durchsetzen« helfen, sollte erzählen, womit sich etwa die Botanik oder die Rundfunktechnik morgen befassen würde. Daher wurde auch die Science-fiction nach dem Prinzip beurteilt: Wird das Beschriebene Wirklichkeit werden oder nicht? Dabei braucht die Phantastik nicht eine »zweite Wissenschaft« zu sein, sie maßt sich diese Rolle auch nicht an. Der Phantast ist nicht verpflichtet, neue Theorien zu schaffen, neue Technik zu erdenken. Seine Aufgabe besteht eher darin, neue Tendenzen aufzuspüren sowie jene Modelle, in denen diese Tendenzen ihre Entwicklung erfahren haben. Wenn der Phantast etwas erfindet, ist es die Zukunft, zahlreiche Zukunftsvarianten. Die Aufgabe der Phantasten ist es, den Menschen mehr und tiefer zu ergründen.

Wir sehen unser Ziel darin, ein Problem zu stellen und den Lesern unsere Gedanken und Gefühle im Zusammenhang mit diesem Problem zu übermitteln. Im übrigen verlassen wir uns auf die Leser. Gewiß wollen wir ein Miterleben unserer Leser erzielen. Denn sonst, ohne ihre Anteilnahme, wird die Einwirkung eines Literaturwerks gleich Null sein. Den Leser zum Denken und Fühlen bewegen: Uns scheint, daß die Phantastik diese zwei Aufgaben, die eigentlich eine sind, zu erfüllen vermag.

Die Phantastik ist wissenschaftlich in dem Sinne, daß sie schon ihrer Natur nach mit der fortschrittlichsten Weltanschauung ihrer Zeit – der wissenschaftlichen, dialektisch-materialistischen Weltanschauung – verbunden ist. Darin liegt ihre Wissenschaftlichkeit, und nicht etwa darin, zwischen dem Labor eines Physikers oder eines Soziologen und dem Leser zu vermitteln.

Ich gehe auch deshalb ausführlich darauf ein, weil es neben Versuchen, die Rolle der Phantastik auf die Popularisierung zu beschränken, auch noch folgenden Standpunkt gibt: Phantastik ist nur Unterhaltungslektüre. Dem kann ich nie zustimmen! Natürlich gibt es eine Phantastik des Abenteuers. Selbstredend ist eine fesselnde Fabel ein Plus für jedes SF-Werk, und wir sind bemüht, in unseren Büchern diesem Aspekt gebührend Rechnung zu tragen (obwohl z.B. »Die zweite Invasion der Marsianer« keine Fabel im strengen Sinn hat). Kann man aber die Werke solcher Gegenwartsschriftsteller, wie es Ray Bradbury, Stanisław Lem, Abe Kōbō, Kurt Vonnegut, Robert Sheckley oder Ursula Le Guin sind, Unterhaltungslektüre nennen? ... Der Phantastik oder Elementen der Phantastik wenden sich heutzutage auch viele bedeutende

Meister der realistischen Literatur zu. Denken wir beispielsweise an Tschingis Aitmatows jüngsten Roman.

Die sowjetische Science-fiction zählt nicht wenige große Namen. In erster Linie sind es natürlich Alexej Tolstoi, Michail Bulgakow. Und auch Alexander Beljajew, Wladimir Obrutschew, Grigori Adamow. Dann Iwan Jefremow mit seinem »Mädchen aus dem All« und anderen SF-Werken, Anatoli Dneprow, Ilja Warschawski... Das sind schon unsere Zeitgenossen. Aber wenn man von den Vorgängern spricht – wer steht Ihnen am nächsten? Hat jemand von ihnen Sie unmittelbar beeinflußt?

Alexej Tolstoi natürlich. Er hat eine wunderbare Sprache, ist ein ausgezeichneter Stilist und versteht es, das zu sagen, was er sagen will. Und wie herrlich vermag er es, Realität in den Termini der Phantastik darzustellen!

Bulgakow... Meiner Meinung nach ist er überhaupt einer der Gipfel unserer Literatur.

Jefremow... Das ist schon unsere Zeit, und man kann nicht hoch genug veranschlagen, was er für unsere Phantastik geleistet hat. Nur soviel sei gesagt, daß er sie in den internationalen Orbit gebracht hat.

Meine und meines Bruders Anfänge im Schriftstellerberuf fielen zeitlich mit zwei Ereignissen zusammen. Der erste war der Start des ersten sowjetischen künstlichen Erdsatelliten am 4. Oktober 1957. Selbst einem Laien wurde damals klar, daß dadurch eine neue Etappe in der Geschichte unseres Planeten eingeleitet wurde. Dank großer, beharrlicher Arbeit wurde der Traum der Menschheit von der Überwindung der Erdgravitation und vom Vorstoß in den Kosmos Wirklichkeit. Natürlich erwarteten wir alle dieses Ereignis und waren doch verblüfft, ebenso wie auch später, als wir wußten, daß es sehr bald sein müsse, und doch von Gagarins Wörtchen »Pojechali« (Jetzt geht's los) am 12. April 1961 erschüttert waren. Das Gefühl der Freude und des Stolzes auf unser Land bleibt unvergeßlich.

Das zweite Ereignis war das Erscheinen von Iwan Jefremows »Mädchen aus dem All« 1957, einer kommunistischen Utopie, die sich auf die neuesten Errungenschaften der marxistisch-leninistischen Wissenschaft gründet. Der durchschlagende Erfolg des »Mädchens aus dem All«, das dann in viele Sprachen übersetzt wurde, die Kühnheit des Autors, der einen Blick ins 30. Jahrhundert wagte, waren machtvolle Impulse zur Entwicklung unserer Phantastik. Dieses Buch wurde eine Art Trägerrakete für sie.

Und Ihre »Rückkehr« wurde unter dem Einfluß von Jefremows Roman geschrieben?

Sehen Sie, die Handlungszeit der »Rückkehr« (»Mittag. 22 Jahrhundert«) steht unserer Zeit viel näher. Auch unsere Helden sind anders. Wissen Sie noch, wer Jefremows Helden – Erg Noor, Grom Orm, Mwen Mas, Dar Weter – waren? Sie gehörten zum Rat für interstellare Flüge und lösten Aufgaben nicht einmal planetarischen, sondern globalen galaktischen Maßstabes. Wir aber wollten im »Mittag« einfache Menschen zeigen, ihr ausgefülltes geistiges Leben, die Freude, die diese Menschen empfinden – nicht, weil sie nehmen, sondern weil sie geben können. Im »Mittag« tauchten einige der uns als Autoren sehr teuren Helden auf, die dann auch in andere Bücher wanderten.

Übrigens ist der »Mittag« das einzige Buch der Brüder Strugatzki, das bei einer Neuauflage »überarbeitet und ergänzt« wurde. Wie ist diese »Ausnahme von der Regel« zu verstehen?

Bei der Neuauflage strichen wir einzelne Kapitel, Episoden und Probleme und ersetzen sie durch solche, die unseres Erachtens aktueller sind. Das ist eine einfache Operation, wie das Auswechseln eines Einzelteils in einer Baugruppe. Bei einer weiteren Neuauflage würden wir genauso verfahren.

Darf man eine Frage nach dem »Wir« stellen? Unter den vielen Briefen, die in der Redaktion nach dem Erscheinen des SF-Heftes der »Sowjetliteratur« einliefen, waren auch verwunderte, etwa des Sinnes: »Sie schreiben in ihren Angaben über die Autoren, daß Arkadi Strugatzki in Moskau, Boris Strugatzki dagegen in Leningrad wohnt. Wie arbeiten dann die Brüder Strugatzki an ihren Büchern?« Präzedenzfälle hat es gewiß gegeben, aber die Gebrüder Goncourt lebten beide in Paris, Ilf und Petrow in Moskau, während zwischen Arkadi und Boris immerhin eine Entfernung von 600 Kilometern liegt...

Wir arbeiten schon ein Vierteljahrhundert zusammen und haben in dieser Zeit wohl alle denkbaren Varianten der »Arbeitsteilung« erprobt. Wie sich herausstellte, besteht die effektivste Methode der Arbeit zu zweit eben darin, zu zweit zu arbeiten, und zwar während unserer häufigen Zusammenkünfte. Der eine sitzt an der Schreibmaschine, der andere daneben. Einer von uns schlägt einen Satz vor. Der Satz wird erwogen, kritisiert, verbessert und gelangt dann – schon ausgefeilt, zurechtfrisiert, vereinbart – aufs Papier. Jemand von uns schlägt den nächsten Satz vor ... Satz um Satz, Absatz um Absatz, Seite um Seite, und so jeden Morgen. Abends besprechen wir gewöhnlich den ausführlichen Plan der Seiten von morgen und überdenken die Ideen und Fabeln künftiger Erzählungen. Seit 1960 sind all unsere Romane und Erzählungen gerade auf diese Weise geschrieben worden.

Und doch ist es wohl so, daß jeder von Ihnen das Seine beiträgt: Ihr Bruder, der Mathematiker, liefert wissenschaftliche Ideen, und Sie als Sprachwissenschaftler »zeichnen für die Sprache verantwortlich« ...

Da irren Sie sich! Es ist eben umgekehrt: Die meisten SF-Ideen stammen von mir, während alle Gedichte in unseren Büchern Boris gehören, und auch 65 Prozent des Humors kommen von ihm.

Wirken sich Ihre »vorschriftstellerischen« Fachgebiete – Linguistik, Mathematik – unmittelbar auf Ihre literarische Arbeit aus?

Freilich, aber nur auf folgende Weise: Je mehr man weiß, desto nützlicher ist es für die Arbeit. Spezielles Wissen kann ja die Einbildungskraft anregen. Mein Fachgebiet z. B. ist die mittelalterliche Literatur Japans. Nun ist die japanische Kultur ein ganz besonderes Phänomen und gleicht der europäischen nicht. Und dieses Wissen kann uns helfen, wenn wir die Kultur eines phantastischen Landes schildern, indem es uns vorsagt, daß eine qualitativ andere Kultur als die unsrige möglich ist. Unmittelbar aber? Nein, wirken sich auf keine Weise aus.

Dennoch fällt es mir schwer, mir Ihre gemeinsame Arbeit vorzustellen – nicht wenn Sie zusammen sind, sondern wenn jeder von Ihnen beiden für sich ist. Oder liegt Ihre gemeinsame Arbeit dann absolut still?

Aber nein! Die Arbeit geht weiter, es ist die Arbeit des Gedankens, wir *denken,* und das ist ein nicht unerheblicher Teil der Arbeit – oder? Jeder unserer Romane wird anders als der vorherige und der nächste konzipiert, ausgearbeitet und geschrieben. Zwischen dem ursprünglichen Konzept und dem Endresultat liegt mitunter ein Abgrund, so tief, daß wir uns selber wundern, wie das kommt. Es ist manchmal auch so: Wir beginnen nach einem Plan, und dann sehen wir, daß er uns langweilt. Daß wir keine Lust haben zu schreiben. Daß wir überhaupt Unsinn treiben. Gerade in einem solchen Moment der Verzweiflung und Ohnmacht beginnt wohl die echte Arbeit. Irgendwie von allein kommen neue Helden, neue Situationen, eine neue Form und eine neue Fabel zustande, und schon erzählen wir einander um die Wette, wie die Welt beschaffen sein muß, in der sich das Ganze abspielen wird...

Wenn der Autor klagt, daß seine Figuren ihm Schnippchen schlagen, ist das keine Koketterie, das können Sie mir glauben. Es kommt vor, daß die Helden den Autor dazu veranlassen, etwas mit ihnen anzustellen, was im Endergebnis die anfänglichen Gedanken verändert und aufhebt. »Fluchtversuch« z.B. war zuerst als kleine humoristische Story über den Zeitvertreib von Kybernetikern des 23. Jahrhunderts bei einem Ausflug gedacht. Was herausgekommen ist, sieht, wie Sie wissen, ganz anders aus und handelt auch von etwas ganz anderem. Oder »Es ist nicht leicht, ein Gott zu sein«. Wir hatten schon drei Kapitel fertig, als unser Held sich so aufzuführen begann, daß wir den früheren Plan restlos aufgeben und die fertigen Kapitel neu schreiben mußten...

Darf ich Ihnen eine Frage stellen, auf die die Schriftsteller nur ungern antworten? Welche Ihrer schon veröffentlichten Werke betrachten Sie selbst als Ihre besten? Es ist begreiflich, daß ein Buch, an dem der Autor gerade arbeitet, ihn auch am meisten beschäftigt und für ihn in dieser Zeit am wichtigsten ist. Aber von den schon erschienenen, »abgesetzten« Büchern?

Ich glaube, in literarischer Hinsicht sind uns »Die zweite Invasion der Marsianer« und »Es ist nicht leicht, ein Gott zu sein« am besten gelungen. Als Schriftsteller empfinden wir Genugtuung über diese Bücher.

Sie sind Berufsliterat, ein Diener der, wie man es nennt, schönen Literatur. Und wie stehen Sie zu den anderen schönen Künsten? Was die Film-Muse betrifft, so haben Sie, glaube ich, nicht schlechte Beziehungen zu ihr. Verfilmt wurden Ihr »Hotel ›Zum verunglückten Bergsteiger‹« und »Stalker«, vor kurzem wurden im sowjetischen Fernsehen »Die Zauberer« gezeigt. Aber, sagen wir, die Malerei, die Grafik? Es heißt, daß Sie zeichnen. Ist es Ihr Hobby?

Bewahre! Ich würde meine Karikaturen auf meine Angehörigen nicht einmal Zeichnungen nennen. Und wie leid es mir auch tut, ich muß Sie enttäuschen: Ein Hobby habe ich auch nicht. Was den Film angeht... »Stalker« ist vor allem der Film eines Regisseurs, ein Andrej-Tarkowski-Film...

Wahrscheinlich haben Sie neben schöpferischen auch rein per-

sönliche, freundschaftliche Kontakte zu Filmleuten. Und welche Beziehungen unterhalten Sie z. B. zu den Kosmonauten, zu Vertretern anderer »Zukunftsberufe«?

Was verstehen Sie unter »Zukunftsberufen«? Wenn man Ärzte dazu rechnet, dann ja, wir haben Freunde unter ihnen. Ich habe überhaupt eine Vorliebe für interessante Menschen. Beispielsweise Alexander Mirer. Er ist nicht nur SF-Autor, sondern auch ein Tausendkünstler, ein erstaunlich vielseitiger Mensch. Unter den Kosmonauten sind wir eng mit Georgi Gretschko befreundet. Ich achte sehr Konstantin Feoktistow, einen bedeutenden Wissenschaftler und Kosmonauten, und auch Oleg Makarow.

Arkadi Strugatzki, lassen Sie uns zum Thema Phantastik zurückkehren. Unser SF-Heft, das ich schon erwähnte, hat einen Strom von Leserbriefen ausgelöst: begeisterte und kritische Stimmen, auch Klagen darüber, daß die Nummer so rasch vergriffen war und jemand es nicht mehr kaufen konnte, und nun flehen sie uns an, ihnen ein solches Heft aus der Redaktion zugehen zu lassen, weil man »die ganze SF sammelt«. Nicht nur diese Tatsache zeugt natürlich vom großen Interesse für die SF-Literatur in der ganzen Welt. Teilen Sie diese Ansicht, und wenn ja – wie ist dieser Boom zu erklären?

Ich würde das nicht einen Boom nennen. Es gibt jetzt natürlich keinen Boom, eher ist es ein beständiges Interesse mit steigender Tendenz. In den einen Regionen ist ein, wie ich glaube, zeitweiliger Rückgang, in anderen dagegen eine erhebliche Belebung zu beobachten, insgesamt aber besteht ein stabiles und zunehmendes Interesse für die Phantastik. Selbstverständlich für verschiedene Phantastik. Im Westen zieht man Abenteuerbücher vor: über interstellare Kriege, Ungeheuer von anderen Planeten u. ä. In der UdSSR ist ein reges Interesse für soziale und philosophische Phantastik zu registrieren. Überhaupt hat unsere Phantastik eine sehr qualifizierte Leserschaft. Häufig komme ich mit Lesern zusammen, diskutiere mit ihnen, antworte auf ihre Fragen. Heute hört man nicht mehr die Frage: »Gibt es Leben auf dem Mars?« oder: »Was denken Sie über fliegende Untertassen?« Nein, unseren Leser bewegen tiefe Probleme, sowohl literarische als auch soziale und philosophische.

Ich will damit nicht sagen, daß im Westen kein Interesse für ernste Phantastik besteht. Doch, es ist da, und es gibt sehr bedeutende Autoren – ich habe einige Namen schon genannt. Und immer mehr Menschen machen sich dort Gedanken über die nahe und ferne Zukunft. Die Frage »Krieg oder Frieden«, das Problem des Kampfes gegen die bösen Kräfte, der Umweltschutz, die Richtung der sozialen und technologischen Entwicklung: Die Menschen suchen nach Antworten auf diese Fragen, darunter auch in der Phantastik. Nur daß ihnen dort häufig Antworten unterschoben werden, denen wir auf keinen Fall zustimmen können. Wenn dem Menschen gesagt wird, daß er angesichts der globalen Probleme eine reine Null sei, wenn man ihm einredet: »Alles zwecklos, werft die Ruder hin!« Dabei muß man rudern...

Worin bestehen Ihrer Meinung nach die Besonderheiten der sowjetischen Phantastik und ihr Unterschied zur westlichen?

Die sowjetische Phantastik ist von der großen Revolution geboren, und daraus ergeben sich ihre Ziele, Aufgaben und Besonderheiten. Unsere Phantastik ist vor allem sozial aktiv, human und ideologisch gewappnet. Sie ist eine Literatur der Vorderlinie. Ihr Ideal ist die kommunistische Menschheit, und von dieser Position aus geht sie an alle Probleme heran. Sie erzieht den Menschen zur Verantwortung gegenüber der Gesellschaft und ihrer Zukunft. Sie erzieht einen Menschen, der unduldbar gegen alles Spießige ist, einen kommunistisch denkenden und handelnden Menschen. In dieser Hinsicht tritt sie dem Strom der antihumanen Ideologie entgegen. Nein, sie hat keine Scheu davor, mögliche negative Entwicklungsfolgen zu zeigen, aber in ihrer Sicht auf die Geschichte, auf die Zukunft der Menschheit ist sie optimistisch.

Die »Frankfurter Allgemeine« brachte im Zusammenhang mit unserem SF-Heft einen Artikel Regula Heussers über die sowjetische Science-fiction. Die Autorin widmet ihre Aufmerksamkeit auch dem Schaffen der Brüder Strugatzki. Wie finden Sie diesen Artikel?

Nun, er ist interessant. Man sieht, daß die Autorin sich für unsere Phantastik interessiert und sie liest. Deshalb ist es aber besonders schade, daß Regula Heusser in der im Westen herrschenden Vorstellung befangen, ja, ich würde es sogar noch schärfer formulieren: daß sie unter das Joch der Vorstellung gebeugt ist, der beste Teil der sowjetischen Phantastik, noch mehr, der sowjetischen Literatur schlechthin, stehe dem Sowjetstaat gegenüber. Das ist eine Lüge und eines denkenden Menschen unwürdig. Gewiß, in der Geschichte unseres Landes und unserer Literatur gab es komplizierte Perioden. Aber in dem Vierteljahrhundert, in dem wir beide in der Literatur tätig sind, schreiben wir nur das, was uns unser Herz und Hirn sagt. Alle Schriftsteller, auch wir beide, haben Werke, die gut und weniger gut glücken. Aber niemand hat uns je diktiert, niemand diktiert uns auch jetzt, was und wie wir schreiben sollen. Deshalb ist es absurd, uns als »Systemkritiker«, als innere Emigranten und Andersdenkende hinzustellen. Das ist – entschuldigen Sie mir den wenig parlamentarischen Ausdruck – einfach höherer Blödsinn.

Man ist ja manchmal einfach verblüfft über die ekelerregende Mischung von Dummheit, Arroganz und Dunkelmännertum von allerlei »Verfechtern der Schaffensfreiheit der sowjetischen Schriftsteller«, wenn solche Leute – aus Unverstand? aus bösem Willen? – mit Stereotypen hausieren gehen, die für uns sowjetischen Literaten beleidigend sind. Und ich halte es für meine Pflicht, das in Ihrer für den ausländischen Leser bestimmten Zeitschrift zu sagen.

Und die letzte, traditionelle Frage: Woran arbeiten Sie gegenwärtig?

Vor kurzem haben wir eine neue Novelle beendet. Sie heißt »Lahmes Schicksal«, ihr Held ist ein betagter Schriftsteller, unser Zeitgenosse. Die Novelle gehört natürlich dem Genre der Phantastik an.

Außerdem haben wir mit einer Erzählung begonnen, die gewissermaßen eine Fortsetzung des *Käfers im Ameisenhaufen* bildet. Darin werden die Leser erneut Maxim Kammerer begegnen. Aber jetzt ist er nicht mehr 20 wie in der *Bewohnten Insel*, auch nicht 40 wie im »Käfer...«, sondern schon 60. Dieses Buch ist das letzte unserer »Maxim-Trilogie«.

Arkadi und Boris Strugatzki

Die Wunschmaschine

Vor einigen Jahren wurde uns die Ehre zuteil, an der Entstehung des Filmes *Stalker* mitzuwirken. Der Regisseur Andrej Arsenjewitsch Tarkowski legte dem Film zunächst das vierte Kapitel unserer Erzählung *Picknick am Wegesrand* zugrunde. Doch während des Arbeitsprozesses (von etwa drei Jahren) wandelten sich die Vorstellungen über diesen Film, so daß er schließlich nichts mehr mit der Powest[1] gemein hatte. In der endgültigen Fassung unseres Szenariums blieben von der literarischen Vorlage lediglich die Termini »Stalker« und »Zone« übrig sowie jener mystische Ort, an dem die Wünsche in Erfüllung gehen. Der Film kam bei uns wie auch im Ausland zur Aufführung, über ihn wird viel und sehr verschiedenartig gesprochen. In einem jedoch sind sich alle einig: Er ist außerordentlich kompliziert und breit ausdeutbar. Außerdem bezweifelt niemand, daß es sich hier um eine Arbeit der internationalen Spitzenklasse handelt. Man möge diese Worte nicht als Eigenlob auffassen! Das Hauptverdienst bei der Entstehung des Films *Stalker* gebührt Andrej Tarkowski, wir waren lediglich seine Gehilfen.

Hier aber sei dem Leser nun eine der ersten Fassungen des Szenariums vorgestellt. In ihr ist nur schwer der künftige *Stalker* erkennbar. Freundlicherweise schlug man uns vor, dieses Szenarium zu publizieren, offenbar in der Annahme, daß ein Film, auf seiner Grundlage gedreht, gleichfalls ein Recht auf Existenz gehabt hätte.

Im Haus des Stalkers

Eine schmutzige, mit Gerümpel vollgestellte Wohnung. Winter, es ist früher Morgen, hinter den Fenstern herrscht Dunkelheit. Ein mürrischer Mann wirft die Bettdecke zurück, steht leise auf. Er nimmt seine Kleidung, geht auf Zehenspitzen ins Bad und beginnt sich anzuziehn. Er merkt nicht, daß seine Frau in der Tür des Badezimmers erscheint, das Haar vom Schlaf zerzaust, schmuddelig, in abgetragenem Nachthemd.

»Wo willst du in aller Herrgottsfrühe hin?« fragt sie.

Er gibt keine Antwort. Er fühlt sich ertappt.

»Wo du hin willst, hab' ich gefragt.

»Hinter die sieben Berge... Ich bin bald zurück, hab' was zu erledigen. Geh schlafen.«

»Was heißt bald?«

»Ich hab' gesagt, ich komm wieder. Das genügt.«

»Lüg nicht. Ich weiß, wo du hin willst. Aber das schlag dir aus dem Kopf. Ich laß dich nicht weg.«

»Hör schon auf so rumzuschrein!«

»Ich laß dich nicht weg! Ich hab's geahnt: Du fängst mit den alten Geschichten an! Willst du wieder ins Gefängnis?«

»Lieber ins Gefängnis als das... als ein solches Leben. Ich hab' genug.«

»Du wirst nirgends hingehn!«

Er richtet sich ruckartig auf. Sie schreit: »Na los, schlag zu – das kannst du doch! Was zögerst du? Ein Waschlappen bist du, ein Waschlappen! Wo ist dein Ehrenwort geblieben? Sieh dich an, was aus dir geworden ist!«

»Du sollst aufhören, hab' ich gesagt. Weckst bloß das Kind...«

»Na und! Soll es sich seinen Vater ruhig ansehn! Von wegen Ehrenwort! Wo dein Ehrenwort ist, will ich wissen! Auf Zehenspitzen, wie ein Dieb...«

»Ich bin ja auch ein Dieb, was hast du plötzlich! Als ob du Amerika entdeckt hättest! Nur, daß ich's nicht von den Leuten nehme... Gib endlich Ruhe!«

»Ich denk nicht dran. Fünf Jahre lang bist du in die Zone gegangen – ich hab' geschwiegen. Hab' bloß jede Minute damit gerechnet, daß es dich erwischt. Als du im Gefängnis warst – ich hab' geschwiegen. Oder hast du auch nur ein Wort von mir gehört? Zwei Jahre lang brachtest du nicht einen Groschen nach Haus – ich hab' geschwiegen. Mein Armband, ein Andenken von Mutter, hast du heimlich mitgehn lassen und auf der Rennbahn versetzt – glaubst du, ich weiß nicht, wo's geblieben ist...?«

»Wirst du nun endlich den Mund halten?«

»Nein, hör mir zu. Ich bitte dich darum! Noch nie hab' ich dich um was gebeten. Ich knie sogar nieder, wenn du willst... Warte einen Augenblick, ich bin sofort wieder da...«

Sie schlüpft aus dem Bad und kommt gleich darauf mit einem Kuvert in der Hand zurück.

»Hier ist ein Zehner drin, willst du? Nimm ihn und geh mit deinen Kumpels zum Rennen... vielleicht hast du diesmal Glück...«

»Was steckst du mir da zu, bist du verrückt? Das haben wir doch für den Arzt zurückgelegt...«

»Macht nichts, ich werd' schon wieder was auftreiben. Ich borg mir etwas, nur geh um Himmels willen nicht dort rein...«

»Jetzt reicht's, kannst du nicht endlich den Mund halten! Mit Borgen ist nichts, niemand gibt dir mehr was. Schau doch in den Spiegel, wie du aussiehst! Nein, so können wir nicht weiterleben!«

»Aber du hast es mir versprochen! Du hast mir dein Ehrenwort gegeben!«

»Ja, weil ich ein Dummkopf war. Doch du bist selber schuld, du warst es, die mich dazu gebracht hat. Soweit kommt's noch, daß ich, ein Stalker, aufgebe! Von deinen paar Pimperlingen lebe! Schluß jetzt. Halt mich nicht länger auf.«

»Aber man hat dir einen Job versprochen, das hast du selbst gesagt! Du wolltest als Taxifahrer arbeiten.«

»Pfui Teufel, jetzt kommt sie mir wieder mit diesem Taxi! Wie oft hab' ich dir gesagt: Ich werd' nicht für sie arbeiten! Das hab' ich bisher nicht getan und werd's auch künftig nicht. Sollen doch die für mich arbeiten! Geh von der Tür weg!«

»Nein!«

»Was hat sich denn verändert, seit ich nicht mehr dort rein geh?! Ist unsre Tochter davon gesund geworden? Haben wir deswegen mehr Geld im Haus?«

»Und wenn du nicht wiederkommst?«

»Hör auf zu quaken! Unke! Sollte ich wirklich nicht wiederkommen, war's mir eben bestimmt.«

Er stößt sie zurück.

»Dann verschwinde doch!« schreit sie. »Verrecken sollst du dort! Ich verfluche den Tag, an dem ich dir begegnet bin! Schuft! Gott selber hat dich mit diesem Kind gestraft! Und mich mit! Deinetwegen, du Mistkerl! Dieb, Dieb, Dieb!«

Das Kind fängt an zu weinen. Die Tür hinter sich zuschlagend, tritt der Stalker auf den Treppenabsatz hinaus.

Der schmutzige Hausflur ist von einer nackten Glühbirne grell erleuchtet.

Eine Treppe tiefer steht in einer Ecke, merklich schwankend, ein gutgekleideter Mann ohne Hut und mit verschmutztem Mantel.

Ein breiter bunter Schal hängt unordentlich bis auf die Erde herab. Bei näherem Hinschaun erkennt man, daß der Mann stockbetrunken ist.

Die Kneipe

Nachdem der Stalker auf dunklen, matschigen Straßen im Schneeregen ein Häuserviertel durchschritten hat, betritt er eine Kneipe, die rund um die Uhr geöffnet ist. Sie ist leer, an der Theke döst ein Kellner vor sich hin.

An einem der Tischchen sitzt bei einer Tasse Kaffee der Wissenschaftler. Als er den Stalker erblickt, sieht er auf die Uhr.

Der Stalker winkt ab: »Augenblick, ich trink bloß einen Kaffee.«

Er nimmt an der Theke eine Tasse Kaffee, setzt sich dann dem Wissenschaftler gegenüber, trinkt. Der Wissenschaftler schaut ihn an.

»Spitz dich übrigens nicht zu sehr drauf, vielleicht müssen wir wieder umkehren. Das hängt vom Wetter ab... Also freu dich nicht zu früh. Na los, gehn wir. Hast du auch die Taschenlampe nicht vergessen?«

»Nein, sie ist im Auto.«

Sie verlassen die Kneipe und besteigen einen Wagen, der in der Nähe abgestellt ist. Der Stalker nimmt am Lenkrad Platz. Der Wagen setzt sich in Bewegung.

Die Villa des Schriftstellers

Alle Fenster sind hell erleuchtet. Man hört Musik, Stimmen Betrunkener, Frauenlachen. Am Gartentor stehen zwei Männer – der Schriftsteller und einer seiner Gäste. Der Schriftsteller trägt einen langen schwarzen Mantel, dazu einen Strickschal. Der Gast steht mit einer angebrochenen Flasche und einem Glas in den Händen vor ihm.

»Die Welt ist alles in allem langweilig, mein Lieber!« verkündet, leicht schwankend und mit einem Finger fuchtelnd, der Schriftsteller. »Unsäglich langweilig, deshalb kann es auch weder Telepathie noch Gespenster, noch fliegende Untertassen geben... nichts dergleichen...«

»Aber das Memorandum Campbells ...«, widerspricht der Gast vage.

»Campbell ist ein Romantiker. Rara avis in terris[2] – Leute, wie ihn gibt's sonst nicht mehr. Die Welt wird von eisernen Gesetzen regiert, und das ist unerträglich langweilig. Haben Sie wirklich noch nie bemerkt, daß es nur dort interessant ist, wo Gesetze gebrochen werden? Aber leider bricht man sie nicht. Nie. Man ist außerstande dazu. Und hoffen Sie ja nicht auf fliegende Untertassen – das wäre gar zu interessant.«

»Aber das Bermuda-Dreieck? Sie werden doch nicht bestreiten ...«

»Und ob ich das bestreite. Es gibt kein Bermuda-Dreieck. Es gibt ein Dreieck a-b-c, das kongruent dem Dreieck a'-b'-c' ist. Spüren Sie, welch niederdrückende Langeweile in dieser Behauptung steckt? Im Mittelalter, ja, da war's interessant. Es gab Hexen, Gespenster, Gnome ... Jedes Haus hatte einen Hausgeist, jede Kirche einen Gott ... Die Menschen waren jung, verstehen Sie? Heute dagegen ist jeder vierte ein Greis. Langeweile regiert, mein Lieber, und wie!«

»Streiten Sie etwa auch ab, daß die Zone von einer Superzivilisation hervorgebracht wurde, die ...«

»Glauben Sie mir, zwischen der Zone und einer Superzivilisation besteht keinerlei Bezug. Da ist bloß wieder so ein lausiges, stinklangweiliges Gesetz ans Licht gekommen, von dem wir bislang keine Ahnung hatten. Wobei die Superzivilisation gewiß auch nichts anderes bedeutet als Langeweile ... Wieder nur irgendwelche Gesetze, Dreiecke und nicht die Spur von Hausgeistern oder einem Gott ...«

Ein Auto hupt. Der Schriftsteller dreht sich um.

»Man ruft mich«, sagt er. »Leben Sie wohl, armer Freund ...«

Er nimmt dem Gast die Flasche weg und geht zum Wagen.

Im Scheinwerferlicht taucht neben der Fahrertür sein nasses, fröhliches Gesicht auf, das aber schon im nächsten Moment lang wird vor Verblüffung.

»Pardon«, sagt er, »ich dachte, das wäre für mich.«

»So ist es auch«, erwidert der Stalker, fortan Begleiter genannt, »nehmen Sie hinten Platz.«

»Ach, Sie sind's ... na wunderbar. Und wer ist der Typ dort? Der hat doch eine Brille!«

»Beeilen Sie sich.«

Der Wagen fährt scharf an.

Der Schriftsteller läßt sich auf den Rücksitz fallen.

»Ich muß gestehen«, sagt er leicht lallend, »daß ich ziemlich schockiert war: eine Brille? Wieso hat dieser Mensch eine Brille...«

Der Wissenschaftler preßt die Lippen zusammen.

»Eine Brille ist, wie man's auch dreht und wendet, ein Zeichen von Intelligenz!« erklärt der Schriftsteller.

Der Begleiter sagt über die Schulter: »Hast dich wohl vollaufen lassen!«

»Ich? Wieso denn? – Aber nein, ich hab' mich nicht vollaufen lassen. Nur ein bißchen getrunken. Vor dem Fischzug. Wir fahren doch fischen?«

Die Wachstation

Der Wagen bleibt auf einem Feldweg stehen. Ringsum ist undeutlich nasses Gesträuch zu erkennen. Der Begleiter steigt lautlos aus dem Wagen und geht zum Ende des Feldwegs, wo feuchter Asphalt schimmert. Der Wissenschaftler steigt ebenfalls aus, holt ihn ein und geht neben ihm.

»Weshalb haben Sie diesen Klugscheißer mitgenommen?« fragt er.

»Keine Bange«, antwortet der Begleiter, »der wird wieder nüchtern. Das verspreche ich Ihnen.« Und er fügt nach kurzem Schweigen hinzu: »Außerdem ist sein Geld nicht schlechter als Ihres.«

Der Wissenschaftler wirft ihm einen kurzen Blick zu, sagt nun aber kein Wort mehr. Sie bleiben auf einer Kreuzung stehen und schauen hinter den Büschen hervor zur Wachstation, die sich in etwa hundert Meter Entfernung auf der Chaussee befindet. In einem kleinen Häuschen ist ein einziges Fenster erleuchtet. Daneben heben sich im fahlen Licht eines starken Scheinwerfers dunkel zwei Motorräder mit Beiwagen und ein gepanzerter Patrouillenwagen ab. Rechts und links der Chaussee ziehen sich über die Hügel Mauern mit Stacheldraht hin; die Wachtürme sind mit Maschinengewehren bestückt. Das Tor in die Zone ist weit geöffnet.

»Eine Patrouille«, sagt der Begleiter.

»Die schlafen alle«, flüstert der Wissenschaftler. »Wir müssen den Wagen auf Touren bringen und in voller Fahrt durchpreschen... Die kommen nicht mal zum Luftholen.«

»Stratege«, sagt der Begleiter. »Tempo und Durchbruch...«

Er schaut hinunter, auf die Wachstation, die langsam von grauen Nebelschwaden eingehüllt wird. Einige Minuten später hat der Nebel Gebäude, Tor und Mauer verschluckt. In dem grauen Brei schwankt wie eine gesunkene Laterne der matte Scheinwerferstrahl.

»So ist's schon besser«, sagt der Begleiter.

Sie kehren schnell zum Wagen zurück.

Der Schriftsteller, der auf dem Rücksitz eingeschlafen war, schnellt hoch.

»Na«, ruft er lauttönend, »sind wir da?«

Der Begleiter dreht sich um, drückt ihm seine fünf Finger ins Gesicht und stößt ihn voller Wucht zurück. Der Schriftsteller starrt ihn verblüfft an, dann flüstert er: »Alles klar... hab' begriffen... ich werd' still sein...«

Der Wagen fährt an, bewegt sich in niedrigem Gang auf die Chaussee zu, biegt dann ab und rollt leise, ganz leise, in voller Übereinstimmung mit den am Wegrand leuchtenden Verkehrszeichen zur Geschwindigkeitsbegrenzung, am Wachhäuschen vorbei. Als der Wagen in den milchigen Scheinwerferstrahl eintaucht, wird auf seinem nassen schwarzen Heck die in drei Sprachen abgefaßte Aufschrift sichtbar: »UNO. Institut für außerirdische Kulturen«.

Unvermittelt rattert hinter ihnen ein Maschinengewehr los. Im Nebel flammt der violette Alarmscheinwerfer auf.

Der Wagen rast in wilder Fahrt auf dem nassen Feldweg durch die Finsternis. Der Begleiter, einen erloschenen Zigarettenstummel im Mundwinkel, sitzt am Lenkrad. Im Scheinwerferlicht blitzen die Brillengläser seines Nachbarn zur Rechten. Der Schriftsteller, mit dem ganzen Körper nach vorn strebend, hat beide Hände in die Rücklehnen der Vordersitze gekrallt und starrt gebannt auf den Weg. Er ist merklich nüchtern geworden.

Der Begleiter nimmt das Gas weg, und der Wagen kriecht mit ausgeschalteten Scheinwerfern vorsichtig vom Feldweg herunter, kippt in einen Graben, arbeitet sich wieder heraus und dringt mit schnaubendem Motor ins Gebüsch ein. Dann verstummt der Motor, die Parkleuchten verlöschen, und man hört den Begleiter im Dunkeln sagen: »Schnell, robbt hinter mir her. Den Kopf nicht heben, den Rucksack links halten. Keine Angst, sie sehen uns nicht. Sollte es einen von euch erwischen – nicht brüllen und nicht wie angestochen umherrennen: Wenn sie jemanden entdecken, machen sie ihn fertig. In dem Fall also zurückrobben zur Chaussee und auf mich warten. Alles klar?«

»Könnte ich nicht einen Schluck...«, sagt kaum hörbar der Schriftsteller.

»Klappe halten, du Saufaus. Gehen wir.«

Vor dem Marsch

Ein dunkler, nicht erleuchteter Tunnel. Schienen glänzen im tanzenden Licht einer elektrischen Lampe. Die drei Männer erklimmen die schmale Plattform einer Elektrodraisine. Ein blauer Funken erhellt für eine Sekunde knisternd das feuchte Gewölbe. Ein Lämpchen, mit halber Flamme brennend, schwimmt vorüber.

»Wie hübsch«, sagt der Schriftsteller. »In dem Dunkel so gar nichts zu sehen... Sind Sie wirklich Professor?«

»Ja.«

»Ich heiße...«, beginnt der Schriftsteller, doch der Begleiter unterbricht ihn: »Du heißt Schriftsteller.«

»Hm...«, sagt der Professor, »und wie heiße ich in diesem Fall?«

»Du bist der Professor«, antwortet der Begleiter.

»Also gut, ich heiße Professor und bin Professor.«

»Angenehm«, sagt der Schriftsteller. »Ich bin Schriftsteller, und alle nennen mich folglich Schriftsteller. Irgendwie dumm.«

»Sind Sie ein bekannter Schriftsteller?«

»Nein, ein Modeschriftsteller.«

»Und worüber schreiben Sie?«

»Tja, wie soll ich sagen... Hauptsächlich über die Leser. Etwas anderes wollen die nicht.«

»Da haben sie meiner Meinung nach recht«, erwidert der Professor. »Über etwas anderes lohnt es wahrscheinlich nicht zu schreiben.«

»Gar so recht haben sie nun auch wieder nicht. Schreiben lohnt überhaupt nicht. Über gar nichts. Sie sind Chemiker?«

»Nein, Physiker.«

»Ist wohl ebenfalls langweilig, oder?«

»Das kann man wohl sagen. Vor allem, wenn man lange keinen Erfolg hat...«

Der Tunnel liegt hinter ihnen. In der Morgendämmerung, die von den Funken der Oberleitung durchschnitten wird, rollt die Draisine auf einem Bahndamm dahin.

»Bei mir ist's umgekehrt«, sagt der Schriftsteller. »Für mich wird's langweilig, wenn ich lange Zeit Erfolg habe...«

»Von wegen – du und lange Zeit Erfolg«, sagt der Begleiter. »Du verlierst doch jeden Tag auf der Rennbahn.«

»Verehrtes Adlerauge!« tönt der Schriftsteller. »Der Professor und ich reden von ganz anderen Rennen. Wir beide rennen unser ganzes Leben hindurch, nur daß das bei uns nicht Hindernislauf heißt, sondern Widerspiegelung der objektiven Wirklichkeit oder, in der Sprache der Laien ausgedrückt, Suche nach der Wahrheit. Sie versteckt sich, wir aber suchen sie. Wir spüren sie auf, fangen sie, freuen uns an ihr und rennen weiter. Ist es nicht so, Professor?«

»Meine Wahrheit jedenfalls versteckt sich nicht«, antwortet der Professor. »Gott ist gerissen, aber nicht bösartig.«

»Der Teufel«, berichtigt der Schriftsteller.

»Einstein hat ›Gott‹ gesagt und damit die Natur gemeint.«

»Die Manichäer aber haben vom ›Teufel‹ gesprochen und auch den Teufel gemeint. Mag sein, daß Ihr Teufel in der Tat nicht bösartig ist: Er hat Ihre Wahrheit ganz zu Anfang ein einziges Mal versteckt und dann drauf gespuckt. Sie aber laufen rum und graben – mal hier, mal dort. Hier gegraben – aha, der Kern besteht aus Protonen. Dort gegraben – wie schön: Das Dreieck a-b-c ist kongruent dem Dreieck a'-b'-c'. Sie haben sich nicht schlecht eingerichtet. Mein Teufel ist da schon anders. Der sitzt nicht da, die Hände im Schoß. Kaum habe ich die Wahrheit ausgegraben, stellt er auch schon etwas mit ihr an. Und am Ende kommt heraus, daß ich zwar nach der Wahrheit gegraben, doch Unrat zutage gefördert habe. Nehmen Sie zum Beispiel das Gesetz des Archimedes... Es stimmte früher, es stimmt jetzt, und es wird immer stimmen. Jeder kann es überprüfen, bitte sehr. Oder nehmen wir einen bemalten Topf aus dem achten Jahrhundert... Im achten Jahrhundert hat man Speisereste hineingetan, heute aber steht er im Museum und begeistert durch die Einfachheit seiner Zeichnung und die Unwiederholbarkeit der Form. Alle Welt seufzt vor Entzücken, bis sich herausstellt, daß der Topf ganz und gar nicht aus dem achten Jahrhundert stammt, sondern ein Werk des Einäugigen Gur ist, der ihn um der Sensation willen in die Ausgrabungsstelle geschmuggelt hat ... Die Form hat ihre Unwiederholbarkeit bewahrt, die Zeichnung ihre Einfachheit, und doch verebbt seltsamerweise das Entzücken ...«

»Da irren Sie aber«, sagt der Professor. »Sie sprechen von Laien und Snobs ...«

»Absolut nicht«, sagt der Schriftsteller. »Ich spreche von Töpfen. Ich selbst forme seit zwanzig Jahren solche Töpfe. Und da ich ein hinreichend bekannter Schriftsteller bin, entzücken sie den Bücherfreund durch die Einfachheit der Zeichnung und Unwiederholbarkeit der Form. In zehn Jahren aber wird ein kleiner Junge kommen und in seiner Naivität ein lautes Geschrei über den nackten Kaiser anstimmen ... Und in hundert Jahren – weiß man's? – wird ein anderer Junge kommen, der im Hinblick auf mich ›Heureka!‹ ruft. Jawohl, auch solche Fälle hat's gegeben.«

»Großer Gott«, sagt der Professor, »und daran denken Sie die ganze Zeit?«

»Nein, es ist das erste Mal in meinem Leben. Ich denke überhaupt sehr selten. Es ist schädlich für mich.«

»Ich meinte eher, daß es gewiß unmöglich ist, einen Roman zu schreiben ständig mit dem Gedanken im Hinterkopf, wie er sich wohl in hundert Jahren lesen mag.«

»Natürlich ist das unmöglich. Andererseits – wozu ihn überhaupt schreiben, wenn man ihn in hundert Jahren nicht mehr liest?«

»Und das Geld!« ruft der Begleiter gallig dazwischen. »Mach dir bloß keine Sorgen um ihn, Professor, an Geld denkt er natürlich nicht. Der denkt bloß an Weiber und Pferderennen, damit hat sich's schon ... Ha, die Wahrheit! Frag ihn lieber, wieviel er für die Zeile bekommt!«

Pause. Dann sagt der Professor leise: »Wenn das alles so einfach wäre, warum geht er dann mit uns in die Zone?«

»Still!« sagt der Begleiter.

Die Draisine verlangsamt ihre Fahrt. Vor ihnen kommt aus dem Nebel ein halbzerstörtes Bahnhofsgebäude auf sie zu.

»Wir sind da.« Der Begleiter springt auf die Bahnschwellen herunter. »Kurze Rast!«

»Teufel auch«, sagt der Schriftsteller und streckt sich. »Aber jetzt wird man wohl einen Schluck nehmen dürfen?«

Auf einer Zeitung, die über die Plattform der Draisine gebreitet ist, stehen eine Thermoskanne mit Kaffee, eine Flasche Schnaps, daneben liegen ausgewickelte Imbißpakete. Die drei kauen hingebungsvoll, trinken dazu aus Klappbechern. Es ist jetzt völlig hell, doch der Nebel hat sich nicht gelichtet. Er ist noch genauso dicht wie vorher, doch nicht mehr milchig-weiß, sondern grünlich.

»Ihr seid beide Neulinge für mich«, sagt der Begleiter. »Ich hab' euch noch nie in der Zone gesehen und erwarte nichts Gutes von euch. Ihr habt mich angeheuert, und ich werde mir Mühe geben, daß ihr so lange wie möglich am Leben bleibt; deshalb bitte ich, nicht beleidigt zu sein. Die Zeit ist zu knapp, um viel Gewese zu machen. Wenn was nicht läuft, werd' ich euch mit dem erstbesten, das mir in die Hände gerät, eins überziehn ...«

»Bloß nicht auf die linke Hand, wenn's geht«, sagt der Schriftsteller.

»Wieso das?«

»Ich hab' sie mir als Kind mal gebrochen, seither hüte ich sie.«

»Ach so.« Der Begleiter lacht. »Und ich dachte schon, du wärst Linkshänder, schreibst mit links. Na schön, dann kriegst du eben eins auf den Kopf. Wie steht's um den seit der Kindheit?«

»Sie springen ziemlich hart mit uns um«, sagt der Schriftsteller und langt nach der Flasche.

Der Begleiter schnappt sich die Flasche, schraubt sie fest zu und steckt sie in seine Jackentasche.

»Äh ... nun ja ...«, sagt der Schriftsteller und gießt sich Kaffee ein.

»Wie still es ist«, sagt der Professor. Er raucht nachdenklich, mit dem Rücken gegen die Bordwand der Draisine gelehnt.

»Hier ist es immer still«, sagt der Begleiter. »Bis zu den Maschinengewehren ist's weit, an die fünfzehn Kilometer, hier in der Zone aber gibt's niemanden, der Krach machen könnte.«

»Tatsächlich fünfzehn Kilometer?« sagt der Professor. »Ich hätte nie gedacht, daß man so weit vordringen kann.«

»Man kann. Und wie. Gleich wird der Nebel vorüber sein, dann wirst du sehn, wie weit sie vorgedrungen sind.«

Ein langgezogener knarrender Laut ertönt plötzlich aus dem Nebel. Alle, selbst der Begleiter, zucken zusammen.

»Was ist das?« fragt tonlos der Schriftsteller, der blaß geworden ist.

Der Begleiter schüttelt stumm den Kopf.

»Und wenn es nun doch stimmt, daß hier jemand ... lebt?« sagt der Professor.

»Wer denn?« wirft der Begleiter verächtlich hin.

»Ich weiß nicht ... Aber es geht die Legende, daß irgendwelche Leute in der Zone geblieben sind.«

»Geschwätz ist das und keine Legende«, unterbricht ihn der Begleiter. »Hier gibt es niemanden, kann es gar nicht geben. Das ist die Zone, begreift ihr? Die Zone!«

Während dieser Unterhaltung dreht der Schriftsteller den Kopf, schaut von einem zum anderen. Er ist immer noch blaß, kommt aber allmählich zur Ruhe.

»Natürlich begreif ich, daß die Zone eben die Zone ist«, sagt er, »und nicht etwa ein paradiesischer Flecken, zwei Rasenflächen oder ... äh ... drei Bisons ... Deshalb hab' ich für alle Fälle was eingesteckt.«

»Was hast du eingesteckt?« Der Begleiter sieht den Schriftsteller fest an. »Was du eingesteckt hast, Vogelscheuche!«

Der Schriftsteller klopft sich vielsagend auf die Hinterbacke.

»Gib her«, sagt der Begleiter und streckt den Arm aus.

»Wozu?«

»Gib her, sag ich!«

Der Schriftsteller wird schwankend. Der Ausdruck großartiger Überlegenheit weicht von seinem Gesicht.

»In der Zone gibt's niemanden, auf den du schießen könntest, Dummkopf«, sagt der Begleiter. »Gib her die Kanone.«

»Nein«, sagt der Schriftsteller entschlossen, fügt aber sofort eine Nuance leiser hinzu: »Ich brauche das, verstehen Sie?«

»Natürlich versteh ich«, sagt der Begleiter unerwartet sanft. »Nur wirst du das in Wirklichkeit doch nicht brauchen. Wenn's dich dort richtig erwischt, hilft dir gar nichts mehr. Wenn's dich aber, sagen wir mal, bloß ankratzt oder versengt, hol ich dich raus. Einen Toten – ja, den laß ich liegen. Einen Lebenden jedoch schlepp ich raus. Das verspreche ich dir. Ich nehm kein Geld umsonst. Also gib her.«

Der Schriftsteller holt widerstrebend einen winzigen Damenbrowning aus der Gesäßtasche.

»Da ist nur eine Kugel drin«, murmelt er. »Im Lauf.«

»Ach sooo ist das.« Der Begleiter klickt die Patrone heraus und wirft die Waffe lässig auf die Bahnschwellen. »In der Zone ist Schießen verboten«, sagt er belehrend. »Ach was, schießen, selbst einen Stein zu werfen kann in der Zone gefährlich werden. Und was ist mit dir?« wendet er sich an den Professor.

Der greift mit zwei Fingern an seinen Jackenkragen.

»Ich hab für diesen Fall eine Ampulle bei mir«, sagt er schuldbewußt.

»Was bitte?«

»Ich hab eine Ampulle eingenäht. Gift.«

Der Begleiter ist verblüfft.

»Na wißt ihr, Jungs! ... Also nein ... Seid ihr etwa zum Sterben hergekommen? Will sich wer erleichtern?« Er springt auf die Schwellen hinunter. »Überlegt's euch, nachher ist vielleicht keine Zeit mehr dazu. Oder nicht der richtige Ort ...«

Er entfernt sich von der Draisine und ist gleich darauf im Nebel verschwunden.

»Ja wirklich, weshalb sind Sie hergekommen? Sie sind als Schriftsteller im Schwange, haben eine Villa ... Die Frauen hängen sich Ihnen wahrscheinlich traubenweise an den Hals ...« Der Professor sieht den Schriftsteller mit hochgezogenen Brauen an.

»Das verstehen Sie nicht, Professor«, antwortet der Schriftsteller zerstreut und läßt dabei den Klappbecher auf der Handfläche springen. »Es gibt so einen Begriff: Eingebung. Nur sieht's so aus, daß mir der Begriff zwar geläufig ist, die Eingebung aber fehlt. Ich will hier um sie bitten.«

»Was denn, heißt das, Sie haben sich leergeschrieben?« sagt der Professor leise.

»Wie? Ach so, nein, ich hab sie nie besessen. Aber das ist weiter nicht interessant. Und Sie?«

Der Professor kommt nicht dazu, eine Antwort zu geben. Der Begleiter erscheint.

»Wir brechen bald auf. Packt die Sachen zusammen.«

Die Zone

Der Nebel hat sich gelichtet.

Links vom Bahndamm zieht sich eine hüglige Ebene bis zum Horizont hin, völlig leblos, in grünliches Dämmerlicht getaucht. Über dem Horizont aber flammt ein spektralreiner smaragdener Feuerschein auf, der sich über den klaren Himmel ausbreitet – das unwirkliche »Morgenrot« der Zone. Und schon steigt schwerfällig hinter der schwarzen Hügelkette hervor die grüne, in mehrere ungleiche Stücke zerrissene Sonne.

»Auch deswegen bin ich unter anderem hergekommen«, sagt heiser der Schriftsteller.

Sein Gesicht schimmert, wie das des Professors, grünlich. Der Professor schweigt.

»Ihr seht in die falsche Richtung«, ertönt die Stimme des Begleiters. »Hierher müßt ihr schaun.«

Der Schriftsteller und der Professor drehen sich um.

Rechts vom Bahndamm zieht sich gleichfalls eine hüglige Ebene hin; in der Ferne sind irgendwelche Masten erkennbar, ragt das verkrüppelte Skelett einer Trafostation auf. Zwischen den Hügeln sieht man einen Weg. Der Bahndamm beschreibt dort einen weiten Bogen, und von der Stelle aus, wo unsere Helden stehen, ist deutlich die Lok eines Güterzuges zu erkennen, der einst eine Panzereinheit hatte befördern sollen.

Doch irgend etwas muß da vorn geschehen sein: Der Triebwagen und die ersten beiden Waggons liegen herabgestürzt am Fuß der Böschung, einige andere stehen quer auf den Schienen – die Panzer, von den Wagen gerutscht, liegen auf der Seite oder mit den Raupenketten nach oben auf dem Bahndamm bzw. daneben. Es war offenbar gelungen, einige der Fahrzeuge wohlbehalten die Böschung hinabzusteuern; mehr noch, sie in Richtung Straße zu fahren. Doch die hatten sie nicht mehr erreicht – die Panzer, in kleinen Grüppchen zwischen Straße und Bahndamm steckengeblieben, zeigen mit den Kanonenrohren nach verschiedenen Seiten, einige sind unerklärlicherweise ohne Raupenketten, andere bis unmittelbar an den Turm in den Boden gerammt, einige fest verrammelt, andere mit weit geöffneten Luken.

»Aber wo sind ... die Menschen hin?« fragt leise der Schriftsteller. »Dort müssen doch Menschen gewesen sein.«

»Das frag ich mich auch jedesmal, wenn ich hier bin«, antwortet mit gedämpfter Stimme der Begleiter. »Ich hab' nämlich gesehen, wie sie bei uns auf der Station verladen wurden. Ich war noch ein Junge. Damals glaubten alle, daß die Außerirdischen gekommen waren, um uns zu unterjochen. Da haben sie diese Männer losgeschickt ... Ha, Strategen ...« Er speit aus. »Nicht einer ist zurückgekommen. Keine Menschenseele. Sind tief eingedrungen. Na, lassen wir das. Fürs erste orientieren wir uns auf diesen Mast dort«, er weist mit dem ausgestreckten Arm nach vorn. »Aber seht nicht den Mast an, schaut vor die Füße. Ich hab's euch schon mal gesagt und wiederhole es: Ihr beide seid ein Häufchen Dreck. Neulinge. Ohne mich seid ihr keinen Heller wert, seid ihr verloren wie neugeborene Kätzchen. Deshalb werde ich am Schluß gehen. Wir laufen im Gänsemarsch. Ihr werdet der Reihe nach den Weg bahnen. Den Anfang macht der Professor. Ich werde die Richtung bestimmen – und wehe, ihr weicht ab, das macht die Sache nur schlimmer für euch. Nimm den Rucksack.«

Der Professor hängt sich den Rucksack um.

»Also dann, Professor, erster Orientierungspunkt – dieser weiße Stein dort. Siehst du ihn? Los geht's«, befiehlt der Begleiter.

Der Professor steigt als erster den Bahndamm hinab. Als er etwa fünf Schritt entfernt ist, kommandiert der Begleiter: »Wie war gleich ... Schriftsteller! Ihm nach!«

Nachdem er ein Weilchen gewartet hat, beginnt er selber den Abstieg.

Der grüne Morgen der Zone ist zu Ende, hat sich im gewöhnlichen Sonnenlicht aufgelöst.

Die drei haben den Bahndamm verlassen und gehen nun langsam, im Gänsemarsch, einen flachen Hügel hinauf. Der Bahndamm ist von hier aus sehr gut zu sehen. Etwas Seltsames spielt sich dort, über den zerstörten Panzern ab: Es ist, als würden sich Schwaden glutheißer Luft über dieser Stelle erheben, in denen von Zeit zu Zeit buntschillernd ein greller Regenbogen aufflammt.

Doch die drei schauen nicht zum Bahndamm. Der Professor geht voran und mustert vor jedem Schritt ängstlich die Stelle, auf die er seinen Fuß setzen soll. Der Schriftsteller trottet hinterdrein, sieht aber nicht auf die eigenen Füße, sondern auf die des Professors.

Er hält schlecht Abstand, doch der Begleiter schweigt vorerst. Sein Blick gleitet mit routinierter Schnelligkeit automatisch zu den eigenen Füßen hinab, von dort zum Nacken des Schriftstellers, zum Nacken des Professors, rechts neben den Professor, links neben den Professor, dann wieder vor die eigenen Füße.

Der Professor hat die Hügelkuppe erreicht, und der Begleiter ruft: »Halt!«

Der Professor erstarrt gehorsam, der Schriftsteller dagegen macht noch ein paar Schritte und dreht sich höchst unzufrieden um. Der Begleiter steht reglos, mit halbgeschlossenen Augen da und bewegt die Finger der ausgestreckten Hand, als taste er die Luft ab.

»Was gibt's denn?« erkundigt sich widerstrebend der Schriftsteller.

Der Begleiter läßt langsam den Arm sinken und nähert sich von der Seite her vorsichtig dem Professor. Sein Gesicht ist angespannt, da ist etwas, das er nicht versteht.

»Nicht bewegen...«, sagt er heiser. »Still auf der Stelle stehn, keine Bewegung!«

Der Schriftsteller blickt sich erschrocken nach allen Seiten um.

»Keine Bewegung, Dummkopf!« zischt mit verstörter Stimme der Begleiter.

Sie stehen reglos wie Statuen, um sie her aber ist Gras, friedlich und grün, die Büsche bewegen sich sacht im Wind, und über alldem erhebt sich eine helle, zärtliche Sonne. Nach einer Weile atmet der Begleiter tief aus und sagt: »Ist noch mal gut gegangen... Weiter jetzt. Oder nein, wir rauchen erst mal eine.«

Er läßt sich in die Hocke nieder und holt eine Schachtel Zigaretten aus der Jackentasche. Mit den Lippen zieht er einen Glimmstengel heraus und reicht die Packung an den Professor weiter, der sich neben ihn setzt.

Der Schriftsteller fragt gereizt: »Näher zu Ihnen heran darf man wohl noch?«

»Man darf«, antwortet der Begleiter und nimmt einen tiefen Zug. »Näher heran darf man. Also komm schon.« Seine Stimme klingt wieder fester. »Was hatte ich vorhin gesagt?«

Der Schriftsteller bleibt auf halbem Wege stehen.

»Was ich vorhin gesagt hab', Trantüte! Ich hab' gesagt ›Halt!‹, du aber trampelst weiter. Dann sag ich ›Keine Bewegung!‹, du aber drehst deinen Kalbskopf hin und her... Nein, der schafft's nicht bis ans Ziel«, wendet sich der Begleiter an den Professor.

»Was soll ich denn machen«, sagt der Schriftsteller kläglich, »ich hab' ein schlechtes Reaktionsvermögen. Nun geben Sie mir schon eine Zigarette...«

»Wenn du ein schlechtes Reaktionsvermögen hast, hättest du lieber zu Hause bleiben sollen«, antwortet der Begleiter und holt eine Handvoll verschieden großer Schraubenmuttern aus der Tasche.

Er beginnt den Weg »abzutasten«.

Er wirft eine der Muttern nach vorn. Wartet einen Augenblick. Dann geht er langsam zu der Stelle, wo sie niedergefallen ist. Die nächste Mutter wird geschleudert. Und so weiter, Schritt für Schritt, von Schraube zu Schraube.

»Na, dann wollen wir mal«, sagt der Begleiter zum Professor, »wie's aussieht, haben wir noch mal Glück gehabt.«

Sie bewegen sich höchst vorsichtig vorwärts. Der Professor – der Schriftsteller – der Begleiter. Die Sonne steht schon sehr hoch, kein Wölkchen am Himmel, es ist heiß. Linker Hand ein Hügel, rechter Hand ein Graben, der mit schwarzem, stehendem Wasser angefüllt ist. Es ist sehr still: Kein Vogel ist zu hören, kein Insekt. Nur das Gras raschelt unter den Füßen.

Nach ein paar Schritten beginnt der Schriftsteller vor sich hin zu pfeifen. Noch ein paar Meter, dann hebt er einen Stock auf, mit dem er sich im Weitergehen gegen das Hosenbein klopft.

Der Begleiter beobachtet seine Handlungen mit wildem Blick. Als der Schriftsteller gar noch anfängt, die verwelkten Blümchen zur Rechten und Linken mit dem Stock abzuschlagen, holt der Begleiter eine Schraube aus der Tasche und schleudert sie gezielt auf den Nacken des Schriftstellers. Das ausgelassene Pfeifen endet in einem kläglichen Jaulton.

Der Schriftsteller faßt sich an den Kopf und geht, sich wie ein Häkchen zusammenkrümmend, in die Hocke. Der Begleiter bleibt über ihm aufgerichtet stehen.

»So kann es einem ergehen«, sagt er, »nur daß es dann nicht mehr zum Jaulen reicht... Na, hast du dir in die Hosen gemacht?«

Der Schriftsteller richtet sich langsam auf.

»Was war das?« fragt er entsetzt und tastet seinen Nacken ab.

»Ich wollte dir nur zeigen, wie's kommen kann, wenn du auf diese Weise durch die Zone spazierst«, erklärte der Begleiter. »Selbstmörder.«

»Schon gut, schon gut«, antwortet der Schriftsteller und leckt sich die Lippen. »Ich habe begriffen.«

Sie trotten an einer Müllhalde vorbei. Zerschlagenes Glas blitzt auf, ein verbeulter elektrischer Teekessel liegt herum, eine Puppe mit abgerissenen Beinen, Lumpenzeug, Berge verrosteter Konservenbüchsen...

Jetzt geht der Schriftsteller voran, sein Gesicht ist böse und verkrampft, die Lippen sind zusammengepreßt.

Ein riesiger Graben, gefüllt von einem aufgeblasenen und halb herabgesunkenen Sperrballon. Sie gehen langsam, vorsichtig ein Bein vors andre setzend, auf federndem Grund. Plötzlich stößt der Schriftsteller einen seltsamen, krächzenden Laut aus und bleibt stehen.

Er wird zusehends naß. Die Feuchtigkeit dringt aus seinem Körper durch die Kleidung; Schweiß strömt ihm übers Gesicht, Rinnsale tropfen von seinen verkrampften Fingern, das Haar klebt ihm an den Wangen und beginnt dann büschelweise auf Brust und Schultern herabzufallen.

»Ruhe bewahren, Kinder«, sagt der Begleiter. »Wir sind reingeschlittert. Hinlegen!« ruft er dem Schriftsteller zu. »Versuch dich hinzulegen! Du auch, Professor! Legt euch hin! Nur keine Angst, gleich liegt er...«

Der Begleiter und der Professor legen sich hin, der Schriftsteller aber ist nicht dazu imstande. Man sieht, daß ihm ein Krampf im Körper steckt.

Unvermittelt, wie er begann, endet dieser Alptraum wieder. Die Nässe verschwindet zusehends, und gleich darauf ist der Schriftsteller so trocken wie vorher, nur daß auf seiner Brust und den Schultern, sacht vom Wind bewegt, die Büschel ausgefallener Haare liegen. Kraftlos läßt er sich auf die Seite sinken.

Der Begleiter und nach ihm der Professor erheben sich, sie nähern sich vorsichtig dem Schriftsteller.

»Keine Bange«, sagt der Begleiter, »er wird gleich wieder aufstehn... Er hat wirklich Glück, dieser Satan... Ich hab' schon erlebt, wie hier prima Kerls die Augen ausgelaufen sind, er aber kommt mit den paar Haaren davon... Nun steh schon auf, erheb dich, kein Grund, noch länger rumzuliegen...«

Der Schriftsteller rappelt sich mühsam auf, tastet seinen Kopf ab, betrachtet die an den Fingern klebenden Haare.

»Weiter«, sagt der Begleiter. »Du kannst sie sowieso nicht zählen. Der Professor nach vorn.«

Sie treten unter ein durch die Zeit beschädigtes Tarnnetz. Offenbar befanden sich hier früher MG-Stellungen: Patronenkisten liegen herum, in die Erde gerammte Maschinengewehre, vom Wind verschüttete Helme und Schutzmasken.

»Rast!« verkündet der Begleiter.

Alle stehen reglos da. Ringsum Stille, nur das Pfeifen des Windes und das Rascheln einer schmutzigen, zerknitterten Zeitung, die sich um die Füße des Professors wickelt.

»Augenblick«, sagt der Schriftsteller. »Irgendwie gehorchen mir... die Beine nicht...«

»Was war das?« fragt der Professor, ohne sich umzudrehen.

Der Schriftsteller kichert hysterisch, der Begleiter aber sagt:

»Weiß ich nicht... Es war und ist vorbei, Gott sei Dank.« Dann zischt er, nach allen Seiten Ausschau haltend: »Ein elender Flecken!«

Sie haben sich im Schatten des Tarnnetzes niedergelassen. Der Begleiter gießt Schnaps in die Becher, die ihm entgegengestreckt werden. Alle trinken.

»Wie steht's um Ihren Appetit, Professor?« erkundigt sich der Schriftsteller und beißt widerwillig in ein hartgekochtes Ei.

»Nicht allzu gut, wenn ich ehrlich sein soll.«

»Jetzt ein Bier«, seufzt der Schriftsteller. »Ein schönes kaltes! Meine Kehle ist ganz trocken.«

Der Begleiter gießt jedem nach. Der Professor fragt vorsichtig: »Müssen wir noch lange?«

Der Begleiter schweigt und erwidert dann finster: »Weiß ich nicht.«

»Und nach der Karte?«

»Was heißt hier, nach der Karte? Von wegen Karte, die ist kein bißchen maßstabgerecht! Nun ja, Stachelschwein hat's in zwei Tagen geschafft, aber das war eben Stachelschwein.«

»Stachelschwein, wer ist das?« fragt der Schriftsteller.

Der Begleiter lacht spöttisch, steckt sich gemächlich eine Zigarette an.

»Mit Stachelschwein, mein Lieber, können wir uns allesamt nicht messen. Der war von der ersten Minute an dabei und später, als ich größer wurde, mein Lehrmeister. Das war ein Mann von Format. Ein As.«

»Wieso – war?« fragt der Schriftsteller. »Ist er etwa...«

»Genau. Du hast es erraten. Sie brachen zu zweit oder zu dritt auf, zurück aber kam er stets allein. Mit ihm hättet ihr gehen müssen...« Er lacht ungut, wobei er den Blick vom Professor zum Schriftsteller und wieder zurück gleiten läßt. »Übrigens, bis hierher wärt ihr mit ihm auch gekommen. Na, lassen wir das!« unterbricht er sich selbst. »Ihr könnt's halten, wie ihr wollt, ich jedenfalls schlaf 'ne Runde. Aber macht keinen Krach... Und laßt es euch ja nicht einfallen, in der Gegend rumzuspazieren.«

Der Begleiter – den Rucksack unterm Kopf – nickt ein, der Professor und der Schriftsteller aber, mit dem Rücken gegen die lehmige Böschung gelehnt, unterhalten sich rauchend:

»Trotzdem würde ich gern wissen, was diesem ›As‹ zugestoßen ist«, sagt der Schriftsteller.

»Er ist der einzige, der bis zu dieser Stelle vorgedrungen und wieder zurückgekommen ist«, antwortet der Professor. »Kam zurück und war zwei Tage später ein reicher Mann... Unglaublich reich...« Der Professor verstummt.

»Ja und?«

»Und kurz darauf hat er sich erhängt. Eine Woche später.«

»Warum?«

Der Professor zuckt die Achseln.

»Das ist eine undurchsichtige Geschichte. Er wollte erneut dorthin aufbrechen... mit unserem Mann hier... Als der aber zum vereinbarten Zeitpunkt bei ihm erschien, sah er Stachelschwein hängen. Auf dem Tisch lagen die Karte und ein Briefchen, in dem er Erfolg wünschte.«

»Und wenn es nun unser Mann war, der ihn...«

»Möglich«, stimmt der Professor ohne zu zögern zu, »fähig wäre er dazu.«

Eine Zeitlang rauchen sie schweigend.

»Was meinen Sie, Professor, ob es diesen Ort, wo sich die Wünsche erfüllen, wirklich gibt?«

»Stachelschwein ist reich geworden. Er hat es sich ein Leben lang gewünscht.«

»Und hat sich erhängt...«

»Aber sind Sie überzeugt, daß er nur wegen des Reichtums hingegangen ist? Stachelschwein, meine ich. Hat er etwa jemandem verraten, weshalb er in die Zone ging? In Wirklichkeit weiß doch der Mensch nie, was er will. Er ist ein kompliziertes Wesen. Sein Kopf möchte das eine, sein Rückenmark das andere, seine Seele etwas Drittes... Und niemand ist imstande, sich in diesem Durcheinander zurechtzufinden. Ich spreche hier vom tief im Menschen Verborgenen, verstehen Sie? Von seinem geheimsten Wunsch!«

»Das ist wahr«, erwidert der Schriftsteller, »das haben Sie ganz richtig gesagt. Ich zum Beispiel behauptete vorhin, daß ich wegen der Eingebung hergekommen bin... Das war gelogen. Ich pfeife auf die Eingebung...«

Der Professor sieht ihn neugierig an.

Der Schriftsteller fährt nach kurzem Schweigen fort: »Doch wer weiß, vielleicht war's wirklich wegen der Eingebung. Woher soll ich wissen, wie man nennt, was ich mir wünsche? Woher soll ich wissen, ob ich das, was ich zu wünschen glaube, auch wirklich will? All das sind Dinge, die sich kaum bezeichnen lassen. Werden sie doch benannt, entweicht der Sinn aus ihnen – er schmilzt dahin. Wie eine Qualle in der Sonne. Haben Sie das mal gesehen?«

Der Professor senkt den Blick und betrachtet seine schmutzigen, abgebrochenen Fingernägel. »Nun ja ... Übrigens muß ich Ihnen sagen, daß es für Sie ... gerade für Sie ... ganz und gar nicht angeraten ist, dorthin zu gehen.«

Der Schriftsteller nickt heuchlerisch. »Aber ja doch, gewiß ... Ich bin kein Wissenschaftler. Bei Ihnen ist das etwas anderes. Sind Sie wirklich Wissenschaftler? Dann ist's natürlich klar! Es geht ums Experiment, um Fakten ... Letztlich um die Wahrheit. Nur bin ich der Meinung, daß es keine Fakten gibt. Es gibt sie insgesamt nicht, und hier in der Zone noch weniger. Hier ist alles von irgendwem erdacht, spüren Sie das nicht? Das ganze ist ein idiotischer Einfall! Uns allen wird etwas vorgemacht. Nur von wem, ist nicht herauszukriegen. Und wozu? Auch das ist unverständlich.«

»Glauben Sie nicht, daß es trotzdem ganz interessant wäre herauszufinden: wer und wozu?«

»Aber um das ›Wer‹ und ›Wozu‹ geht's doch gar nicht! Worin liegt der Sinn eines solchen Wissens? Wessen Gewissen wird davon reiner? Wessen Gewissen fängt davon an, weh zu tun? Meins vielleicht? Ich habe kein Gewissen, ich habe bloß Nerven. Beleidigt mich so ein Mistkerl – gibt's eine Wunde. Ein anderer Mistkerl lobt mich – wieder eine Wunde ... Denen ist doch ganz egal, was ich schreibe! Die schlingen alles in sich rein! Offenbart man sein Herz, seine Seele, verschlingen sie auch Herz und Seele. Legt man die Abscheulichkeiten seiner Seele frei, fressen sie eben die Abscheulichkeiten ... Denen geht's bloß ums Fressen. Sie sind ja allesamt so gebildet, verspüren alle ein sensorisches Hungergefühl ... Und alle summen sie, summen um mich herum – Journalisten, Redakteure, Kritiker und ständig irgendwelche Weiber ... Später dann prahlen sie vor ihren Männern, daß ich ihnen die Ehre erwiesen habe, sie zu beschlafen! Alle fordern sie von mir Neues, immer wieder Neues! Und ich geb es ihnen, wenn es mich auch vor Übelkeit schüttelt. Ich habe längst aufgehört, ein Schriftsteller zu sein ... Was zum Teufel bin ich für ein Schriftsteller, wenn ich das Schreiben hasse, wenn Schreiben Qual für mich bedeutet, unangenehme, schmachvolle Beschäftigung, so etwas wie eine krankhafte Körperfunktion ...«

Er verstummt jäh und liegt eine Weile mit geschlossenen Augen da. In seinem Gesicht zuckt es.

»Dabei dachte ich früher immer, sie brauchen mich«, fährt er leise fort. »Ich glaubte, der eine oder andere würde besser, ehrlicher durch meine Bücher. Irgendwie reiner, gütiger... Niemand braucht mich! Das einzige, was mich jetzt noch interessiert, ist meine Villa mit Bad. Wenn ich verrecke, werden sie mich zwei Tage später vergessen und über einen anderen herfallen. Aber kann man das alles denn so lassen? Ich wollte sie nach meinem Bild umformen, in Wirklichkeit haben sie mich nach ihrem geformt. Früher war die Zukunft zwar eine Wiederholung der Gegenwart, doch man ahnte hinter fernen Horizonten die Veränderungen. Jetzt dagegen gibt es keinerlei Zukunft. Sie hat sich mit der Gegenwart vermengt. Aber sind die Menschen vielleicht darauf vorbereitet? Ich habe versucht, sie vorzubereiten, doch sie wünschen nicht, vorbereitet zu werden, ihnen ist das alles schnuppe, sie wollen bloß fressen.«

»Leidenschaftlich«, sagt der Professor langsam, »seeehr leidenschaftlich, Herr Schriftsteller... alle Leute beglücken zu wollen!«

»Ach, hol Sie der Teufel!« antwortet der, ohne die Augen zu öffnen.

»Nicht doch, das ist nämlich sehr gefährlich, Sie leidenschaftlicher Wohltäter, begreifen Sie das?«

Der Schriftsteller setzt sich mit einem Ruck auf und sieht den Professor wutschäumend an. »Was ist gefährlich! Was daran gefährlich ist! Ich will meine Ruhe, verdammt noch mal, meine Ruhe!«

»Das versteh ich ja. Aber schließlich sind Sie wegen dieses ruhigen Lebens jetzt nicht in die Wüste aufgebrochen, sondern in die Zone! Zu der besagten Stelle!«

Der Schriftsteller hat sich wieder auf den Rücken fallen lassen und legt eine Hand über die Augen. »Ach, ich hab' keine Lust, mich mit Ihnen rumzustreiten! Im Streit wird die Wahrheit geboren, verflucht soll sie sein!«

Der Begleiter öffnet die Augen. Er liegt ein Weilchen lauschend da. Dann erhebt er sich lautlos, kommt mit weichen Schritten aus dem Schatten und bleibt bei dem Professor und dem Schriftsteller stehen, die beide schlafen. Er mustert sie einige Zeit aufmerksam. Sein Gesicht ist konzentriert, der Blick abwägend. Schließlich befiehlt er leise, wobei er sich auf die Unterlippe beißt: »Weiter!«

Ein schmaler Spalt zwischen zwei Hügeln, mit Schlamm angefüllt. Sie gehen über einen halbvermoderten, glucksenden Knüppeldamm. Über der Sumpfoberfläche quellen widerwärtige Nebelschwaden. Der Begleiter geht vorneweg, der Schriftsteller und der Professor schleppen sich hinterher. Sie keuchen, man sieht, daß sie ziemlich erschöpft sind.

Der Begleiter bleibt unvermittelt stehen, als sei er auf ein unsichtbares Hindernis gestoßen. Er steht völlig reglos da, hält die Nase schnuppernd in alle Richtungen.

Der Schriftsteller ist neben ihm stehengeblieben und schnappt, auf seinen Stock gestützt, mühsam nach Luft.

»Na, was gibt's?« fragt er.

»Schweig!« sagt der Begleiter leise.

Er setzt zum Weitergehen an und bleibt dennoch stehen. Steckt die Hand in die Tasche, holt eine Schraubenmutter hervor, will sie fortschleudern, kann sich aber nicht entschließen. Die Mutter fällt ihm aus der Hand. Sein Gesicht ist grünlich-bleich und schweißbedeckt.

»Nein, lieber nicht...«, murmelt er.

Mit abgespreizten Armen weicht er zurück. Dann nimmt er, ohne sich umzublicken, dem Schriftsteller den Stock ab und stößt damit in den Sumpf neben dem Knüppeldamm.

»So wird's sicherer sein«, krächzt er. »Also los, mir nach...«

Er klettert vorsichtig vom Knüppeldamm herunter und sinkt sofort bis über die Knie ein.

»Was soll denn das wieder?« fragt kläglich und erschöpft der Schriftsteller.

Der Begleiter gibt keine Antwort. Den Weg vor sich her mit dem Stock austastend, bewegt er sich immer weiter seitwärts vom Knüppeldamm fort.

Sie waten, bis zum Gürtel im schmatzenden Schlamm, durch Nebel; hin und wieder stürzen sie, wobei sie auch mit dem Kopf eintauchen. Danach spucken und husten sie. Sie dürfen nicht stehenbleiben, das Moor würde sie einsaugen.

Plötzlich sinkt der Professor bis zum Hals ein, er versucht verzweifelt, sich herauszuarbeiten und bäuchlings hinzulegen, doch es gelingt ihm nicht.

»Zu Hilfe!« ruft er mit letzter Kraft.

Der Begleiter dreht sich um, unverhohlenes Entsetzen spiegelt sich in seinem Gesicht.

»W-wo willst du denn hin?« schreit er heiser und hastet, Schlamm verspritzend, zum Professor. »Den Rucksack, wirf den Rucksack ab!«

Der Professor schüttelt den Kopf, der aus dem Moor ragt.

»Den Stock«, keucht er, »gebt mir den Stock!«

»Du sollst den Rucksack abnehmen, hab' ich gesagt!«

»Nimm endlich den Rucksack ab, Idiot!« jault der Schriftsteller, der hilflos im Dreck herumstrampelt.

»Den Sto ...« Der Professor versinkt mit dem Kopf im Schlamm, taucht wieder hervor und brüllt mit furchterregender Stimme: »Gib den Stock, Mistkerl!«

Er versucht die ihm hingestreckte Latte zu packen, verfehlt sie zunächst, dann endlich erwischt er sie und krallt sich mit beiden Händen daran fest.

Mit Mühe arbeiten sie sich auf einen trockenen Lehmhang.

»Wärst beinahe abgesackt wie ein Stein«, knurrt der Begleiter, »und hättst mich mitgezogen. Dann hätte der Schriftsteller allein durch den Sumpf krauchen können. Klammert sich an seinen Rucksack!«

»Warum sind wir auch da reingekrochen«, faucht der Professor.

»Es geht dich einen Dreck an, wo ich hinkrieche.«

»Na bitte, mein Rucksack geht dich ebenfalls einen Dreck an!«

»Sie haben wohl Schätze drin«, schimpft gereizt der Schriftsteller, doch der Professor schenkt ihm keinerlei Beachtung.

»Das soll begreifen, wer will«, sagt er. »Wir haben einen herrlichen, glatten Weg vor uns, er aber klettert plötzlich in diese ... diese Jauchegrube!«

»Ich hab' ein Gespür, kapierst du das endlich, ein Gespür!«

»Feines Gespür!«

»Bist eben ein Dummkopf mit Brille.« Der Begleiter klopft sich die Knie ab, und Überreste verkrusteten Schlammes fallen ab.

»Mein Sehvermögen geht Sie gar nichts an. Und überhaupt hab' ich jetzt genug. Ist mir zu dumm das alles.«

»Absolut nicht dumm. Dir gehört mit dem Stock eins zwischen die Ohren! Gib die Flasche rüber ... Das fehlte noch – daß man sich wegen ein Paar dreckiger Unterhosen ins Paradies befördert.«

»Unterhosen?« fragt der Schriftsteller.

»Was soll er sonst in seinem Rucksack haben! Konserven vielleicht?«

»Von wegen Konserven, verdammt noch mal! Ich hab' ihn

einfach nicht runterbekommen. Eh ich den abgeschüttelt hätte, wär ich längst abgesoffen. Ach, schert euch doch zum Teufel!«

»Also gut, es reicht jetzt...« Der Begleiter erhebt sich und mustert mit gerunzelter Stirn die Umgebung. »Möcht mal wissen, wo es uns hingeweht hat. Diese Stelle kommt mir völlig unbekannt vor... Dieses Stinktier von Stachelschwein hat nicht das geringste neben dem Sumpf markiert, aber da ist unter Garantie etwas... Kann allerdings auch sein, daß es erst später hinzugekommen ist, nach ihm...«

»Ist Stachelschwein übrigens der einzige, der bis zu der bewußten Stelle vorgedrungen ist?« läßt sich der Professor vernehmen.

»Von anderen ist mir nichts bekannt.«

»Gingen auch welche hin, die nicht ans Ziel kamen?« fragt unvermittelt der Schriftsteller.

»Klar. Ich selbst bin gegangen, doch nie hingekommen.«

»Und weswegen gingen sie?« fragt der Professor.

»Tja, jeder wegen was anderem... Hauptsächlich natürlich wegen Geld. Meinst du vielleicht, ich wüßte nicht, warum du gehst? Wenn du willst, sag ich's. Man hat dich nicht in die Expedition genommen, und nun willst du's ihnen beweisen. Recht so! Willst deinen persönlichen Belangen nachhelfen, eine Entdekkung machen, daß die andern Mund und Nase aufsperren, nicht wahr! Sieh an, was für ein Kerl unser Professor ist, man müßte ihm direkt den Nobelpreis geben!«

»Na und, weshalb gehn Sie?«

Der Begleiter, unangenehm berührt, schweigt eine Weile.

»Bei mir geht's um... familiäre Dinge.«

»Wie bei Stachelschwein?« fragt der Professor leise.

Der Begleiter dreht sich jäh um und sieht den Professor an, der aber liegt mit geschlossenen Augen da, die Hände friedlich auf der Brust gefaltet.

»Vergleich mich nicht mit dem«, sagt der Begleiter drohend. »Du hast ihn nicht gekannt, nie gesehen, und mich kennst du ebensowenig. Also laß gefälligst solche Vergleiche.«

»Wer kennt schon wen«, sagt der Professor, ohne die Augen zu öffnen.

»Hört endlich auf«, schaltet sich gereizt der Schriftsteller ein. »Wer kennt schon wen – was soll das! Das reinste Newtonsche Binom. Familiäre Probleme hat er... Hat auf der Rennbahn verloren, im Haus gibt's nichts zu fressen, arbeiten will er nicht, weil er von jeher ein Lump war ... Na ja, und was den Schnaps betrifft, dagegen sind wir alle nicht gefeit. Auch ein Kartenspielchen ist nicht zu verachten ... Die Frau ist natürlich eine Schlampe und Furie, liegt dir dauernd wegen Geld in den Ohren ... dazu ein Schock Kinder, von denen keins was taugt, den Kopf nicht zum Loch raussteckt ... Wer kennt schon wen! So was nennt sich Problem!«

Während dieser Rede läuft der Begleiter puterrot an, er will etwas erwidern, will ihn unterbrechen, vermag es aber nicht. Und erst als der Schriftsteller verstummt ist, preßt er schließlich heraus:

»Bei dir s-selber vielleicht ... Wie wagst du es, so von mir zu sprechen! Was weißt du schon über mich, du elender Schreiberling, du verkäufliche Haut! Die Wände in Pissoirs vollkrakeln solltest du, Schmarotzer! – Daß ich eine Tochter habe, ist dir das bekannt? Und daß sie von Geburt an ein Krüppel ist, weißt du das? Ich bin in die Zone gegangen, und sie muß dafür bezahlen! Sie ist ein Kind, und man lacht sie aus. Weil sie blind ist und auf Krücken geht! Alles Geld, das die Zone mir bringt, ist für die Ärzte draufgegangen, und die machen einem nicht mal mehr Hoffnungen. Auch alles Professoren! Wie der da – Ach, was red ich noch mit dir, Stinkstiefel!«

Er erhebt sich abrupt und verschwindet hinter einem Hügel.

»So hätten Sie nicht reden dürfen«, sagt der Professor.

»Weshalb denn nicht? Weshalb nicht, frag ich! Das ist doch alles gelogen. Er hat es sich eben erst ausgedacht. Ich durchschau ihn genau.«

»Nein, nein. Ich kenne ihn schon lange. Seine Lebensgeschichte ist schlimm genug. Bereits als Junge wurde er zum Stalker, er hat mehrmals im Gefängnis gesessen, sich ziemliche Schrammen geholt, und was seine Tochter betrifft, so ist die wirklich ein Mutant. Ein ›Opfer der Zone‹, wie es in den Zeitungen heißt. Er hat vor einigen Jahren in meinem Institut als Laborant gearbeitet, so daß ich ...«

»Trotzdem lügt er. Nicht um die Tochter geht es ihm. Das mit der Tochter ist ihm zum ersten Mal in seinem Leben in den Sinn gekommen. Nur liebt's ein Lump eben nicht, wenn er als solcher bezeichnet wird. Er strebt nach Stil, möchte hehre Gefühle zur Schau stellen ... Der Graf schleudert den Handschuh und entfernt sich stolz ... Nach Hause aber kehrt er mit einem Sack voll Geld, Sie werden sehen ...«

»Man erkennt die Handschrift des Meisters. Na, lassen wir das.«

Pause. Dann sagt der Professor ironisch: »Bist du mit Beute zurückgekehrt – hattest du Glück; bist du unversehrt davongekommen – ist's ein Erfolg; eine Patrouillenkugel bedeutet – noch mal Schwein gehabt; alles andere ist Schicksal.«

»Was soll denn das für eine triste Weisheit sein?«

»Hiesige Folklore. Sie vergessen die ganze Zeit, daß wir uns in der Zone befinden. In der Zone darf man keine heftigen Bewegungen machen und sich nicht zu heftigen Äußerungen hinreißen lassen.«

»Einverstanden. Nur liebe ich es nicht, wenn man um simple Dinge philosophisch herumsülzt.«

»Was lieben Sie überhaupt?«

»Früher hab' ich gern geschrieben, heute mag ich nichts mehr. Und niemanden.«

»Ist Ihnen noch nie in den Sinn gekommen, was passieren wird, wenn einmal alle Leute an die Wunderwirkung jenes Ortes glauben, zu dem wir jetzt aufbrechen?« fragt unvermittelt der Professor. »Wenn sie zu Tausenden und Hunderttausenden hinströmen?«

»Bereits heute glauben viele daran, sie wissen nur nicht, wie hingelangen.«

»Sie schaffen's schon, mein Lieber, sie schaffen's. Und wenn's einer von tausend ist. Denken Sie nur an Stachelschwein ... Wobei Stachelschwein noch nicht mal der schlechteste Mensch war. Da gibt's viel üblere. Solche, denen weder an Gold noch an familiären Dingen gelegen ist. Sie werden die Welt verändern, mein Freund, die ganze Welt nach ihrem Willen umformen – all diese verhinderten Machthaber der Erde, die Großinquisitoren, die Führer aller Schattierungen, die Wohltäter und Glücksbringer ... Haben Sie darüber mal nachgedacht?«

»Ehrlich gesagt, nein«, antwortet der Schriftsteller.

»Das tun Sie mal. Was mich betrifft, so bin ich durchaus geneigt, an böse Märchen zu glauben. An gute nicht, aber an böse – ja ...«

Der Schriftsteller mustert den Professor mit herabgezogenen Mundwinkeln.

»Trotz allem kennen Sie sich kein bißchen in den Menschen aus«, sagt er schließlich. »Ist doch wieder philosophisches Gesülze. Natürlich ist es möglich, daß sich dieser eine dorthin durcharbeitet, um die ganze Welt umzukrempeln, in Wirklichkeit aber spuckt er auf die Welt. Was er braucht, sind Weiber, Wodka und möglichst viel Geld... Solche Leute haben nicht die Spur Phantasie, Professor! Wenn's hochkommt, wünscht er sich inbrünstig, sein Chef möge unters Auto kommen... Sehen Sie nun, wo all die Führer herkommen? Entweder wollen die Weiber nichts von ihnen wissen, oder die Kritiker nehmen sie nicht für voll, vielleicht stinken sie auch entsetzlich aus dem Mund... Wenn Sie erst an Ort und Stelle sind, Professor, werden Sie sich selbst davon überzeugen... Und ich durchschau auch Sie genau. Ihnen steht es geradezu im Gesicht geschrieben, daß Sie gleichfalls so eine ungeheuerliche Wohltat für die Menschheit in petto haben. Ein anderer an meiner Stelle wäre erschrocken. Ich aber – sehen Sie? – bin ganz ruhig.«

»Klar sind Sie ruhig, was mich betrifft«, sagt der Professor, »das sieht man. Sie messen alle nur nach Ihrer Elle. Sie würden einen prima Politiker oder Soziologen abgeben. Natürlich sind Sie ruhig, was mich betrifft. Was Sie aber selbst angeht...«

»Mich selbst? Ach was, meine Angelegenheiten gehen niemanden etwas an. Ich pfeife auf die Welt. In dieser Ihrer Welt interessiert mich nur ein einziger Mensch – und zwar der hier...« Der Schriftsteller stößt sich den Finger an die Brust. »Ist er was wert, dieser Mensch, oder nicht? Hat er den Himmel bislang umsonst verräuchert, oder hat er vielleicht doch sein goldnes Steinchen geformt...«

»Hören Sie«, sagt der Professor, »wir sollten uns nichts vormachen. Mal behaupten Sie, wegen der Eingebung hinzugehn, dann um der Schönheit willen und nun aus Gründen innerer Ruhe.«

»Wenn ich erst mal erfahren habe, was für einer ich bin, werde ich alles haben: innere Ruhe, Eingebung und Schönheit.«

»Aber was ist, wenn Sie erfahren, daß Sie ein Stück Dreck sind? Daß Sie nicht nur kein eigenes kleines Steinchen geformt, sondern im Gegenteil ein fremdes geschluckt haben? Feine Ruhe!«

»Das, lieber Einstein, dürfte dann schon nicht mehr Ihre Sorge sein. Befassen Sie sich gefälligst mit Ihrer Menschheit, mich allerdings nehmen Sie aus.«

»Ja, ja, alles klar. Bloß beunruhigt mich folgendes. Ich habe den Eindruck, Ihnen geht es in Wirklichkeit nur darum, von den anderen in Ruhe gelassen zu werden, und das möglichst für immer.«

»Goldene Worte!«

»Doch wenn schon von allen, so bedeutet das – auch von mir«, sagt der Professor. »Deshalb bitte ich Sie: Denken Sie trotzdem darüber nach, weshalb Sie hingehn. Und überlegen Sie gründlich! Immerhin gibt's Milliarden Menschen, die keinerlei Schuld daran haben, daß Sie ein Stück Dreck sind.«

Der Begleiter kommt zurück.

»Genug herumgelungert«, sagt er, »es geht weiter ...«

Sie trotten auf einem Feldweg dahin, der von feinstem Staub bedeckt ist. Der Staub fliegt bei jedem Schritt auf und bleibt einige Zeit unbeweglich in der Luft hängen. Längs des Weges ziehen sich verwitterte Telegrafenmasten hin. Es ist sehr heiß, über dem Weg vor ihnen tanzt flirrend-glühende Luft.

Der Professor, der vorangeht, bleibt plötzlich stehen, dreht sich zu seinen Gefährten um und sagt verstört: »Dort steht ein Wagen ... Und der Motor läuft ...«

»Kümmer dich nicht drum«, antwortet der Begleiter, »der läuft schon zwanzig Jahre. Schau lieber unter die Füße und halte dich in der Mitte.«

Sie kommen an einem nagelneuen Lastwagen vorbei, der am Wegrand steht, als sei er gerade erst vom Fließband gerollt. Sein Motor arbeitet im Leerlauf, bläulicher Rauch dringt aus dem Auspuff und vermischt sich mit dem Wind. Seine Räder jedoch haben sich bis zu den Naben in den Grund gewühlt, durch den Wagenboden und die angelehnte Tür hindurch wächst ein dünnes Bäumchen.

Damals, offenbar am Tag des *Besuchs*, hatte dieser riesige Lastwagen ein langes, meterdickes Gasrohr auf einem Spezialhänger diesen Weg entlanggeschleppt. Der Wagen war links an einen Mast geprallt, das Rohr aber vom Hänger gerutscht, es hatte sich schräg über den Weg gelegt. Wahrscheinlich waren bei dieser Gelegenheit auch die Telegrafenmasten umgestürzt, die gleichfalls quer auf dem Weg liegen. Ihre Drähte sind von rötlichem Fadengewirr überwuchert, das als kompakter Vorhang über der Straße hängt und den Durchgang versperrt.

Die Rohröffnung ist schwarz und verrußt, der Boden davor total verkohlt, als wäre des öfteren eine sengende Flamme aus dem Rohr geschossen.

»Da wollen wir doch nicht etwa reinklettern?« fragt der Schriftsteller, ohne sich genau an jemanden zu wenden.

»Wenn ich's befehle, kletterst du rein«, sagt kalt der Begleiter und hebt mehrere Pflastersteine vom Wegrand auf. »Geht mal ein Stück beiseite.« Er hebt den Arm, schleudert einen der Steine in die Rohröffnung und springt hastig zurück.

Man hört den Stein im Rohr poltern und klirren. Der Begleiter wartet ab, dann wirft er einen zweiten Stein. Poltern, Dröhnen, Klirren. Stille.

»So«, sagt der Begleiter und wischt sich gemessen die Handflächen sauber. »Wir können.« Er dreht sich zum Schriftsteller um: »Du voran.«

Der Schriftsteller möchte etwas erwidern, seufzt aber nur krampfhaft. Er holt eine Feldflasche aus der Brusttasche, schraubt hastig den Verschluß ab, nimmt einige Schlucke und reicht die Flasche an den Professor weiter. Der Schriftsteller wischt sich mit dem Ärmel über die Lippen. Sein Blick ruht unverwandt auf dem Begleiter, so als warte er auf etwas. Aber es gibt nichts zu warten.

»Nun«, sagt er und lächelt mühsam, »alles andere ist also Schicksal?«

Er macht einen Schritt auf das Rohr zu. Verharrt vor der schwarzen, drohend-gähnenden Öffnung. Dann steckt er langsam die Hände in die Taschen und dreht sich um.

»Wieso eigentlich ich?« erkundigt er sich mit hochgezogenen Brauen. »Weshalb ich, zum Teufel? Ich geh nicht.«

Der Begleiter geht mit Macht auf ihn zu, und der Schriftsteller weicht einen Schritt zurück.

»Du gehst!« stößt der Begleiter durch die Zähne hervor.

Der Schriftsteller schüttelt stumm den Kopf. Da schlägt ihm der Begleiter heftig in den Leib, auf den Kopf, packt ihn bei den Haaren, richtet ihn auf und versetzt ihm mehrere Ohrfeigen.

»Und ob du gehn wirst!« zischt er mit Nachdruck.

Der Professor will den Begleiter am Arm packen, der aber stößt ihn, ohne hinzusehn, mit dem Ellbogen fort, trifft ihn an der Nase, so daß seine Brille herunterfällt.

»Na, was ist!«

Der Schriftsteller wischt sich über die aufgeschlagenen Lippen, sieht zuerst seine Hand an, dann den Begleiter.

»Grooßer Gott«, murmelt er.

Grenzenloser Abscheu spiegelt sich auf seinem Gesicht. Ohne noch ein Wort zu sagen, spuckt er dem Begleiter saftig vor die Füße, dreht sich um und taucht in das Rohr ein.

Der Begleiter springt augenblicklich vom Rohr weg zur Seite und zerrt den Professor hinter sich her. Aus dem Rohr sind dumpf Geklirr, Poltern und schweres Atmen zu hören.

Der Professor setzt mit zitternden Händen die Brille auf. Eins der Gläser weist einen Sprung auf. Der Lärm im Rohr verhallt.

»Mir nach!« schreit heiser der Begleiter und stürzt in die schwarze Öffnung hinein.

Beide klettern aus dem Rohr hinaus in einen runden, kuppelförmigen Raum, der entfernt an ein orientalisches Bad erinnert. Offenbar hat sich hier so etwas wie ein Befehlsstab befunden: Klapptische und -stühle stehen herum, auf den Tischen mehrere Telefone (alle mit abgehobenen Hörern), halbverkohlte Landkarten liegen da und Bleistifte. Auf dem Fußboden befinden sich Kisten mit Konserven und Flaschen; unerklärlicherweise auch ein Kinderwagen. Der Schriftsteller sitzt an einem der Tische und ist dabei, eine Flasche zu entkorken.

»Na siehst du, und du hattest Angst«, sagt forsch der Begleiter.

Er ist eindeutig zum ersten Mal hier – schaut sich voller Neugier um, sieht in alle Ecken. Der Schriftsteller, sich mit der Flasche abplagend, beobachtet ihn finster-ironisch.

»Wenn ich sage, du kannst gehn, dann kannst du auch gehn«, fährt der Begleiter fort. »Na gib schon her, was werkst du rum?« Er nimmt dem Schriftsteller die Flasche weg und schlägt geschickt den Korken heraus. »Hast du was, wo du's reinschüttest? Nichts? Na, trinkst du eben aus der Flasche, als erster, hast es dir verdient ...«

Inzwischen inspiziert der Professor den Raum, er legt zerstreut die Telefonhörer auf. Der Schriftsteller läßt lange nicht von der Flasche ab, schließlich stemmt er sie gegen sein Knie und leckt sich die Lippen.

»Na, was ist, läuft's dir kalt den Rücken runter?« erkundigt sich aufgekratzt der Begleiter. »Das möcht ich meinen! Stachelschwein hat mehrere Stunden hier gesessen, um sich zu sammeln und zur Ruhe zu kommen ... Trink nur, trink, ich nehm mir 'ne volle, die liegen hier doch massenweise rum.«

»Verehrter Chingachgook«, tönt der Schriftsteller, »ich begreife nur zu gut, daß dein Herumscharwenzeln nichts anderes darstellt als eine eigenwillige Form der Entschuldigung. Ich verzeihe dir. Deine schwere Kindheit, das ganze Milieu, die Erziehung, ich versteh das schon. Aber mach dir keine falschen Hoffnungen! Ich werde mich unweigerlich an dir rächen.«

Der Begleiter, mit einer neuen Flasche beschäftigt, sagt: »Ach ja?«

»Und ob. Ich bin, wie alle Schriftsteller und sonstigen Künstler, ein rachsüchtiger Mensch. Natürlich habe ich nicht vor, mich mit dir zu prügeln oder dir gar eine Kugel zwischen die Schulterblätter zu setzen... Ich mach das viel delikater. Ich jage dir eine solche Nadel in dein dickes Fell, daß dir die Lust an allem vergeht. Mitten ins Gehirn setz ich sie dir, ins zentrale Nervensystem!«

In diesem Augenblick klingelt das Telefon. Alle zucken zusammen, dann hebt der Professor zögernd ab.

»Ja...«, sagt er.

Eine quarrende Stimme im Hörer erkundigt sich gereizt: »Ist dort zwei-dreiundzwanzig-vierundzwanzig-zwölf? Ist Ihr Telefon in Ordnung?«

»Keine Ahnung«, antwortet der Professor.

»Danke, das war ein Kontrollanruf.«

Das Freizeichen ertönt. Alle sehen zuerst sich an, dann die Telefone. Plötzlich wendet der Professor seinen Gefährten den Rücken zu und wählt hastig eine Nummer. Sein Gesicht zeigt Schadenfreude.

»Ja, bitte?« meldet sich eine heisere Männerstimme.

»Entschuldige, wenn ich störe«, sagt der Professor, »aber ich konnte es mir nicht verkneifen, dir ein paar Worte zu sagen. Du weißt, wer dran ist, hoffe ich?«

Pause.

»Was willst du?«

»Ich sage nur: altes Gebäude, Kesselhaus, Bunker vier. Errätst du's?«

»Ich werde umgehend die Wache informieren.«

»Zu spät!« ruft triumphierend der Professor aus. »Ich befinde mich außerhalb jeden Zugriffs. Weißt du, wo ich bin? Nur zwei Schritt entfernt! Nur zwei Schritt trennen mich von der Stelle, und du kannst nicht das geringste mehr dagegen ausrichten. Ruf an, wen du willst, schreib Denunziationen, verfasse medizinische Expertisen, hetz meine Mitarbeiter gegen mich auf, droh mir meinetwegen – tu, was du willst, und das nach Herzenslust. Ich habe nur angerufen, um dir zu sagen: Du bist ein Mistkerl, ich aber trotz allem zwei Schritt von der Stelle entfernt.«

Pause.

»Hast du gehört?« fragt der Professor.

»Ist dir klar, daß es für dich das Ende als Wissenschaftler bedeutet?«

»Ich werd's überleben. Für diese Sache nehm ich's in Kauf.«

»Begreifst du nicht, daß dich das Gefängnis erwartet? Das Zuchthaus?«

»Hör schon auf. Es sind nur noch lumpige zwei Schritte. Du glaubst doch nicht, mich jetzt noch schrecken zu können.«

Pause.

»Großer Gott!« murmelt schließlich der unsichtbare Gesprächspartner. »Wie weit ist es mit uns gekommen! Horch mal in dich hinein, dir geht's doch längst nicht mehr um die Sache. Du bist nicht mal ein Herostrat, du... Du willst mir bloß alles versalzen, mir in die Suppe spucken, und du bist glücklich, daß es dir gelingt... Aber so erinnere dich, zum Teufel, wie alles begonnen hat! Was für Ideen, welch ein Elan! Jetzt aber denkst du nur noch an dich und mich. Wo sind die Millionen, die Milliarden nichtsahnender Leute, von denen wir sprachen! Na schön, dann geh doch, geh! Bring deine... Gemeinheit zu Ende. Ich will dir trotzdem sagen, daß du ein Mörder bist. Du tötest Hoffnungen. Hundert Generationen werden nach uns kommen, und in jeder werden dich Millionen Leute verfluchen und verachten...«

Der Professor hantiert krampfhaft an der Wählerscheibe, drückt den Hebel, doch die Stimme verstummt nicht.

»Im Augenblick spuckst du gewiß auf meine Worte. Du fühlst dich auf dem hohen Roß und begreifst nichts... Wag es ja nicht aufzulegen! Hör mich zu Ende an, das betrifft jetzt schon dich persönlich. Das Gefängnis ist nicht das schlimmste, was dich erwartet. Du selbst wirst es dir nie verzeihen! Ich bin überzeugt, ja, ich seh dich schon an deinen eigenen Hosenträgern über der Gefängnislatrine hängen...«

Der Professor legt krachend auf und steht einige Zeit da, ohne sich umzudrehen.

»Ein lustiges Gespräch«, bemerkt der Begleiter und nimmt einen Schluck aus der Flasche. »Ach du stilles Wässerchen!«

»Achten Sie nicht drauf«, sagt der Professor. »War bloß ein Gespräch mit einem Kollegen.« Er geht zum Tisch, setzt sich und nimmt dem Begleiter die Flasche aus der Hand. Er studiert das Etikett.

»Trinkt, Kinder, erholt euch«, sagt der Begleiter. »Trinkt, dann geht's auf zur letzten Runde.« Er wendet sich dem Schriftsteller zu.

»Na, und du, wieso bist du auf einmal so still? Wolltest du mir vorhin nicht etwas sagen?«

Er bemüht sich taktvoll, den Professor nicht anzusehen.

»In mir ist sogar die Wut verraucht«, antwortet der Schriftsteller. »Vor Verblüffung. Hör mal, Fährtensucher, sind wir wirklich bloß noch zwei Schritt von der Stelle entfernt?«

»Ob nun zwei oder mehr... Wir sind nahe dran.«

Langes Schweigen setzt ein. Plötzlich erklärt der Schriftsteller: »Wißt ihr was? Das Ganze war eine Schnapsidee, zum Teufel damit! Ich hab' mir alles irgendwie anders vorgestellt. Ich geh keinen Schritt weiter.«

»Was soll das heißen – du gehst nicht?« fragt der Begleiter.

»Ganz einfach. Ihr könnt ja gehn, ich bleibe hier und werde euch erwarten, wie ihr beglückt zurückkommt.«

»Nein, mein Lieber, daraus wird nichts.«

»Wieso denn nicht? Oder gibt's dort noch ein Rohr?« fragt der Schriftsteller sarkastisch. »Da muß schon der Professor ran, jetzt ist er an der Reihe.«

»Wieso Rohr? Was quatschst du da?«

»Ist doch unwichtig, was ich quatsche. Entscheidend ist, daß ich nicht weitergehe. Und euch würde ich ebenfalls zurückhalten, wenn es in meiner Macht stünde. Wie hatte es doch der Professor so schön formuliert... Wohltäter!«

»Was ist denn mit dir los? Bist du verrückt geworden? Nur noch zwei Schritte...«

»Entscheidend ist nicht, wieviel noch vor uns, sondern wieviel hinter uns liegt!« sagt fast schreiend der Schriftsteller. »Fein haben wir uns hier zusammengefunden, und auf was für Ideen wir gekommen sind!«

»Soso, und worauf sind Sie gekommen?« erkundigt sich mit vor Wut gepreßter Stimme der Begleiter.

»Zum Beispiel hätte ich gern gewußt, weshalb sich Stachelschwein nun wirklich erhängt hat.«

»Was hat Stachelschwein damit zu tun?« sagt empört der Begleiter.

»Das werd' ich dir schon noch erklären. Zuerst will ich den Grund wissen.«

»Weil er nicht des Geldes, sondern seines jüngeren Bruders wegen hingegangen ist.«

»Ach nein, des Bruders wegen...«

»Ja, er hatte das kleine Bürschchen auf dem Gewissen. Hatte ihn mit in die Zone genommen und geopfert, um selber durchzukommen. Dann aber, mit zunehmendem Alter, begann ihn das Gewissen zu quälen, und er ging erneut in die Zone, um das Leben des Bruders zurückzugewinnen. Doch als er an der bewußten Stelle anlangte, packte ihn abermals die Habgier, und statt des Bruders wünschte er sich Geld. Kapiert?«

»Herrlich«, sagt der Schriftsteller, »genau so hab' ich's mir gedacht. Trotzdem will ich's haarklein von dir wissen: Weshalb hat er sich erhängt? Warum ging er nicht noch mal los, diesmal mit dem festen Entschluß, sich den Bruder zu wünschen und nicht Geld... Also los, warum?«

»Das versteh ich selber nicht«, bekennt finster der Begleiter.

»Ich dagegen versteh's durchaus. Er hat's ebenfalls begriffen und sich deshalb erhängt. Von einem wie Stachelschwein ist eben nur Schweinisches, ausschließlich Schweinisches zu erwarten... Du selbst hast mir doch gesagt, an jener Stelle gingen lediglich die geheimsten Wünsche in Erfüllung. Was aber gibt man lauttönend von sich? Meinen Bruder, meinen einzigen, möcht ich wiederhaben... Glück wünsch ich mir, Glück für die ganze Menschheit... eine Eingebung, schick mir eine Eingebung! – An dieser Stelle gehen Wünsche in Erfüllung, die deiner Natur, deinem innersten Wesen entspringen! Von denen du selbst nicht die geringste Ahnung hast, die aber tief in dir sitzen und dein ganzes Leben bestimmen. Und genau das ist auch Stachelschwein widerfahren. Du hast nicht das geringste kapiert, mein Engel. Nicht die Habgier war's, die ihn bezwang. Auf Knien hat er dort gelegen, um seinen Bruder gebettelt, aus vollem Herzen, wie er glaubte, mit der ganzen Kraft seines angenagten Gewissens. Bekommen aber hat er – einen Haufen Geld. Was hätte er auch anderes kriegen sollen: Einem Stachelschwein gebührt eben nur Schweinisches. Denn Gewissen, Seelenpein – das sind Erfindungen des Kopfes. In seinem Innersten aber war und blieb er ein Schwein. Als er das begriffen hatte, nahm er den Strick.«

Der Begleiter hört ihm offenen Mundes zu.

»Anfangs dachte ich, daß ich ein interessantes neues Spiel spiele. Ein Abenteuer. Plötzlich jedoch, mein Lieber, begriff ich, all das ist kein Scherz. Wenn ich ehrlich sein will, glaub ich nicht mal allzusehr an diese Wunder. Na schön, hätt' ich mir eben was gewünscht. Sind ja doch alles Märchen. Und hätte dann darüber geschrieben. Das hat schließlich noch niemand geschrieben ... Nein, mein Freund und Adlerauge, solche Spielchen mach ich nicht mit.«

»Hör mal, Professor«, sagt der Begleiter verwirrt, »was ist mit ihm? Sag du's ihm.«

Der Professor hebt die Schultern.

»Was soll denn das heißen?« fährt der Begleiter fort. »Ich geh hin, um Gesundheit für meine Tochter, für mein unglückliches Äffchen, zu erbitten, bekommen aber soll ich sonstwas?«

»Nicht sonstwas«, entgegnet sanft der Professor, »was du kriegst, ist sehr wohl bekannt...«

»Hört schon auf«, unterbricht ihn der Schriftsteller. Dann herrscht wieder beklemmendes Schweigen.

Nach einer Weile sagt der Begleiter finster: »Es reicht. Wir gehn weiter.«

Der Professor marschiert verdrießlich voran, hinter ihm der Schriftsteller. Hinter dem Schriftsteller, ihm fast in die Hacken tretend, der Begleiter.

»Also gut, ich will nicht lügen«, sagt er laut. »Als ich in die Zone aufbrach, hab' ich nicht ans Äffchen gedacht, das ist wahr... Jetzt aber um so mehr! Ihretwegen würde ich, wem auch immer, den Kopf abreißen! Du dagegen willst mir weismachen...«

»Hör mit dem Gebrabbel auf«, sagt der Schriftsteller, ohne sich umzudrehen. »Was legst du dich dauernd mit mir an? Was weiß denn ich, was du wirklich willst. Du weißt es ja selbst nicht mal! Laß dich jetzt um Himmels willen nicht ablenken, gib auf den Weg acht... Das fehlte noch, im letzten Moment reinzuschlittern.«

Vor ihnen in der flirrenden Luft ist der aufragende Greifer eines rostigen Baggers zu sehen.

Nun bleiben sie vor dem sanft abfallenden Pfad zu Der Bewußten Stelle stehen und schauen verzaubert hinunter in den wundersamen Talkessel. Der Begleiter mustert den Pfad, in der Tiefe entdeckt er seltsame schwarze Kleckse.

»Also dann, Gott ist uns gnädig, Kinder«, sagt er mit gepreßter Stimme. »Er ist verreckt.«

»Wer ist verreckt?« fragt der Professor nach kurzer Pause.

»Der Fleischwolf. Siehst du die schwarzen Häufchen dort? Es ist hinüber, das Drecksvieh. Schluß, aus, wir können unbesorgt gehen.«

»Na bitte, der Fleischwolf«, sagt der Schriftsteller befriedigt und setzt sich auf den Boden. »Welch angenehme Bezeichnung.«

»Das kann man laut sagen, Bruderherz! Hier hat Stachelschwein seinen letzten lebenden Dietrich verbraucht. Es war ein blutjunges, dummes Bürschchen mit Spitznamen Gerippe...«

»Und du hättest mich da reingejagt?« fragt der Professor. »In den Fleischwolf? Mich?«

»Was glaubst du denn. Allein schon das Rohr und der Fleischwolf fordern ihren Preis... Hier geht's ohne das nicht ab, andernfalls stehn die Chancen eins zu vier. Ein Lotteriespiel! In der Zone aber wird nicht Lotterie gespielt...«

»Das ist doch nicht zu fassen«, sagt der Schriftsteller. »Sich durch diese Todeshügel wühlen, zwei Kameraden opfern, und das alles bloß für einen Sack Geld...«

»Erstens«, unterbricht ihn der Begleiter barsch, »nimmt man hierher keine Kameraden mit; ein Stalker besitzt keine Kameraden, ich bin mir selber Kamerad. Und zweitens werden für Geld noch ganz andere Dinge gemacht. Oder kommst du etwa vom Mond?«

»Und wenn ich nicht gegangen wäre?« fragt der Professor.

»Was habt ihr bloß dauernd dieselbe Leier drauf!« schreit der Begleiter. »Gegangen, nicht gegangen... Wir haben eben Glück gehabt, basta! Das Rohr war leer, und der Fleischwolf ist verreckt, will ich euch vielleicht was Böses? Glaubt ihr, mir macht's Spaß, lebende Leute in den Tod zu schicken? Genug jetzt – wer will als erster gehn? Vielleicht du?« wendet er sich an den Schriftsteller. »Du hast es dir verdient.«

Der Schriftsteller schüttelt energisch den Kopf.

»Nein. Ich hab' schon gesagt, daß ich nicht gehen werde. Mir reicht's, wenn ich dieses Wunder mit eigenen Augen sehe. Ich bin Skeptiker.«

»Hab doch keine Angst, zum Teufel. Der Fleischwolf ist hinüber, kannst es glauben! Dann geh eben ich zuerst, wenn du willst.« Und an den Professor gewandt: »Hast du was dagegen?«

»Aber nein, gehen Sie nur...«, antwortet der Professor. »Ich hatte im Grunde nie die Absicht, diese Stelle aufzusuchen und um etwas zu bitten.«

»Wieso nie die Absicht«, fragt konsterniert der Begleiter. »Weshalb hast du dich dann darauf gespitzt herzukommen? Ich war's doch nicht, der dich überredet hat. Du selbst hast drum gebeten, hast mir Geld versprochen, und jetzt sagst du auf einmal, du hast nie die Absicht gehabt.«

Statt einer Antwort setzt sich der Professor, dem Schriftsteller gleich, auf den Boden und stellt den Rucksack zwischen die Knie.

»Da seh sich einer diese Idioten an!« fährt niedergeschmettert der Begleiter fort. »Haben ihr Leben riskiert, alles wohlbehalten hinter sich gebracht – und jetzt das! Setzen sich und rührn sich nicht von der Stelle!«

»Und tun recht daran«, sagt der Schriftsteller. »Du solltest dich ebenfalls hinsetzen. Vor dem Rückweg ein wenig ausruhn.«

»Dieser Dummkopf dort hat sich eine Glatze eingehandelt, den andern erwartet der Wachtposten... Du solltest dir wenigstens deine Haare zurückwünschen!«

»Büßt man den Kopf ein, weint man nicht um die Haare«, sagt der Schriftsteller. »Laß gut sein, Engel, erniedrige dich nicht. Setz dich zu uns, wir essen was, trinken ein Schnäpschen, und dann mit Gott nach Hause...«

»Das gibt's doch nicht – nach Hause!« brüllt der Begleiter.

Er wendet sich entschieden um und geht zu dem Pfad. Seine Schritte, anfangs noch sehr entschlossen, werden langsamer, dann bleibt er verwirrt stehen. Schließlich macht er kehrt, kommt genauso entschlossen zurück.

»Also gut! Kannst du mir erklären, weshalb du nicht gehst?« fragt er den Schriftsteller. »Aber ehrlich und ohne Geschwätz.«

»Bitte sehr. Ich habe Angst. Ich kenne mich nicht und traue mir nicht... Nur eins weiß ich mit Bestimmtheit: In meiner Seele hat sich im Laufe des Lebens ziemlich viel Unrat angesammelt. Ich hab' keine Lust, diesen Unrat vor allen Leuten auszubreiten, um anschließend, wie Stachelschwein, in die Schlinge zu kriechen. Da sauf ich mich lieber still und friedlich in meiner stinkigen Villa zu Tode. Geh doch, geh ruhig! Aber glaub ja nicht, du hättest uns, auch wenn wir im Augenblick leben, nicht trotzdem den Todesstoß versetzt. Und ob du uns getötet hast! Die Tatsache, daß wir am Leben sind, trügt. Mach dir bloß keine Hoffnungen. Worauf könntest du mit deinem Charakter schon hoffen! Vergießt Tränen der Reue um deine Tochter – du mußt schon entschuldigen –, nicht anders als jener Bandit, die Arme bis zu den Ellbogen ins Blut getaucht, auf der Brust aber die Tätowierung: ›Ich werde nie mein Mütterchen vergessen...‹

Laß die Hände davon, Stalker. Wir sind noch nicht reif für Die Bewußte Stelle, nicht wir sind dazu ausersehen, hier um Glück zu bitten...«

»Wär ich sauber«, schreit böse der Begleiter, »wär ich vielleicht gar nicht erst hierhergegangen!«

»Bileams Eselin hat gesprochen!« sagt verzückt der Schriftsteller.

»Ich versteh's nicht«, murmelt der Begleiter und schüttelt verzweifelt den Kopf, »ich versteh's einfach nicht...«

»Dein Glück, daß du's nicht verstehst! Du brauchst bloß hinzugehn, dann begreifst du's sofort. Danach allerdings... du mußt schon entschuldigen. Du bist dir immer sehr groß vorgekommen, viel größer als alle anderen... Ein Kerl wie Eisen, stolz und frei, doch in Wirklichkeit – bloß ein Stück Vieh. Du würdest von dort entweder als Krüppel zurückkehren, als stinkige Nisse angekrochen kommen, vor Schande schon zu nichts mehr fähig, oder aber als ein solches Tier, daß selbst Stachelschwein im Vergleich zu dir ein Engel wäre. So sieht's aus, mein Lieber, also laß es bleiben!«

Während ihres Disputs hat der Professor einen massiven Zylinder aus seinem Rucksack ans Licht gefördert, der matt in der Sonne glänzt. Er besitzt keinerlei Zifferblätter oder Skalen, nur eine Art Telefonwählerscheibe in der Mitte der oberen Begrenzungsplatte.

»Was haben Sie da, Professor?« fragt der Schriftsteller.

»Eine Atommine.«

»Eine Atom...?«

»Ja. Zwanzig Kilotonnen.«

»Wo haben Sie die her? Wofür?«

»Ich hab' sie mit ein paar Freunden gebaut... mit ehemaligen Kollegen. Wir hatten beschlossen, diese Stelle zu vernichten. Ich bin noch jetzt dieser Meinung. Sie bringt niemandem auch nur einen Funken Glück; sollte sie aber in die falschen Hände fallen... nicht auszudenken! Übrigens bin ich mir jetzt nicht mehr ganz so sicher... Später dann wurde behauptet, diese Stelle brächte Wunder und Hoffnung, und beides dürfe man nicht töten. Wir stritten uns. Nur Wissenschaftler können so streiten. Sie versteckten die Mine, doch ich hab' sie gefunden...« Er hebt die Augen. »Versteht ihr? Ich bin auch jetzt fest davon überzeugt, daß alles in die Luft gesprengt werden müßte, zum Henker damit! Es ist ganz einfach: vier Ziffern wählen, und eine Stunde später... mit einem Wort, keine Menschenseele würde mehr hierherkommen...«

Er schweigt lange und fügt dann hinzu: »Und auf der gesamten Erde würde es keine solche Stelle mehr geben.«

»Armer Kerl...«, sagt leise der Schriftsteller. »Hast dir ja ein Problemchen ausgesucht.«

»Wißt ihr«, sagt der Professor, »es gibt da ein allgemeingültiges Prinzip. Tu nichts, was nicht rückgängig zu machen wäre. Doch solange dieses Geschwür für jedermann offen zutage liegt, finde ich weder Ruhe noch Schlaf... weder Ruhe noch Schlaf...«

Nun explodiert der Begleiter.

»Der Teufel soll euch holen!« jault er. »Weshalb, verdammt noch mal, hab' ich mich bloß mit euch eingelassen! Beknackte Intelligenzler! Schwätzer! Ich hätte meine Gänge machen und Geld dafür nehmen sollen, dann hätte ich nichts gewußt, nicht nachgedacht, fröhlich drauflosgelebt wie andere Leute auch! Aber nein, sie haben mich wirr gemacht! Die Seele zerfressen haben sie mir, diese Parasiten! Und wie soll ich jetzt weitermachen, könnt ihr mir das sagen? Hierhin darf man nicht, dorthin darf man nicht, nichts ist mehr erlaubt! Soll denn alles umsonst gewesen sein? Für immer verloren? Soll es das hier nie mehr geben?«

Er packt den Professor bei den Schultern.

»So jag das Zeug endlich in die Luft, zum Teufel! Wenn schon, dann soll keiner was davon haben! Wenigstens ein Nutzen!«

Er umfaßt den Kopf mit den Händen und schaukelt hin und her. Plötzlich erstarrt er.

»Hört mich an«, flüstert er heiser ins Gesicht des Schriftstellers, »einverstanden, ich tauge nicht dafür... Aber was ist mit meiner Frau? Es geht um meine Tochter, versteh doch... Nicht ich werde hingehn, nein, meine Frau! Sie ist eine Heilige, und sie hat nichts auf der Welt außer dem Äffchen! Meine Frau, laß wenigstens meine Frau hin!«

Er stürzt auf den Professor zu.

»Nicht sprengen! Das darfst du nicht! Rühr ja nichts an hier! Eine andere Hoffnung gibt es nicht!«

Der Professor schiebt ihn weg. Der Schriftsteller und der Begleiter beobachten nahezu hypnotisiert, wie der Professor mit einiger Mühe den oberen Teil des Zylinders abschraubt, die Drähte darin auseinanderreißt und sich daranmacht, die Mine zu demontieren. Er zerstückelt sie und schleudert die einzelnen Teile weit von sich.

Währenddessen geht die Sonne unter, und es wird dunkel.

Wieder die Kneipe

In der Kneipe ist es leer. Hinter der Theke lehnt ein schwergewichtiger Kellner in schmutziger Jacke. An einem Tischchen in der Ecke sitzen unsere Helden – sie sind verdreckt, zerlumpt, stoppelbärtig. Jeder hat ein halbvolles Glas Bier vor sich stehen. Der Schriftsteller tönt: »Ich stelle mir dieses Gebäude in der Art eines riesigen Tempels vor. Alles, was menschliche Vorstellungskraft, Phantasie, kühner Gedanke je erschaffen hat – all das sind die Bausteine, goldene Bausteine, aus denen die Wände dieses Tempels bestehen werden: Philosophie, Bücher, Gemälde, ethische Theorien, Tragödien, Sinfonien ... ja selbst kühnste, grundlegende wissenschaftliche Ideen, Teufel noch mal! So muß es wohl auch sein ... All eure Technik aber, die Hochöfen, die Ernten, all diese Hektik nur um des einen Ziels willen, möglichst wenig zu arbeiten und möglichst viel zu fressen, all diese Wälder und Dachsparren ... Natürlich sind sie für die Errichtung des Tempels unumgänglich, ohne sie wäre ein solches Bauwerk undenkbar, doch sie stürzen ein, bröckeln ab, werden neu hochgezogen, zunächst aus Holz, dann aus Stein, aus Stahl, zu guter Letzt aus Plast. Denn sie sind alles in allem nur das Stützgerüst für den großen Tempel der Kultur, jenes hehre und unendliche Ziel der Menschheit. Alles stirbt, wird vergessen, alles verschwindet – übrig bleiben wird einzig dieser Tempel ... Ehrlich gesagt, existiert die Menschheit sowieso nur, um ...«

Der Professor nimmt einen Schluck aus seinem Glas und sagt geifernd: »Sie fühlen sich wohl ermächtigt, eine Antwort darauf zu geben, weshalb die Menschheit existiert.«

»Unterbrechen Sie mich nicht«, sagt der Schriftsteller barsch, »das ist unhöflich. Die Menschheit existiert nur, um Kunstwerke zu schaffen! Werke von absoluter Wahrheit. Das ist wenigstens uneigennützig ...«

Pause.

Der Schriftsteller, unverhofft spöttisch: »Das war nur ein Scherz«, sagt er, fast verlegen. »Das Bier hier ... ist das vielleicht Bier? Trinken wir jeder noch eins, oder?«

»Ich hab' kein Geld mehr«, sagt der Professor.

»Ich eigentlich auch nicht«, bekennt mit tonloser Stimme der Schriftsteller.

»Sie haben doch damit geprahlt, überall Kredit zu kriegen«, sagt der Professor gereizt.

»Krieg ich auch«, antwortet der Schriftsteller herausfordernd. »Überall! Aber nicht hier.«

Der Begleiter schüttet einiges Kleingeld, vermengt mit Schmutz, auf den Tisch; er sortiert die Münzen mit dem Finger aus, zählt sie.

»Das wär's«, sagt er, »für zwei Gläser reicht's noch. Da können wir ja leben.«

In diesem Augenblick erscheint der Kellner an ihrem Tisch, stellt mit Schwung drei volle Biergläser mit Schaummützen vor sie hin und sammelt die alten Gläser mit den Neigen ein. Der Begleiter sieht ihn an und pocht verzeihungheischend mit dem dreckigen Nagel gegen das schäbige Häufchen Münzen. Der Kellner macht eine beschwichtigende Geste und verschwindet.

»Das ist einer meiner Leser!« erklärt der Schriftsteller gewichtig. »Er hat mich erkannt!«

Der Begleiter und der Professor schauen ihn an – sein dreckiges, unrasiertes Gesicht, den riesigen blauen Fleck am rechten Auge, den blutdurchtränkten Lappen, der auf die Stirn herabgerutscht ist –, sie sehen ihn an und machen sich, ohne ein Wort zu sagen, über ihre Gläser her. Sie trinken lange.

»Also nein, Kinder«, sagt der Begleiter schließlich, »das ist doch kein Umtrunk. Ich ruf gleich mal meine Frau an, sie hat noch einen Zehner zu Hause, den soll sie herbringen.«

Der Schriftsteller hält ihn am Ärmel fest.

»Was soll uns ein Zehner? Ich brauch bloß die erstbeste Redaktion anzurufen...«

Der Begleiter schiebt ihn weg.

»Laß mich. Ich geb einen aus und nicht du. Bleib sitzen.«

Er geht zum Telefon, wählt eine Nummer und bemerkt in diesem Augenblick durchs Fenster seine Frau, die auf die Kneipe zukommt. Er hängt auf und kehrt an den Tisch zurück.

Die Frau steuert den Tisch an und sagt zu ihrem Mann: »Na, was sitzt du hier rum? Komm jetzt!«

»Gleich«, sagt er. »Setz dich einen Moment zu uns, oder hast du's eilig?«

Sie nimmt bereitwillig Platz, greift nach seiner Hand und läßt ihren Blick über den Schriftsteller und den Professor gleiten.

»Wissen Sie«, sagt sie, »meine Mutter war damals sehr dagegen. Er war ein ausgemachter Raufbold. Die ganze Umgebung hat Angst vor ihm gehabt. Er sah gut aus und war wendig wie... Na ja, jedenfalls sagte meine Mutter immer: Er ist ein Stalker, vergiß das nicht, ein Todeskandidat, ein ewiger Knastbruder... Und die Kinder, sagte sie, denk dran, was diese Stalker für Kinder haben... Ich hab' ihr nicht mal widersprochen. Das wußte ich doch alles selber: daß er ein Todeskandidat ist, ein Knastbruder, und das mit den Kindern. Aber was sollte ich denn tun? Ich war überzeugt, glücklich mit ihm zu werden. Natürlich war mir klar, daß es auch Kummer mit ihm geben würde, aber ich sagte mir: Besser ein bitteres Glück als ein Leben grau in grau. Doch vielleicht hab' ich mir das auch alles erst jetzt so zurechtgelegt. Damals trat er einfach auf mich zu und sagte zärtlich: ›Komm mit mir!‹ Und ich ging mit. Ich hab' es nie bereut. Niemals. Es war bisweilen schlimm, schrecklich sogar. Und manchmal auch zum Schämen, dennoch hab' ich's nie bereut und niemanden beneidet. Auch er hat nichts bereut und niemanden beneidet. Es war eben unser Schicksal. So war das Leben, und so waren wir. Und wenn in unserem Leben der Kummer gefehlt hätte, wär's nicht besser gewesen. Eher schlimmer. Weil es dann auch kein solches Glück gegeben hätte, keine Hoffnung. So ist das. Und jetzt müssen wir gehen. Komm, das Äffchen ist allein.«

Sie erheben sich.

»Das hier sind meine Freunde«, sagt der Stalker. »Mehr hab' ich bis jetzt noch nicht zustande gebracht...«

Sie gehen, der Schriftsteller und der Professor schauen ihnen nach.

Anmerkungen

1 Längere Erzählung, Mittelding zwischen Novelle und Roman.

2 Ein seltener Vogel (latein.).

Arkadi und Boris Strugatzki

Die Geschichte von der gigantischen Fluktuation

Ich war damals noch ein Junge und verstand vieles nicht, vieles habe ich auch vergessen, vielleicht das Interessanteste. Es war Nacht, und die ganze Zeit über ist es mir nicht gelungen, das Gesicht jenes Mannes zu sehen. Seine Stimme aber war ganz gewöhnlich, ein bißchen traurig und heiser, und mitunter räusperte er sich wie vor Verlegenheit. Kurzum, wenn ich ihn noch einmal irgendwo auf der Straße oder etwa bei einem gemeinsamen Freund sehen sollte, würde ich ihn wohl kaum wiedererkennen.

Wir trafen uns am Strand. Ich war gerade aus dem Wasser gekommen und saß auf einem Stein. Dann hörte ich, wie hinter mir Geröll rieselte – da kam er den Uferhang herab –, Tabakrauch erreichte mich, und der Mann blieb neben mir stehen. Wie gesagt, es war Nacht. Der Himmel war wolkenverhangen, und auf dem Meer kam Sturm auf. Den Strand entlang wehte ein kräftiger warmer Wind. Der Fremde rauchte. Der Wind riß aus seiner Zigarette lange orangefarbene Funken und trug sie davon, bis sie über dem leeren Strand verschwanden. Das sah sehr schön aus, und ich erinnere mich gut daran. Ich war gerade erst sechzehn, und es fiel mir überhaupt nicht ein, daß er ein Gespräch mit mir anfangen könnte. Er tat es aber, und er begann sehr seltsam.

»Die Welt ist voller erstaunlicher Dinge«, sagte er.

Ich glaubte, daß er nur laut dachte, und antwortete nicht. Ich wandte mich nach ihm um, sah aber nichts – es war zu dunkel. Er jedoch wiederholte: »Die Welt ist voller erstaunlicher Dinge«, dann zog er an der Zigarette und überschüttete mich mit einem Funkenregen.

Ich schwieg weiter: Ich war damals schüchtern.

Er rauchte die Zigarette zu Ende, steckte sich eine neue an und setzte sich neben mich auf die Steine. Von Zeit zu Zeit murmelte er etwas vor sich hin, doch das Rauschen des Wassers verschluckte die Worte.

Schließlich erklärte er laut: »Nein, das ist wirklich zuviel. Ich muß es jemandem erzählen.«

Und zum erstenmal seit seinem Erscheinen wandte er sich direkt an mich: »Tun Sie mir einen Gefallen, und hören Sie mich an, bitte.«

Ich war natürlich bereit, ihm den Gefallen zu tun.

Er sagte: »Ich muß allerdings weit ausholen, denn wenn ich Ihnen gleich erzähle, worum es geht, werden Sie es weder verstehen noch glauben. Es kommt mir aber sehr darauf an, daß Sie mir glauben. Niemand glaubt mir, und jetzt ist es schon so weit gekommen...« Er schwieg eine Weile. »Angefangen hat es, als ich noch ein Kind war. Ich lernte Geige spielen und zerbrach dabei vier Trinkgläser und eine Schüssel.«

»Wie das?« fragte ich, und augenblicklich fiel mir ein Witz ein, wo eine Dame zur anderen sagt: Stellen Sie sich vor, gestern hat uns der Hausknecht Brennholz hereingeworfen und den Kronleuchter zerschlagen... Es gibt so einen alten Witz.

Der Fremde lachte bitter und sagte: »Stellen Sie sich das vor. Vier Gläser und eine Schüssel gleich im ersten Monat des Unterrichts. Schon damals hat mein Lehrer gesagt, daß er nie im Leben dergleichen erlebt hätte.«

Ich schwieg, doch auch ich dachte bei mir, daß das wohl reichlich seltsam ausgesehen haben mußte. Ich stellte mir vor, wie er mit dem Geigenbogen ausholte und von Zeit zu Zeit in die Vitrine traf. Das mochte in der Tat zu weit geführt haben.

»Es handelt sich um ein bekanntes physikalisches Gesetz«, erläuterte er überraschend. »Eine Resonanzerscheinung.« Und im selben Atemzuge legte er mir die entsprechende Geschichte aus der Schulphysik dar, wie eine Kompanie Soldaten im Gleichschritt über eine Brücke geht und die Brücke zusammenbricht. Dann erklärte er mir, daß man auch Gläser und Schüsseln durch Resonanz zerstören kann, wenn man Schallschwingungen der entsprechenden Frequenzen wählt. Ich muß sagen, daß mir gerade seit jener Nacht klargeworden ist, daß Schall auch nichts anderes ist als Schwingung.

Der Fremde erklärte mir, daß Resonanz im Alltagsleben (in der Hauswirtschaft, wie er sich ausdrückte) äußerst selten vorkommt, und zeigte sich sehr angetan von irgendeiner alten Gesetzessammlung, die auch solch einen unwahrscheinlichen Fall berücksichtigte und eine Strafe vorsah für den Besitzer des Hahnes, dessen Schrei beim Nachbarn einen Krug zerspringen ließ.

Ich stimmte zu, daß dies wohl in der Tat eine seltene Erscheinung sei. Ich selbst hatte noch nie von derartigem gehört.

»Eine sehr, sehr seltene«, sagte er. »Und ich hab' mit meiner Geige in einem Monat vier Gläser und eine Schüssel zerbrochen. Aber das war nur der Anfang.«

Er steckte sich wieder eine Zigarette an und erklärte: »Meinen Eltern und Bekannten fiel sehr bald auf, daß ich das Sandwich-Gesetz verletzte.«

Diesmal beschloß ich, mir keine Blöße zu geben, und sagte: »Ein seltsamer Name.«

»Was für ein Name?« fragte er. »Ach, das Gesetz? Nein, das ist kein Name. Das ist..., wie soll ich es Ihnen sagen..., eine Art Scherz. Wissen Sie, es gibt eine ganze Gruppe von Redensarten: Was man am meisten fürchtet, trifft gewiß ein..., ein Stück Brot fällt immer auf die bestrichene Seite... Das will heißen, daß das Schlechte öfter passiert als das Gute. Oder wissenschaftlich formuliert: Die Wahrscheinlichkeit eines wünschenswerten Ereignisses ist immer kleiner als die Hälfte.«

»Die Hälfte wovon?« Kaum hatte ich die Worte ausgesprochen, begriff ich, daß ich wieder hereingetappt war.

Er zeigte sich sehr erstaunt über meine Frage. »Kennen Sie denn die Wahrscheinlichkeitstheorie nicht?«

Ich antwortete, daß wir das noch nicht durchgenommen hätten.

»Aber dann können Sie ja gar nichts verstehen«, sagte er enttäuscht.

»Dann erklären Sie's doch«, erwiderte ich gekränkt, und folgsam begann er mit den Erklärungen. Er ließ mich wissen, die Wahrscheinlichkeit sei das quantitative Charakteristikum für die Möglichkeit, daß dieses oder jenes Ereignis einträte.

»Und was hat das mit dem Sandwich zu tun?« fragte ich.

»Das kann entweder mit der belegten Seite zuunterst oder zuoberst fallen«, sagte er. »Also allgemein gesagt, wenn Sie das Sandwich auf gut Glück werfen, ganz zufällig, dann wird es mal so und mal so fallen. In der Hälfte der Fälle mit der Butter nach oben, in der anderen Hälfte mit der Butter nach unten. Klar?«

»Klar«, sagte ich. Dabei fiel mir ein, daß ich noch nicht zu Abend gegessen hatte.

»Es heißt dann, daß die Wahrscheinlichkeit des erwünschten Resultats gleich einhalb ist, gleich fünfzig Prozent.«

Weiter erzählte er, daß das Sandwich, wenn man es zum Beispiel hundertmal fallen ließ, vielleicht nicht fünfzigmal mit der Butter zuoberst fiel, sondern fünfundfünfzig- oder zwanzigmal, wenn man die Prozedur aber sehr lange und oft wiederholte, würde die bestrichene Seite ungefähr in der Hälfte der Fälle oben liegen. Ich stellte mir dieses unglückselige Brot mit Butter (und vielleicht noch mit Kaviar) vor, nachdem es jemand tausendmal auf den Fußboden hatte fallen lassen, selbst wenn der nicht allzu schmutzig war, und ich erkundigte mich, ob sich tatsächlich Menschen damit befaßt hätten. Darauf erwiderte er, daß man zu diesem Zweck in der Regel keine Butterbrote benutzte, sondern Münzen wie beim Spiel »Zahl oder Wappen«. Bei seinen ausführlichen Erläuterungen geriet er immer tiefer in den mathematischen Dschungel, so daß ich schon bald nichts mehr verstand; ich saß da, blickte in den bewölkten Himmel und dachte bei mir, daß es wahrscheinlich regnen würde. Von dieser ersten Lektion über Wahrscheinlichkeitstheorie habe ich nur den halbvertrauten Begriff »mathematischer Erwartungswert« behalten. Der Fremde benutzte ihn mehrfach, und jedesmal stellte ich mir einen großen Raum vor, so eine Art Wartesaal mit gefliestem Boden, wo Leute mit Aktentaschen und Schreibmappen saßen, von Zeit zu Zeit Münzen und Butterbrote emporwarfen und voller Konzentration auf irgend etwas warteten. Noch heute sehe ich das oft im Traum. In dem Augenblick jedoch schockierte mich der Fremde mit dem klangvollen Terminus »Moivre-Laplacesches Grenztheorem« und sagte, all das gehöre überhaupt nicht zur Sache.

»Wissen Sie, ich wollte eigentlich etwas ganz anderes erzählen«, sagte er mit einer Stimme, aus der mit einem Mal alle Lebendigkeit gewichen war.

»Entschuldigen Sie, Sie sind sicherlich Mathematiker?« erkundigte ich mich.

»Nein«, antwortete er trübsinnig. »Was sollte ich für ein Mathematiker sein? Ich bin eine Fluktuation.«

Aus Höflichkeit schwieg ich.

»Ach ja, ich hab' Ihnen wohl immer noch nicht meine Geschichte erzählt«, erinnerte er sich.

»Sie sprachen von Butterbroten«, sagte ich.

»Zuerst, wissen Sie, fiel das meinem Onkel auf«, fuhr er fort. »Ich war nämlich zerstreut und ließ oft die Schnitten fallen. Und jedesmal fielen sie mit der Butter zuoberst.«

»Ist doch gut«, meinte ich.

Er seufzte voll Bitterkeit. »Gut ist es, wenn das ab und zu passiert... Aber bei mir – jedesmal! Verstehen Sie, jedesmal!«

Ich verstand nichts und sagte ihm das.

»Mein Onkel kannte sich ein bißchen in der Mathematik aus und interessierte sich für die Wahrscheinlichkeitstheorie. Er riet mir, es mit einer Münze zu versuchen. Wir warfen sie gemeinsam. Nicht einmal da begriff ich gleich, daß ich erledigt war, aber mein Onkel begriff es. Und er sagte es mir damals auch: ›Du bist erledigt.‹«

Ich verstand noch immer nichts.

»Beim erstenmal warf ich die Münze hundertmal, und mein Onkel auch hundertmal. Bei ihm erschien dreiundfünfzigmal das Wappen, bei mir jedoch achtundneunzigmal. Dem Onkel, wissen Sie, gingen die Augen über. Und mir auch. Danach warf ich die Münze noch zweihundertmal, und stellen Sie sich vor, das Wappen erschien einhundertsechsundneunzigmal. Mir hätte schon damals klarwerden sollen, wie das enden mußte. Mir hätte klarwerden sollen, daß eines Tages auch der heutige Abend kommen würde!« An dieser Stelle schien es, als schluchzte er auf. »Aber damals, wissen Sie, war ich zu jung, jünger als Sie. Mir kam das alles sehr interessant vor. Ich fand es sehr lustig, mich als Brennpunkt aller Wunder der Welt zu fühlen.«

»Als was?« Ich war verwundert.

»Als ... äh ... Brennpunkt der Wunder. Ich kann kein anderes Wort dafür finden, obwohl ich es versucht habe.«

Er kam wieder etwas zur Ruhe und begann, alles der Reihe nach zu erzählen, wobei er ununterbrochen rauchte und hustete. Er erzählte ausführlich, beschrieb dabei sorgfältig alle Einzelheiten und lieferte unablässig zu allen erwähnten Ereignissen die wissenschaftlichen Grundlagen. Wenn mich nicht die Tiefe seiner Kenntnisse beeindruckte, so doch ihre Vielseitigkeit. Er überschüttete mich mit Begriffen aus der Physik, der Mathematik, der Thermodynamik und der kinetischen Gastheorie, so daß ich mich später als Erwachsener oft gewundert habe, warum mir der eine oder andere Terminus so bekannt vorkam. Des öfteren versenkte er sich in philosophische Betrachtungen, und mitunter schien es ihm einfach an Selbstkritik zu mangeln. So bezeichnete er sich mehrere Male hochtrabend als »Phänomen«, »Naturwunder« und »gigantische Fluktuation«. Bei dieser Gelegenheit begriff ich, daß das kein Beruf war. Er eröffnete mir, daß es keine Wunder gäbe, sondern nur äußerst unwahrscheinliche Ereignisse.

»In der Natur«, sagte er nachdrücklich, »werden die wahrscheinlichsten Ereignisse am häufigsten Wirklichkeit, die unwahrscheinlichsten hingegen weitaus seltener.«

Er meinte den Entropiesatz, doch damals klang das in meinen Ohren sehr gewichtig. Anschließend versuchte er, mir die Begriffe »wahrscheinlichster Zustand« und »Fluktuation« zu erklären. Einen frappierenden Eindruck auf meine Phantasie machte dabei das bekannte Beispiel von der Luft, die sich samt und sonders in der einen Hälfte des Zimmers sammelte.

»In diesem Fall«, sagte er, »würden alle, die in der anderen Hälfte sitzen, ersticken, und die übrigen würden das Geschehen für ein Wunder halten. Dabei wäre es keineswegs ein Wunder, sondern eine reale, jedoch überaus unwahrscheinliche Tatsache. Es wäre eine gigantische Fluktuation – eine mit verschwindend geringer Wahrscheinlichkeit auftretende Abweichung vom wahrscheinlichsten Zustand.«

Nach seinen Worten war er selbst eben solch eine Abweichung vom wahrscheinlichsten Zustand. Er war von Wundern umgeben. Einen zwölffachen Regenbogen zu erblicken war zum Beispiel ein Klacks für ihn – er hatte dergleichen sechs- oder siebenmal gesehen.

»Ich schlage jeden Liebhaber der Wetterbeobachtung«, prahlte er niedergeschlagen. »Ich habe Polarlichter in Alma-Ata gesehen, das Brockengespenst im Kaukasus, und zwanzigmal habe ich den berühmten grünen Strahl beobachtet, oder das ›Hungerschwert‹, wie er auch genannt wird. Ich bin nach Batumi gekommen, und dort begann eine Dürre. Dann habe ich eine Reise durch die Gobi unternommen und bin dabei dreimal in einen Tropenschauer geraten.«

Während der Schulzeit und an der Hochschule hatte er eine Menge Prüfungen abgelegt und jedesmal den Fragezettel Nummer fünf gezogen. Einmal war er bei einem Sonderkursus geprüft worden, und es hatte festgestanden, daß es nur vier Prüfungsfragen geben würde, für jeden Prüfling eine, und er hatte trotzdem die Frage Nummer fünf gezogen, weil eine Stunde vor der Prüfung dem Lehrer eingefallen war, noch einen Zettel hinzuzufügen. Butterbrote fielen bei ihm weiterhin mit der bestrichenen Seite zuoberst. (»Dazu bin ich offensichtlich bis ans Ende meiner Tage verurteilt«, sagte er. »Es wird mich immer daran erinnern, daß ich nicht irgendein gewöhnlicher Mensch bin, sondern eine gigantische Fluktuation.«) Zweimal widerfuhr es ihm, daß sich in seiner

Anwesenheit große Luftlinsen bildeten (»eine makroskopische Fluktuation der Luftdichte«, erläuterte er vage), beide Male ließen diese Linsen ein Streichholz in seiner Hand aufflammen.

Alle Wunder, die ihm begegneten, unterteilte er in drei Gruppen: angenehme, unangenehme und neutrale. Die mit der bestrichenen Seite nach oben fallenden Schnitten zum Beispiel gehörten zur ersten Gruppe. Der unvermeidliche Schnupfen, der bei ihm regelmäßig und unabhängig vom Wetter an jedem Monatsersten begann und wieder aufhörte, zählte zur zweiten Gruppe. In die dritte fielen allerlei äußerst seltene Naturerscheinungen, die die Ehre hatten, in seiner Anwesenheit stattzufinden. Einmal wurde das zweite Gesetz der Thermodynamik verletzt: Das Wasser in einer Blumenvase begann plötzlich, der umgebenden Luft Wärme zu entziehen, bis es den Siedepunkt erreichte, während im Zimmer Reif fiel. (»Danach ging ich wie vor den Kopf geschlagen umher, und bis zum heutigen Tage, wissen Sie, probiere ich das Wasser mit der Fingerspitze, bevor ich es trinke...«) In sein Zelt – er hatte viele Reisen unternommen – waren mehrfach Kugelblitze eingedrungen und hatten stundenlang unter der Decke geschwebt. Schließlich hatte er sich daran gewöhnt und die Kugelblitze als elektrische Lämpchen benutzt: zum Lesen.

»Wissen Sie, was ein Meteorit ist?« fragte er plötzlich. Junge Leute neigen zu billigen Späßen, und ich antwortete, Meteoriten seien fallende Sterne, die nichts gemein hätten mit den Sternen, welche nicht fallen.

»Meteoriten treffen mitunter Häuser«, sagte er nachdenklich. »Aber das kommt sehr selten vor. Und es ist nur ein, wissen Sie, ein Fall verzeichnet, daß ein Meteorit einen Menschen getroffen hat. Wissen Sie, der einzige Fall dieser Art...«

»Ja und?« fragte ich.

»Dieser Mensch bin ich!«

»Sie scherzen«, sagte ich erschaudernd.

»Keineswegs«, erwiderte er traurig.

Wie sich herausstellte, hatte es sich im Ural zugetragen. Er war zu Fuß durchs Gebirge gegangen und für einen Augenblick stehengeblieben, um sich den Schnürsenkel zuzubinden. Er hatte ein scharfes Pfeifen vernommen, einen Stoß gegen den hinteren Körperteil und gleichzeitig brennenden Schmerz verspürt. »In der Hose war so ein Loch«, erzählte er. »Ich blutete, wissen Sie, aber nicht stark. Schade, daß es jetzt dunkel ist, sonst würde ich Ihnen die Narbe zeigen.«

Er hatte dann dort ein paar verdächtige Steinchen aufgesammelt – vielleicht war einer davon jener Meteorit.

Ihm waren auch Dinge widerfahren, für die es aus wissenschaftlicher Sicht überhaupt keine Erklärung gab. Vorläufig zumindest, beim gegenwärtigen Stand der Wissenschaft. So war er eines schönen Tages unvermittelt zur Quelle eines starken Magnetfeldes geworden. Das äußerte sich darin, daß alle ferromagnetischen Gegenstände im Zimmer sich von ihren Plätzen losrissen und die Feldlinien entlang auf ihn zustürzten. Eine stählerne Schreibfeder stach ihn in die Wange, irgend etwas schlug schmerzhaft gegen den Kopf und den Rücken. Er barg das Gesicht in den Händen und zitterte vor Angst, während von Kopf bis Fuß Messer, Gabeln, Löffel, Scheren an ihm klebten, und plötzlich war alles vorüber. Die Erscheinung hatte nur zehn Sekunden gedauert, und er wußte nicht die mindeste Erklärung dafür.

Ein andermal erhielt er den Brief eines Freundes und stellte zu seiner Verwunderung bereits nach der zweiten Zeile fest, daß er genau den gleichen Brief schon ein paar Jahre zuvor bekommen hatte. Er erinnerte sich sogar, daß auf der Rückseite neben der Unterschrift ein Klecks sein mußte. Als er den Brief umdrehte, erblickte er tatsächlich den Klecks.

»Alle diese Dinge haben sich nicht wiederholt«, teilte er betrübt mit. »Ich habe sie für die merkwürdigsten in meiner Sammlung gehalten. Aber nur, wissen Sie, bis heute abend.«

Überhaupt unterbrach er seine Rede des öfteren, um zu erklären: »Das alles, wissen Sie, wäre sehr schön, aber heute... Das ist zuviel, glauben Sie mir.«

»Meinen Sie nicht«, fragte ich, »daß Sie von wissenschaftlichem Interesse sein könnten?«

»Ich habe daran gedacht«, sagte er. »Ich habe Briefe geschrieben. Ich habe, wissen Sie, Vorschläge gemacht. Niemand glaubt mir. Nicht einmal die Verwandten. Nur der Onkel hat mir geglaubt, aber der ist jetzt tot. Alle halten mich für ein Original und einen geistlosen Witzbold. Ich kann mir einfach nicht vorstellen, was sie nach dem heutigen Ereignis denken werden.« Er seufzte und warf einen Zigarettenstummel weg. »Vielleicht ist es auch besser so, daß mir niemand glaubt. Nehmen wir mal an, sie würden mir glauben. Sie würden eine Kommission gründen, die mir immerfort auf den Fersen bleiben und auf Wunder warten würde. Dabei bin ich von Natur menschenscheu, und alle diese Dinge haben mir den Charakter nun noch vollends verdorben. Manchmal kann ich nachts nicht schlafen vor Angst.«

Was die Kommission betraf, stimmte ich ihm zu. Schließlich konnte er die Wunder ja nicht nach seinem Gutdünken heraufbeschwören. Er war nur ihr Fokus, nach seinen Worten, ein Punkt im Raum, wo sich Ereignisse von geringer Wahrscheinlichkeit zutrugen. Ohne Kommission und Beobachtung würde es nicht abgehen.

»Ich habe an einen bekannten Gelehrten geschrieben«, fuhr er fort. »Hauptsächlich freilich über den Meteoriten und das Wasser in der Vase. Aber er, wissen Sie, hat es humoristisch aufgenommen. Er hat geantwortet, der Meteorit hätte überhaupt nicht mich getroffen, sondern einen Schofför, einen Japaner, glaub ich. Und er hat mir ziemlich gehässig geraten, ich möge mich an einen Arzt wenden. Mich hat dieser Schofför sehr interessiert. Ich dachte, er könnte vielleicht auch eine gigantische Fluktuation sein – Sie verstehen, möglich ist das. Aber es erwies sich, daß er vor vielen Jahren gestorben war. Ja, wissen Sie...« Er verfiel für einen Augenblick in Nachdenken. »Doch zum Arzt bin ich trotzdem gegangen. Wie sich zeigte, bin ich vom medizinischen Standpunkt aus nicht sonderlich interessant. Aber der Arzt hat bei mir eine gewisse Verstimmung des Nervensystems entdeckt und mich hierher zur Kur geschickt. Und ich bin gefahren. Woher sollte ich denn wissen, was hier passieren würde?«

Er faßte mich plötzlich an der Schulter und flüsterte: »Vor einer Stunde ist mir eine Bekannte davongeflogen!«

Ich verstand nicht.

»Wir gingen dort oben im Park spazieren. Schließlich bin ich auch bloß ein Mensch, und ich hatte ausgesprochen ernste Absichten. Wir hatten uns im Speisesaal getroffen, dann gingen wir in den Park spazieren, und sie flog fort.«

»Wohin?«

»Ich weiß nicht. Wir gingen, plötzlich schrie sie auf, wurde vom Erdboden emporgerissen und erhob sich in die Luft. Ich kam gerade noch rechtzeitig zu mir, um sie am Fuß zu packen, und da...«

Er drückte mir einen festen Gegenstand in die Hand. Es war eine Sandale, eine gewöhnliche helle Sandale mittlerer Größe.

»Verstehen Sie, völlig unmöglich ist das nicht«, murmelte das

Phänomen. »Die chaotische Bewegung der Körpermoleküle, die Brownsche Bewegung der Teilchen des lebenden Kolloids ist zu einer geordneten Bewegung geworden, und da hat es sie von der Erde losgerissen und davongetragen, ich habe keine Ahnung, wohin. Ein sehr, sehr unwahrscheinliches ... Sagen Sie mir jetzt nur eins: Muß ich mich für einen Mörder halten?«

Ich war schockiert und schwieg. Zum erstenmal kam mir in den Sinn, daß er sich das alles wohl ausgedacht hatte. Er aber sagte wehmutsvoll: »Und wissen Sie, das ist nicht einmal die Hauptsache. Letzten Endes kann sie irgendwo an einem Baum hängengeblieben sein. Ich hab' ja nicht nach ihr gesucht, weil ich Angst hatte, sie nicht zu finden. Wissen Sie ... Früher betrafen alle diese Wunder nur mich. Ich mochte die Fluktuationen nicht besonders, aber die Fluktuationen, wissen Sie, mochten mich außerordentlich. Und jetzt? Wenn diese Sachen nun auch meinen Bekannten passieren ...? Heute fliegt die Freundin davon, morgen versinkt ein Kollege im Erdboden, übermorgen ... Na zum Beispiel Sie. Schließlich sind Sie jetzt vor nichts sicher.«

Das hatte ich schon selbst begriffen, und mir wurde richtig unheimlich. Das wär doch was, dachte ich. Wenn es nur schon losginge! Plötzlich schien es mir, als flöge ich davon, und ich klammerte mich an den Stein unter mir. Der Fremde stand unvermittelt auf.

»Wissen Sie, ich gehe lieber«, sagte er mit kläglicher Stimme. »Ich mag keine sinnlosen Opfer. Sie bleiben sitzen, und ich gehe. Daß mir das nicht früher eingefallen ist.«

Er ging eilig den Strand entlang, von Stein zu Stein tretend, dann rief er plötzlich von weitem: »Sie werden mir sicher verzeihen, wenn Ihnen etwas geschieht! Ich kann doch nichts dafür!«

Er entfernte sich immer weiter. Dann sah ich ihn als schwarze Gestalt vor dem Hintergrund der leicht phosphoreszierenden Dünung. Mir schien es, als holte er aus und würfe etwas Helles in die Wellen. Es war wohl die Sandale. So trennten wir uns.

Leider würde ich ihn in der Menge nicht wiedererkennen. Höchstens, wenn ein Wunder geschähe. Ich habe nie wieder von ihm gehört, aber soviel ich weiß, hat sich in jenem Sommer an der Küste nichts Besonderes ereignet. Wahrscheinlich ist seine Freundin doch noch an irgendeinem Strauch hängengeblieben, und später haben sie geheiratet. Schließlich hatte er ausgesprochen ernste Absichten. Ich weiß nur eins: Wenn ich irgendwann einem neuen Bekannten die Hand schüttle und plötzlich fühle, daß ich zur Quelle eines starken Magnetfeldes werde, und außerdem feststelle, daß der neue Bekannte viel raucht, oft hustet, so »k-hm-hhm«, dann heißt das, wissen Sie, das ist er, das Phänomen, der Brennpunkt der Wunder, die gigantische Fluktuation.

Arkadi und Boris Strugatzki

Der Jäger

Alexander Grigorjewitsch Kostylin stand vor seinem riesigen Schreibtisch und betrachtete die schimmernden Glanzfotos.

»Guten Tag, Lin«, sagte der Jäger.

Kostylin hob den Kopf und begrüßte ihn freudig: »A! Home is the sailor, home from sea!«

»And the hunter home from the hill«[1], erwiderte der Jäger.

Sie umarmten sich.

»Was bringst du heute Erfreuliches mit?« erkundigte sich Kostylin sachlich. »Du kommst doch wohl von der Jajla?«

»Stimmt, direkt von den Grauen Sümpfen.« Der Jäger machte es sich in einem Sessel bequem und streckte die Beine aus. »Übrigens wirst du immer dicker, Lin, und von Mal zu Mal hast du weniger Haare auf dem Kopf. Diese sitzende Arbeit wird dich noch zugrunde richten. Das nächste Mal nehme ich dich einfach mit.«

Kostylin strich sich schuldbewußt über seinen imposanten Bauch.

»Tja«, sagte er, »es ist wirklich schlimm. Eine Stoffwechselstörung und noch so was in dieser Art... Hast du nun etwas Interessantes für mich?«

»Nein, Lin, bloß Kleinigkeiten. Ein Dutzend Bichorda-Schlangen und einige neue Arten von Polyvalvia-Mollusken... Aber wie ich sehe, hast du selber...« Er streckte die Hand nach dem Packen Fotografien auf dem Tisch aus.

»Das hat einer der Neuen mitgebracht... Kennst du ihn?«

»Nein.« Der Jäger sah die Bilder durch. »Gar nicht übel. Das scheint von der Pandora zu stammen.«

»Stimmt. Von der Pandora. Das hier ist eine Riesenkrebsspinne. Ein besonders großes Exemplar.«

»In der Tat«, erwiderte der Jäger, während er den Ultraschallkarabiner betrachtete, der zum Größenvergleich gegen den nackten gelblichen Körper der Krebsspinne gelegt worden war. »Kein übles Exemplar für einen Anfänger. Ich hab' allerdings schon größere gesehen. Wie oft hat er abgedrückt?«

»Er sagt, zweimal. Und beide Male ins Hauptnervenzentrum.«

»Er hätte mit einer Anästhesienadel schießen müssen. Wahrscheinlich war er ein bißchen durcheinander.« Der Jäger betrachtete mit spöttischem Lächeln das Foto, auf dem der andere voll stolzer Erregung das tote Ungeheuer zu Boden trat. »Na schön, und was gibt's bei dir zu Hause Neues?«

Kostylin winkte ab. »Die haben allesamt den Heiratsfimmel«, sagte er belustigt. »Eine nach der anderen machen sie Hochzeit. Martha hat einen Hydrologen zum Mann.«

»Martha? Welche von deinen Mädchen war das gleich?« fragte der Jäger. »Oder war's deine Enkelin?«

»Die Urenkelin, Poul! Die Urenkelin schon!«

»Himmel, wie die Zeit vergeht!« Der Jäger legte die Stereofotos zurück auf den Tisch und erhob sich. »Aber jetzt muß ich wieder los. Zu meinem Rendezvous, du weißt schon...«

»Schon wieder!« sagte Kostylin ärgerlich. »Solltest du es nicht endlich genug sein lassen?«

»Nein, Lin. Es muß sein. Ich kann nicht anders. Wir werden uns, wie immer, in Pavillon zehn treffen.«

Er steckte die Pfeife, die er gar nicht erst angeraucht hatte, zurück in die Tasche und ging hinaus. Ja, es muß sein, Lin, dachte er bei sich. Du kannst natürlich nicht wissen, wie wichtig diese Sache für mich ist. Er ging in den Park und schlug den Weg zu den Pavillons ein. Wie immer herrschte in dem Museum reger Betrieb. Die Leute spazierten durch die Alleen, die von orangefarbenen Venuspalmen bestanden waren, drängten sich um die Terrarien und Bassins mit dem glasklaren Wasser. Im hohen Gras zwischen den Bäumen tollten Kinder umher – sie spielten »Verstecken auf marsianisch«. Der Jäger blieb stehen, um ihnen zuzuschauen. Es war ein äußerst vergnügliches Spiel. Vor langer Zeit waren vom Mars sogenannte Mimikrodone auf die Erde gebracht worden, riesige, melancholisch wirkende Tiere, die ausgezeichnet an krasse Veränderungen der Lebensbedingungen angepaßt waren. Sie verfügten über eine geradezu unwahrscheinlich entwickelte Fähigkeit zur Mimikry. In dem Museumspark genossen sie völlige Freiheit. Den Kindern aber bereitete es höllischen Spaß, diese Tiere aufzuspüren – was nicht wenig Scharfblick und Geschick verlangte –, sie von einem Fleck zum anderen zu schleppen und zu beobachten, wie sie immer neue Färbungen annahmen. Die Echsen waren groß und schwer, und die Kinder packten sie an der Genickfalte, um sie hinter sich herzuschleifen. Die Tiere setzten dem keinerlei Widerstand entgegen. Anscheinend gefiel es ihnen sogar.

Der Jäger ließ die gewaltige durchsichtige Kuppel hinter sich, unter der das Terrarium »Waldwiese des Planeten Růžena« untergebracht war. Dort sprangen in dem blaßblauen Gras drollige Remben umher und rauften sich. Es waren gigantische Insekten von erstaunlicher Färbung, die Ähnlichkeit mit irdischen Grillen besaßen. Der Mann erinnerte sich noch genau, wie er vor zwanzig Jahren das erstemal auf der Růžena auf Jagd gegangen war. Drei Tage lang hatte er auf der Lauer gelegen, während die regenbogenfarbigen Remben um ihn herumgehüpft waren und sich sogar auf seinem Gewehrlauf niedergelassen hatten. An der »Wiese« herrschte stets großer Andrang, denn die Remben waren wirklich possierlich und sehr hübsch.

Unweit des Eingangs zum Zentralen Pavillon machte der Jäger an einem tiefen runden Brunnenbassin halt, das von einer Balustrade umgeben war. In dem Wasser, das von fliederfarbenem Licht angestrahlt wurde, drehte ohne Unterlaß ein langes, behaartes Tier seine Runden – ein Ichthyomammal, der einzige Warmblüter, der mit Kiemen atmete. Der Ichthyomammal war ununterbrochen in Bewegung; vor einem Jahr schon, vor fünf Jahren und sogar vor vierzig Jahren, als ihn der Jäger zum erstenmal zu Gesicht bekommen hatte, war er so im Kreis geschwommen. Salier, ein berühmter Zoologe, hatte ihn einst unter großen Mühen gefangen. Heute war Salier schon lange tot und schlief den ewigen Schlaf irgendwo in den Dschungeln der Pandora, während sein Ichthyomammal im fliederfarbenen Wasser des Bassins immerfort weiterkreiste.

Im Vestibül des Pavillons machte der Jäger abermals halt, setzte sich in einen leichten Sessel, der in der Ecke stand. Die ganze Mitte des hellen Saales wurde von dem ausgestopften Balg eines Flugegels, eines »Sora-tobu Hiru«, eingenommen (Tierwelt des Mars, Solarsystem, Kohlenstoffzyklus, Stamm Polychordata, Klasse Hautatmer, Familie, Gattung, Art: »Sora-tobu Hiru«). Dieser Balg war eines der ersten Exponate im Capetowner Museum für Kosmos-Zoologie gewesen. Hundertfünfzig Jahre nun schon sperrte dieses scheußlich anzusehende Ungeheuer seinen Rachen, der an cinen vielreihigen Greifer erinnerte, gegen jeden auf, der den Pavillon betrat. Ein Ungetüm von neun Meter Länge, bedeckt von einem harten, glänzenden Fell, ohne Augen, ohne Beine ... einstiger Herr des Mars.

In der Tat, Sachen gab's auf dem Mars, die vergaß man nicht so schnell. Vor etwa fünfzig Jahren hatten sich diese Ungeheuer, die zu dem Zeitpunkt nahezu ausgestorben waren, urplötzlich zu vermehren und, wie ehedem, an den Verbindungsstraßen zwischen den Marsstützpunkten zu räubern begonnen. Damals auch war dann die legendär gewordene Globaltreibjagd veranstaltet worden.

Der Jäger erinnerte sich genau. Er war in dem Crawler durchgeschüttelt worden, hatte vor lauter Sand- und Staubwolken, die durch die Raupenketten aufgewirbelt wurden, kaum etwas sehen können. Rechts und links von mir, dachte er, sausten die gelben Wüstenpanzer vorbei, die voller Freiwilliger steckten, und plötzlich machte eines der Fahrzeuge, stark zur Seite geneigt, auf einer Wanderdüne halt. Wir sahen die Leute hastig aus dem Panzer springen. Im gleichen Augenblick hatten wir die Staubwolken hinter uns gelassen. Willi Ärmler klammerte sich an meine Schulter und brüllte mir irgendwas ins Ohr, während er nach vorn zeigte. Da entdeckte auch ich die Egel, Hunderte von Egeln, die sich in der salzbödigen Senke zwischen zwei Wanderdünen tummelten. Ich begann zu schießen, und die anderen schossen gleichfalls. Nur Ärmler machte sich an seinem selbstgebastelten Raketenwerfer zu schaffen, ohne ihn zum Funktionieren zu bringen. Alle brüllten auf ihn ein, fluchten und drohten ihm sogar Prügel an. Das war freilich nur leeres Gerede. Sie waren viel zu beschäftigt, konnten auch nicht einen Moment mit Schießen aufhören. Der Ring um die Tiere wurde immer enger, wir vermochten bereits die Schußflammen der uns entgegenkommenden Crawler auszumachen, als Ärmler plötzlich das rostige Rohr seiner Kanone zwischen mir und dem Fahrzeugführer hindurchsteckte und abdrückte. Ein schreckliches Getöse und Donnern wurde laut, eine fortwährende Detonation, die mich nahezu taub und blind auf den Boden des Fahrzeugs warf. Über dem Salzboden stieg dichter schwarzer Rauch auf, so daß alle Fahrzeuge stehenblieben und die Männer im Schießen innehielten. Sie schrien nur noch wild durcheinander und fuchtelten mit ihren Karabinern herum. Im Laufe von fünf Minuten hatte Ärmler seine gesamte Munition verschossen, und als sich der Rauch verzog, gingen wir daran, allem, was noch am Leben geblieben war, den Garaus zu machen. Die Egel hetzten inmitten der Fahrzeuge hin und her, wurden zum Teil auch von den Raupenketten zermahlen, und ich schoß immerzu, schoß, schoß... Ich war noch jung damals und schoß für mein Leben gern. Leider war ich von jeher ein guter Schütze, der sein Ziel niemals verfehlte. Und leider habe ich nicht nur auf dem Mars geschossen, nicht nur auf gefährliche Raubtiere. Hätte ich doch niemals in meinem Leben einen Karabiner zu Gesicht bekommen...

Der Jäger erhob sich, schritt um den Balg des Flugegels herum und ging dann über die Galerie weiter. Er sah wohl ein wenig angegriffen aus, denn viele Besucher blieben stehen und schauten ihm beunruhigt hinterher. Schließlich trat sogar ein junges Mädchen auf ihn zu und erkundigte sich schüchtern, ob sie ihm irgendwie behilflich sein könne.

»Aber nicht doch, Kleine!« wehrte der Mann ab. Er lächelte mit einiger Mühe, fingerte gleich darauf an der Brusttasche seiner Jacke herum und fischte eine sehr exotisch wirkende Muschel vom Planeten Jajla heraus. »Die ist für dich«, sagte er. »Ich habe sie von weit her mitgebracht.«

Das Mädchen dankte mit einem leichten Lächeln und nahm die Muschel an sich.

»Sie sehen nämlich sehr mitgenommen aus, wissen Sie...«, sagte sie ein bißchen unsicher.

»Ich bin eben nicht mehr der Jüngste, Kindchen«, erwiderte der Jäger. »Wir Alten sehen selten gut aus. Zuviel müssen wir mit uns herumschleppen.«

Wahrscheinlich hatte das Mädchen nicht begriffen, was er meinte, aber daran lag ihm auch nichts. Er strich ihr übers Haar und schritt weiter. Nur daß er jetzt hoch aufgerichtet ging. Nun drehte sich niemand mehr nach ihm um.

Das fehlte noch, daß mich die kleinen Mädchen bemitleiden! dachte er. Ich habe anscheinend keine Kondition mehr. Ich hätte gar nicht erst auf die Erde zurückkehren sollen. Gescheiter wäre es wohl, für immer auf der Jajla zu bleiben, mich am Rand der Grauen Sümpfe niederzulassen und die Netze nach Rubin-Aalen auszulegen. Niemand kennt diese Grauen Sümpfe besser als ich, und ich wäre bestens aufgehoben. Vor allem, weil es dort für einen Jäger, der nicht mehr schießen will, auch so allerhand zu tun gibt.

Er blieb erneut stehen. Hier, an dieser Stelle, machte er immer halt. In einem länglichen Glaskasten, auf Bruchstücken grauen Sandsteins, stand, die drei Paare krummer Beinchen weit gespreizt, eine ausgestopfte, runzlige, unansehnliche Eidechse von schmutziggrauer Farbe. Die uneingeweihten Besucher zeigten sich von diesem grauen, verschrumpelten Sechsfüßer nicht sonderlich beeindruckt, denn nur wenige kannten seine wundersame Geschichte. Der Jäger aber wußte Bescheid, und jedesmal, wenn er bei diesem Tier stehenblieb, überkam ihn ein Gefühl fast abergläubischer Bewunderung vor der allmächtigen Kraft des Lebens. Die Eidechse war etwa zehn Parsec vom Sonnensystem entfernt erbeutet worden. Ihr toter Körper war präpariert worden, und der ausgestopfte Balg stand nunmehr seit zwei Jahren an diesem Ort. Eines schönen Tages jedoch schlüpften plötzlich vor den Augen der Besucher einige Dutzend winziger, höchst lebendiger Eidechsen aus der runzligen grauen Haut. Freilich gingen sie durch die Erdenluft augenblicklich zugrunde, sie verbrannten an Sauerstoffüberschuß, doch das Aufsehen, das ihr Erscheinen hervorrief, war ganz außerordentlich. Die Zoologen standen noch heute vor dem Rätsel, wie das hatte geschehen können. In der Tat – das Leben war das einzige, vor dem es sich in dieser Welt zu verneigen lohnte...

Der Jäger schlenderte durch die Galerie, ging von einem Pavillon zum anderen. Die grelle afrikanische Sonne – die gute, wärmende Erdensonne – beschien die Tiere unter dem Plexiglas, Tiere, die unter fremden Himmeln geboren worden waren, viele hundert Milliarden Kilometer von hier entfernt. Fast alle von ihnen kannte er, hatte sie bereits viele Male gesehen, und nicht nur im Museum. Hin und wieder blieb er vor neuen Exponaten stehen, las die fremdartigen Namen der wundersamen Tiere und dazu die ihm vertrauten Namen der Männer, die sie erlegt hatten. »Malteserdegen«, »Gesprenkelte Gazelle«, »Großer Dschi-ling«, »Kleiner Dschi-ling«, »Kapuziner-Schwimmaffe«, »Schwarze Vogelscheuche«, »Königsschwan«... Simon Kreutzer, Wladimir Babkin, Bruno Belliard, Nicolas Druot, Jean Salier der Jüngere... Er kannte diese Männer alle, und er war jetzt der älteste von ihnen, wenngleich nicht der erfolgreichste. Doch er freute sich zu erfahren, daß es Salier dem Jüngeren nun endlich gelungen war, den schuppigen Verborgenkiemer zu fangen, daß Wolodja Babkin eine lebende Segelflugschnecke mit auf die Erde gebracht und Bruno Belliard auf der Pandora nun doch noch eines der weißgestreiften Buckelnashörner geschossen hatte, nach denen er schon mehrere Jahre auf Jagd gewesen war...

So gelangte er schließlich in den zehnten Pavillon, in dem viele seiner eigenen Trophäen ausgestellt waren. Hier blieb er vor nahezu jeder Vitrine stehen, hing Erinnerungen nach und genoß nochmals seine früheren Erlebnisse. Zum Beispiel das mit dem »Fliegenden Teppich«, der auch das »Fallende Blatt« genannt wurde. Vier Tage lang, überlegte er, habe ich auf der Lauer gelegen. Es war auf der Růžena, jenem Planeten, wo es so selten regnet und wo einst, vor sehr langer Zeit schon, der hervorragende Zoologe Ludovico Porta ums Leben gekommen ist. Der »Fliegende Teppich« bewegte sich mit unwahrscheinlicher Geschwindigkeit und besaß ein sehr feines Gehör. Ihn konnte man unmöglich mit einem Fahrzeug jagen, man mußte ihm Tag und Nacht auflauern, seine schwachen, öligen Spuren im Laub der Bäume aufspüren. Mir allein gelang es, ihn zu fangen, und seither niemandem mehr. Der stolze, selbstbewußte Salier hat nicht nur einmal behauptet, daß es bei mir ein reiner Glücksfall gewesen sei... Er strich mit den Fingern behutsam über die Buchstaben des Schildes mit der Aufschrift: »... Erlegt und präpariert von Jäger P. Gnedych...« Viermal schoß ich auf ihn und verfehlte nicht einmal. Er jedoch lebte, als er zu Boden stürzte und die Baumäste mit sich hinunterriß, immer noch. Aber das war noch zu der Zeit, als ich mein Gewehr gebrauchte...

Und da war auch das augenlose Ungeheuer von der Wladislawa aus den Sümpfen mit dem schweren Wasser. Augenlos und ohne Körperformen. Niemand hatte damals, als der Balg ausgestopft werden sollte, auch nur die geringste Vorstellung gehabt, welche Gestalt man dem Tier geben sollte; schließlich hatte man die gelungenste Fotografie zur Vorlage genommen. Ich jagte das Tier durch den Sumpf zum Ufer hin, dachte der Jäger, wo ich einige Fallgruben geschaufelt hatte. In eine von ihnen stürzte es dann und wälzte sich lange Zeit brüllend in der schwarzen, zähen Brühe. Zwei Eimer Beta-Novokain benötigte ich, um es einzuschläfern. So lange liegt das übrigens noch gar nicht zurück, etwa zehn Jahre, und damals habe ich schon nicht mehr geschossen... Das hier wenigstens ist ein angenehmes Wiedersehen.

Je weiter der Jäger im zehnten Pavillon vorankam, desto langsamer wurden seine Schritte. Er mußte sich förmlich dazu zwingen, vorwärts zu gehen, denn jetzt näherte er sich seinem eigentlichen Ziel. Und mit jedem neuen Schritt spürte er das bekannte Gefühl unruhiger Trauer stärker in sich aufsteigen. Aus dem Schaukasten aber starrten ihn bereits die weißen Glaskugelaugen an...

Wie bei jedem seiner Besuche näherte er sich der kleinen Vitrine mit gesenktem Kopf. Und wie jedesmal studierte er auf dem

Schildchen daneben die Aufschrift, die er schon längst auswendig kannte: »Tierwelt des Planeten Krux, Sternensystem EN 92, Kohlenstoffzyklus, Stamm Monochordata, Klasse, Familie, Gattung, Art: dreifingriger Vierhänder. Erlegt von Jäger P. Gnedych, präpariert von Dr. A. Kostylin.« Erst dann hob er die Augen.

Unter der durchsichtigen Glocke lag auf einem geneigten polierten Brett der Kopf – stark abgeplattet von oben nach unten hin, nackt und schwarz, mit einem flachen ovalen Gesichtsteil. Die Haut des Gesichts war glatt wie bei einer Trommel; Mund, Stirn sowie Nasenlöcher fehlten. Nur Augen gab es. Runde weiße Augen mit kleinen schwarzen Pupillen und ungewöhnlich weit auseinanderstehend. Das rechte Auge war leicht beschädigt, was dem starren Blick einen seltsamen Ausdruck verlieh. Lin war ein ganz ausgezeichneter Präparator: Genau diesen Blick hatte der Vierhänder gehabt, als der Jäger sich im Nebel das erstemal über ihn gebeugt hatte. Wie lange das nun schon zurücklag...

Siebzehn Jahre war es jetzt her. Wie nur hat das geschehen können? überlegte der Jäger ein ums andere Mal. Ich hatte doch gar nicht die Absicht, dort auf Jagd zu gehen. Krux behauptete, es gäbe auf diesem Planeten so gut wie kein Leben, von einigen Bakterienarten und kleinen Landkrebsen abgesehen. Trotzdem nahm ich, als Sanders mich bat, die Gegend zu erkunden, das Gewehr mit ins Geländefahrzeug...

...Über den Geröllhängen stand Nebel. Eine kleine glühende Sonne stieg auf, der rote Zwerg EN 92, und dadurch nahm der Nebel eine rötliche Färbung an. Unter den elastischen Raupenketten des Fahrzeugs knirschte das Gestein; aus dem Dunst tauchten einer nach dem anderen dunkle, nicht allzu hohe Berge empor. Plötzlich nahm ich auf einer der Bergkuppen eine Bewegung wahr und brachte das Fahrzeug zum Stehen. Das Tier auf eine solche Entfernung zu erkennen war kaum möglich. Außerdem störten der Nebel und das Dämmerlicht. Doch ich war erfahren, hatte einen geübten Blick. Auf dem Gebirgskamm bewegte sich irgendein großes Wirbeltier, und ich freute mich, die Waffe dennoch mitgenommen zu haben. Da werden wir Krux eins auswischen, dachte ich aufgeräumt. Ich öffnete die Aussichtsluke im Dach, steckte vorsichtig den Gewehrlauf hinaus und visierte das Tier an. Dann, als sich der Nebel für einen Moment lichtete und die geduckte Silhouette des Lebewesens sich deutlich gegen den rötlichen Himmel abzeichnete, drückte ich ab. Im gleichen Augenblick erfolgte an der Stelle, wo sich das Tier befand, eine Detonation, die von einem blendendhellen violetten Lichtschein begleitet war. Irgend etwas platzte mit lautem Knall auseinander, und dann folgte ein lang anhaltendes Zischen. Gleich darauf stiegen graue Rauchwolken über dem Berg auf, vermengten sich mit dem Nebel.

Ich war verblüfft. Ich erinnerte mich, das Gewehr mit einer Anästhesienadel geladen zu haben, von der ich am allerwenigsten geglaubt hätte, daß sie eine solche Explosion hervorrufen könnte. Ich überlegte einige Augenblicke und kletterte dann aus dem Fahrzeug, um mich auf die Suche nach dem erlegten Tier zu machen. Wie schon erwartet, fand ich es unterhalb des Berges auf dem Geröll. Es war in der Tat ein vierbeiniges oder auch vierarmiges Wesen von der Größe einer stattlichen Dogge. Es hatte fürchterliche Verbrennungen davongetragen; es war verstümmelt, und wieder wunderte ich mich über die furchtbare Wirkung einer gewöhnlichen Anästhesienadel. Ich hatte sogar Mühe, mir die ursprüngliche Form des Tieres vorzustellen. Relativ heil war lediglich der Gesichtsteil des Kopfes geblieben – ein flaches Oval, von glatter schwarzer Haut überzogen, in dem weiße, erloschene Augen saßen.

Auf der Erde nahm sich Kostylin der Trophäe an. Eine Woche später teilte er mir mit, daß der Tierkörper stark beschädigt und daher nicht sonderlich interessant sei – er könne höchstens als Beweis dafür dienen, daß es in den Sternensystemen roter Zwerge hochentwickeltes Leben gäbe. Er riet mir, künftig behutsamer mit Thermitpatronen umzugehen. »Man könnte meinen, du hättest in Panik losgeballert, wärst von dem Tier überfallen worden«, bemerkte er mißmutig. »Aber ich erinnere mich genau, mit einer Anästhesienadel geschossen zu haben«, erwiderte ich. Lin ließ nicht locker. »Und ich sehe, was ich sehe: daß du ihm nämlich eine Sprengpatrone genau in die Wirbelsäule gejagt hast.« Ich zuckte nur die Achseln und ließ es dabei bewenden. Gewiß, ich hätte seinerzeit schon gern gewußt, wodurch eine solche Explosion hatte hervorgerufen werden können, doch da gab es noch so viele andere wichtige Dinge.

Ja, dachte der Jäger, während er noch immer vor dem Tier stand und dessen platten Kopf betrachtete, damals schien mir diese Angelegenheit nicht gar so wesentlich zu sein. Ich hatte mich über Krux lustig gemacht, mit Lin gestritten und alles wieder vergessen. Später jedoch überkamen mich Zweifel und mit ihnen – Gewissensbisse.

Krux rüstete zwei große Expeditionen aus. Er durchkämmte weite Gebiete auf dem Planeten, fand aber kein einziges Lebewesen, das größer gewesen wäre als ein fingerlanger Kleinkrebs. Dafür entdeckte er auf der südlichen Halbkugel, auf einem Felsplateau, einen unbekannten Startplatz für kleine Raumschiffe. Es handelte sich um einen kreisförmigen Fleck geschmolzenen Basalts mit einem Durchmesser von etwa zwanzig Metern. Zunächst stieß dieser Fund auf Interesse, doch sehr bald schon stellte sich heraus, daß zwei Jahre zuvor irgendwo in dieser Gegend das Reparaturschiff von Sanders gelandet war, und der Fund geriet wieder in Vergessenheit. Niemand dachte mehr daran – niemand außer mir. Zu dieser Zeit nämlich schlug ich mich bereits mit den ersten Bedenken herum.

Sie kamen mir, als ich eines Tages im Leningrader Klub der Sternenflieger die Geschichte des Bordingenieurs Adamow erfuhr, der auf dem Krux-Planeten um ein Haar bei lebendigem Leibe verbrannt wäre. Adamow war mit einem defekten Sauerstoffbehälter von Bord gegangen. Der Behälter war leck, die Atmosphäre des fremden Planeten aber mit leichten Kohlenwasserstoffen übersättigt, die auf den frei werdenden Sauerstoff reagierten. Glücklicherweise gelang es den Kameraden noch rechtzeitig, Adamow von dem lichterloh brennenden Behälter zu befreien, so daß er mit lediglich kleinen Verbrennungen davonkam. Ich hörte mir den Bericht an und sah vor meinem geistigen Auge wieder die violette Detonation über der schwarzen Felskuppe.

Als dann auf dem Krux-Planeten die Landestelle eines fremden Raumschiffs entdeckt wurde, verwandelten sich meine Zweifel in furchtbare Gewißheit. Ich stürzte zu Kostylin. »Was habe ich da getötet?« schrie ich. »Ein Tier oder einen Menschen? Lin, ich will wissen, was ich getötet habe!« Kostylin hörte mir zu – sein Gesicht überzog sich mit heftiger Röte – und brüllte mich schließlich an: »Setz dich und spiel nicht den Hysterischen! Wie kannst du es wagen, mich so etwas zu fragen! Glaubst du vielleicht, ich, Kostylin, wäre nicht imstande, ein vernunftbegabtes Wesen von einem Tier zu unterscheiden?« – »Aber der fremde Startplatz!« – »Du selbst bist mit Sanders auf dieser Stelle gelandet!« – »Und die Explosion? Ich habe mit der Anästhesienadel seinen Sauerstoffbehälter durchbohrt!« – »Dummkopf, du hättest nicht mit Sprenggeschossen in einer Kohlenwasserstoffatmosphäre herumballern dürfen!« – »Und wenn es so wäre, aber Krux hat keinen einzigen Vierhänder auf dem Planeten gefunden! Ich weiß genau, es war ein fremder Sternenflieger!« – »Memme!« tobte Kostylin. »Hysterisches Frauenzimmer! Auf dem Krux werden sie möglicherweise auch in hundert Jahren noch keinen Vierhänder finden. Denk doch an die Ausdehnung auf diesem Planeten, der von Höhlen durchfurcht ist wie Schweizer Käse! Du Idiot hast einfach Glück gehabt, warst dann aber zu dämlich, es beim Schopf zu fassen, und hast mir statt eines Tieres nur verkohlte Knochen angeschleppt!«

Der Jäger vor der Vitrine preßte seine Hände so schmerzhaft zusammen, daß die Finger in den Gelenken knackten.

»Nein, Lin, ich habe dir seinerzeit nicht die Knochen eines Tieres gebracht«, murmelte er vor sich hin. »Ich habe dir einen fremden Sternenflieger zu Füßen gelegt...«

Wie viele Worte hast du verschwendet, Lin! Wie oft hast du mich vom Gegenteil zu überzeugen versucht. Dann und wann glaubte ich auch, die Zweifel für immer überwunden zu haben, endlich wieder atmen zu können, ohne mich als Mörder zu fühlen. So wie alle Menschen auf unserer Erde. Doch die Zweifel kommen immer aufs neue, und keinerlei spitzfindige Logik kann sie zunichte machen.

Der Mann legte die Hände gegen die Vitrine und preßte sein Gesicht an das durchsichtige Plexiglas.

»Wer bist du?« flüsterte er bekümmert.

Lin, als er den Pavillon betrat, sah ihn schon von weitem, und wie immer empfand er unerträglichen Schmerz beim Anblick dieses einst so stolzen und starken Mannes, den das eigene Gewissen derart zu Boden gedrückt hatte. Doch er verstellte sich, gab sich den Anschein, als sei alles in bester Ordnung, so schön wie der sonnige Tag von Capetown. Mit betont geräuschvollen Schritten ging er auf den Freund zu, klopfte ihm auf die Schulter und sagte forsch: »Das Wiedersehen ist beendet! Komm jetzt, Poulie, ich hab' einen Mordshunger. Wir gehen zu mir nach Hause und lassen uns ein feines Mittagessen vorsetzen. Martha hat dir zu Ehren heute eine echte Ochsenschwanzsuppe gekocht. Komm, Alter, die Suppe wartet.«

»Gehen wir«, sagte der Jäger leise.

»Ich hab' bereits zweimal zu Hause angerufen. Alle freuen sich schon darauf, dich zu sehen, und sind gespannt, was du zu berichten hast.«

Der andere nickte abwesend und ging langsam zum Ausgang. Lin betrachtete den krummen Rücken des Freundes und wandte sich zur Vitrine um. Sein Blick traf auf die weißen, toten Augen hinter der durchsichtigen Wand.

›Habt ihr euch unterhalten?‹ fragte er stumm.

›Ja.‹

›Und du hast ihm nichts verraten?‹

›Nein.‹

Lin sah auf das Schild mit der Aufschrift »...dreifingriger Vierhänder. Erlegt von Jäger P. Gnedych, präpariert von Doktor Kostylin.«

Er überzeugte sich, daß ihn der Freund nicht beobachtete, und malte dann hastig und verstohlen mit dem kleinen Finger hinter das Wort »Vierhänder« ein »sapiens«. Und obwohl auf dem Schildchen keine Spur davon zu entdecken war, wischte er anschließend schnell mit seinem Jackenärmel darüber.

Für Doktor Alexander Kostylin war es nicht weniger schwer. Er wußte die Wahrheit nur zu gut, hatte sie von Anfang an gewußt...

Anmerkung

1 Nach Haus kam der Seemann, nach Hause vom Meer,
Und der Jäger zurück von den Hügeln.

Stevenson, »Requiem«

Erik Simon
Porträt des Gottes als Ameise

Arkadi und Boris Strugatzki haben ihre erste Science-fiction-Geschichte 1958 veröffentlicht; seither sind von ihnen zwei Dutzend Bücher erschienen, zum überwiegenden Teil Romane und »Powesti«, das sind längere Erzählungen, die bald zum Roman, bald zur Novelle tendieren. Obwohl das gesamte Œuvre der Strugatzkis durch die Persönlichkeit der Autoren, ihre literarische Methode, den Kreis der sie bewegenden Fragen und ihre Antwortversuche zu einem Ganzen verbunden ist, steht im Hinblick auf die Sujets etwa die Hälfte der Werke isoliert, darunter so bedeutende Arbeiten wie *Die zweite Invasion der Marsianer*[1], *Die Schnecke am Hang, Picknick am Wegesrand* und *Milliarden Jahre vor dem Weltuntergang.*

Die andere Hälfte macht der »Zukunftszyklus«[2] aus, eine Folge von Texten, die bald intensiver, bald nur beiläufig aufeinander Bezug nehmen, von einer teilweise wiederkehrenden Personnage bevölkert sind und vor allem auf der Bühne einer einheitlich konzipierten Welt spielen. Eröffnet wurde dieser Zyklus gleich mit dem ersten Roman der Strugatzkis, *Atomvulkan Golkonda* (1959); an seinem Ende steht – sicherlich nur vorläufig – *Ein Käfer im Ameisenhaufen.* Sind manche Werke nur lose in das Gesamtbild eingefügt, so trägt bei anderen, und vor allem beim *Käfer,* der Kontext durchaus zum Verständnis der Situationen und Charaktere bei.

Nun ist es ja nachgerade Mode (wenngleich eine schon seit Jahrzehnten praktizierte), daß Science-fiction-Autoren ihre private Phantasiewelt erschaffen und mit neuen Werken immer wieder dorthin zurückkehren, nicht zuletzt, weil sich solcherart das bekannte Gesetz der Serie ausnutzen läßt: Unabhängig von der literarischen Qualität, von der gedanklichen Originalität, ja von der logischen Konsistenz der Einzelwerke ist schon das Empfinden, mehr (nicht unbedingt Neues) aus einer bereits bekannten, überschaubaren Ersatzrealität zu erfahren, vielen Lesern angenehm. Und so mancher SF-Autor, der nicht mehr zu erzählen hat als eine Abfolge von belanglosen und oft nur nach den Namen voneinander unterscheidbaren Abenteuern, schlägt Kapital aus der Anhänglichkeit der Fans, denen solch wohlfeiles Wieder-Erkennen von Personen und Situationen aus dem einen Buch im folgenden schon ein ausreichendes Surrogat ist für jene höheren Formen der Erkenntnis, die Literatur bieten kann und soll.

Aber wie eben gute und schlechte SF zwar in derselben Schublade zu finden sein mögen und dennoch nicht viel mehr gemein haben als rein formale, äußerliche Merkmale, so heißt »Zyklus« natürlich nicht immer schlechthin, eine Erfolgssträhne kommerziell auszubeuten. (Außerhalb von Spezialressorts wie der SF wäre diese Feststellung eine Binsenwahrheit, wie ein Blick in die Weltliteratur sofort zeigt.) Es fällt jedoch auf, daß in der SF Folgen, wo ein Band die unmittelbare Fortsetzung des anderen ist, überaus selten von literarischem Wert sind. Das dürfte daran liegen, daß ja gerade in der guten SF die phantastische Welt nicht (wie die reale Welt des im Alltag spielenden Gegenwartsromans) relativ fest vorgegeben, andererseits aber auch nicht beliebig ist; vielmehr wählt bzw. konstruiert der Autor sie derart, daß sie möglichst günstige Voraussetzungen für das Vorführen einer Idee oder eines Problems, möglichst störungsfreie Versuchsbedingungen für ein Gedankenexperiment, möglichst eindringliche Bilder und treffende Metaphern für ein poetisches Anliegen liefert. Idee, Problematik, Anliegen wechseln aber von Buch zu Buch, erscheinen zumindest unter anderen Aspekten, und das legt meistens eine Variation der dazu erdachten Welt nahe. (Der Fall, daß ein Autor überhaupt kein ernsthaftes Anliegen hat oder aber immer wieder dieselbe fixe Idee repetiert, interessiert hier nicht.)

Daher findet man in der besseren SF öfter schon Romane, die nur lose zusammenhängen – sie spielen im selben phantastischen Universum, aber in verschiedenen Ecken dieses Alls oder zu verschiedenen Zeiten oder in jeweils unterschiedlichem Milieu; der Autor nimmt auf Ereignisse und Personen aus früheren Büchern Bezug, präsentiert aber eine ganz andere, neue Geschichte mit anderen, neuen Helden. Solch einen Zyklus bilden zum Beispiel mehrere SF-Romane und Erzählungen Ursula Le Guins; von solcher Art ist auch der Strugatzkische Zukunftszyklus.

Der erste Roman der Strugatzkis, *Atomvulkan Golkonda* (1959, im Original eigentlich »Das Land der Purpurwolken«), eröffnet den Zyklus. Zusammen mit der Powest »Der Weg zur Amalthea« (1960) und dem Episodenroman *Praktikanten* (1962) bildet er eine Trilogie, in deren Mittelpunkt der Kosmonaut Alexej Bykow steht, die die Erforschung und Erschließung des Sonnensystems Ende unseres Jahrhunderts schildert und deren literarisches Thema vor allem die Bewährung der Helden in Gefahrensituationen ist. In den ersten beiden Teilen der Trilogie konzentrieren sich die Autoren noch auf das Raumabenteuer; im dritten rückt der soziale Hintergrund stärker ins Blickfeld: eine noch immer in Sozialismus bzw. Kommunismus und Kapitalismus gespaltene Welt, in der freilich das Prinzip der friedlichen Koexistenz verwirklicht ist und der Kommunismus seine Überlegenheit schon auf allen Gebieten realisiert hat. Dabei bringen die Strugatzkis weniger die politischen Systeme ins Spiel als vielmehr die verschiedenen moralischen Prinzipien und Wertvorstellungen, die natürlich von den sozialen Verhältnissen geprägt, aber auch innerhalb der einzelnen Gesellschaftsordnungen keineswegs homogen sind. In der Schlußepisode der *Praktikanten* werden das Pathos der heroischen Pflichterfüllung, das in den ersten beiden Bänden noch für ganz selbstverständlich galt, und insbesondere der Heldentod zum höheren Ruhme der Wissenschaft in Frage gestellt, und die Strugatzkis beginnen eine Erörterung, die mehreren folgenden Büchern das Thema gibt: wie der Mensch leben soll und wofür sich zu leben lohnt.

Wie und wofür man nicht leben soll, zeigen die Autoren in der warnenden Antiutopie *Die gierigen Dinge des Jahrhunderts* (1965). In diesem Roman finden wir Shilin wieder, einen Helden aus den *Praktikanten*, und mit ihm die moralische Problematik; es wird aber eine andere Facette der Welt gezeigt, auch der Erzählstil ist anders geworden, lakonischer, Narration und Dialogtechnik geschult an modernen Detektivromanen und wohl auch an Hemingway.

Diese vier größeren Werke, die Bykow-Trilogie und die Antiutopie sowie einige wenige Kurzgeschichten im thematischen Umfeld der Trilogie spielen um die Jahrtausendwende und bilden die erste Zeitebene des Zukunftszyklus, dessen übrige acht Teile allesamt später, im 22. Jahrhundert, angesiedelt sind. Dort liegt der Schwerpunkt des ganzen Zyklus.

Ein Panorama dieser, ihrer Welt der Zukunft breiten die Strugatzkis im Episodenroman *Rückkehr* (1962)[3] aus. Zwei Rückkehrer aus dem Kosmos, Mark Slawin und Sergej Kondratjew, erleben darin die wissenschaftlich-technischen Wunder, die gesellschaftlich-organisatorischen Einrichtungen der geeinten kommunistischen Erde, vor allem aber die Freundlichkeit dieser Welt und ihrer Bewohner, die Atmosphäre des allgemeinen Elans, der zum Grundbedürfnis gewordenen schöpferischen Arbeit; parallel dazu verfolgen die Autoren den Lebensweg von vier jungen Leuten: Gennadi Komow, der schon als Knabe der Anführer ist und später ein berühmter Xenologe werden wird, Michail Sidorow, dem ebenfalls eine Zukunft als bekannter Leiter kosmischer Unternehmungen bevorsteht, der jedoch zeitlebens vom Pech verfolgt wird, Poul Gnedych und Alexander Kostylin, die sich der Erforschung der außerirdischen Fauna widmen werden. Als siebente Zentralgestalt des Episodenromans taucht Leonid Gorbowski auf, der die Geheimnisse fremder Welten meistens eher oder besser als andere versteht und ebenso für alles Menschliche Verständnis aufbringt.

Gorbowski ist auch einer der Helden in der Powest *Der ferne Regenbogen* (1963), und zwar derjenige, mit dem sich der Leser am besten identifizieren kann. Regenbogen ist ein von irdischen Wissenschaftlern besiedelter Planet, ein Außenposten derselben utopischen Welt des Mittags, bewohnt von den gleichen freundlichen, arbeitsamen, selbstlos nach Erkenntnis strebenden Menschen. Doch es ist nicht wie im *Mittag* die ganze Utopie, sondern nur ein Fragment davon, das hier betrachtet wird. Und wenn die Tragik in einigen Episoden des Mittags aus der Konfrontation mit der noch immer unvollkommen bewältigten Natur oder mit der leidvollen Vergangenheit, mitunter auch aus persönlichen Mißverständnissen resultiert, ohne daß die positive Bewertung des gesellschaftlichen Gesamtentwurfs in Frage stünde, so liegt im *Regenbogen* über dem Utopia-Ausschnitt ein Schatten.

Regenbogen dient als riesiges wissenschaftliches Labor zur Erforschung des Null-Transports. Das Fragment hat sich verselbständigt; über ihrem Forschungseifer, über dem Streit um Theorien (und um die knappe Ausrüstung) haben die Gelehrten die übrige Welt vergessen, sie laufen Gefahr, ihr Menschsein auf diese eine Teilfunktion zu reduzieren: auf die Erkenntnis. Als eine tödliche Welle, Folge eines voreiligen Experiments, sich über den ganzen Planeten ausbreitet, entscheidet Gorbowski, Kapitän des einzigen verfügbaren Raumschiffs, daß nicht die Forschungsunterlagen, das Lebenswerk der Wissenschaftler, sondern die Kinder des Planeten gerettet werden sollen. Er selbst bleibt zurück und sieht dem sicheren Tod entgegen.

Es muß den Strugatzkis jedoch schwergefallen sein, sich von ihrem Lieblingshelden zu trennen – wir können annehmen, daß Gorbowski doch noch irgendwie gerettet wurde, denn wir begegnen ihm erneut – freilich nur noch als Randfigur – in weiteren Werken, deren Handlung nach den Ereignissen auf dem Regenbogen spielt. So etwa in der Powest *Der Knirps* (in der DDR unter dem Titel *Die dritte Zivilisation* erschienen), die erst 1971 veröffentlicht wurde, aber in vielerlei Hinsicht den beiden früheren Arbeiten *Rückkehr/Mittag* und *Der ferne Regenbogen* nahesteht. Es geht darin um das Schicksal eines Menschenkindes, das von außerirdischen Wesen vor dem Tode gerettet und aufgezogen, dabei notwendigerweise verändert worden ist, das nun von einer irdischen Expedition auf einem fremden Planeten entdeckt wird und sich in einer einzigartigen Stellung zwischen den Menschen und den äußerst fremdartigen Außerirdischen befindet, gleichzeitig Mensch und Nichtmensch ist.

Das Buch enthält viele spannende Passagen und interessante Betrachtungen über den Kontakt zwischen Zivilisationen. Sein Kern ist jedoch die Erkenntnis, daß es sich bei dem Kind zuallererst um ein menschliches Individuum handelt, das wie jeder Mensch vor Leid bewahrt werden muß; jene Erkenntnis wird befördert von Maja Glumowa (die in der Powest zum erstenmal in Erscheinung tritt), während Komow – wie die Gelehrten auf dem Regenbogen – vor allem die Wissenschaft im Auge hat und das Kind als willkommenes Werkzeug sieht, den Kontakt zu den unbegreiflichen, inkommunikablen Außerirdischen zu erzwingen.

Eine andere thematische Linie im Zukunftszyklus nahm in der Powest *Fluchtversuch* (1962) erstmals die für das weitere Schaffen der Strugatzkis typischen Konturen an: die Konfrontation von Menschen aus einer kommunistischen Zukunft mit der irdischen Vergangenheit, die ihnen in Gestalt weniger entwickelter Gesellschaftsformen auf anderen Planeten entgegentritt. Nachdem die Autoren das Problem in *Fluchtversuch* benannt und die wechselseitige Verantwortung von Vergangenheit und Zukunft füreinander konstatiert hatten, haben sie in *Es ist nicht leicht, ein Gott zu sein* (1964), *Die bewohnte Insel* (1971) und *Der Junge aus der Hölle* (1974) untersucht, wie denn die Hilfe der fortgeschritteneren Gesellschaft für die rückständigere aussehen könnte, welche Formen des Eingriffs in eine fremde Entwicklung moralisch legitim und welche erfolgversprechend sind, vor allem aber, was eine solche Einmischung für den einzelnen bedeutet: für Anton-Rumata, der in *Es ist nicht leicht, ein Gott zu sein* am Zwiespalt zwischen abstrakter historischer Notwendigkeit und dem eigenen emotionalen Betroffensein verzweifelt, für Maxim Kammerer im Roman *Die bewohnte Insel,* der zuerst die Untauglichkeit seiner eigenen naiven Hilfsaktionen erlebt und dennoch fest bleibt in der Ablehnung von Methoden, die sich ihm bei aller Effizienz als moralisch zweifelhaft erwiesen haben, schließlich für Gagh, den faschistisch verblendeten *Jungen aus der Hölle,* den ein Aufenthalt auf der nahezu vollkommenen Erde, all die Erklärungen und sichtbaren Beweise nicht bekehren können, der aber bei der Rückkehr in seine Heimat doch nicht mehr derselbe hoffnungslose Fall ist, weil in dieser Welt mit Hilfe der irdischen Progressoren bereits andere, bessere Bedingungen geschaffen worden sind.

Ein Käfer im Ameisenhaufen, 1979 bis 1980 in Fortsetzungen in der sowjetischen Zeitschrift *Wissen ist Macht* veröffentlicht, ist die bisher jüngste Powest im Zukunftszyklus der Strugatzkis. (Ihr folgten bisher lediglich 1980 die Märchenphantasie »Von wahrer und falscher Freundschaft« sowie 1981 »Die Wunschmaschine«, eine Filmerzählung zu Tarkowskis *Stalker;* beide Werke gehören nicht zum Zyklus.) Wie jede Powest der Strugatzkis ist sie ein eigenständiges und in sich abgeschlossenes Werk, sie nimmt jedoch in besonders starkem Maße Bezug auf Ereignisse und Personen aus früheren Arbeiten. Von den drei Hauptpersonen sind zwei, Maxim Kammerer und »Seine Exzellenz« Rudolf Sikorsky alias »Der Wanderer«, direkt aus der *Bewohnten Insel* übernommen worden, auch gibt es in der »Insel« (zu Beginn des vierten Teils) jene Szene, wo Maxim die Kopfler entdeckt, freilich ohne daß es dabei zu einer Kontaktaufnahme käme; Lew Abalkin wird durch seine Vorgeschichte nachträglich in die Ereignisse auf der Bewohnten Insel integriert.[4] Maja Glumowa, Komow und Vanderhoeze waren dem Leser in *Der Knirps* begegnet, auch Gorbowski, Fokin aus *Mittag,* Kornej Jašmaa aus *Der Junge aus der Hölle* und etliche andere Randfiguren sind ihm schon bekannt, ebenso zahlreiche Institutionen, Requisiten, fremde Planeten mitsamt ihren Zivilisationen, zurückliegende Ereignisse – kurzum, vieles von dem, was die phantastische Welt im *Käfer* konstituiert, ist bereits in früheren Werken eingeführt worden, so daß sich die Autoren einen Teil der Vorarbeit sparen konnten, die eine derart verwickelte Konstellation der phantastischen Gegebenheiten und Begebenheiten wie im *Käfer* erfordert.

Die Bindung des *Käfers* an die übrigen Werke des Zukunftszyklus wäre letztlich allerdings zweitrangig, wenn sie sich auf Äußerlichkeiten wie etwa das phantastische Instrumentarium beschränkte; selbst für die Personnage der Powest ist im Grunde nur die Übernahme aus der *Bewohnten Insel* von Belang, von der noch die Rede sein wird. Aber im *Käfig* fließen ja nicht allein Sujetlinien und Lebensläufe aus den früheren Arbeiten zusammen, sondern ebenso gedankliche Entwicklungen, literarische Themen, die für das Œuvre der Gebrüder Strugatzki kennzeichnend sind und die auch über den Zukunftszyklus hinausreichen.

Eine ganz offensichtliche Synthese dieser Art läßt sich bereits innerhalb des Zukunftszyklus ausmachen: Im *Käfer* treffen sich – vor dem Hintergrund der im *Mittag* entwickelten Utopie – die »xenologische« und die »historisch-soziologische« Thematik.[5]

Erstere tauchte vor allem in mehreren Erzählungen des *Mittags* (z.B. »Von Wanderern und Reisenden«, »Ein gut eingerichteter Planet«) und im *Knirps* auf, es geht dabei um Begegnungen von irdischen Raumfahrern mit außerirdischen Lebensformen, Intelligenzen und Zivilisationen, die sich wesentlich vom irdischen Standard unterscheiden, mitunter fremdartig bis zur völligen Unverständlichkeit sind; im *Fernen Regenbogen* spielen die »Teufelsbrüder« eine für die Handlung sekundäre, als Schlüssel zum Anliegen des Buches jedoch entscheidende Rolle – Menschen, die sich selbst mit Maschinen verschmolzen, dabei die emotionale Hälfte ihres Menschseins verloren haben und ebenso wie die Außerirdischen im Kontrast zum Menschen stehen. Gerade dieser Kontrast ermöglicht es den Autoren, Gedanken über das Wesen des Menschen, über Stellung und Perspektive der Menschheit im Universum literarisch ins Bild zu setzen.

In den vier Werken der historisch-soziologischen Linie – *Fluchtversuch, Es ist nicht leicht, ein Gott zu sein, Die bewohnte Insel* und *Der Junge aus der Hölle* – sind die Außerirdischen völlig anthropomorph, ihre Gesellschaftsformen sind irdischen Vorbildern – Feudalismus und Imperialismus/Faschismus – nachgestaltet, so daß hier im Grunde die Menschheit der Zukunft sich selbst, ihrer eigenen Vergangenheit begegnet, wobei jedesmal der Eingriff der fortgeschritteneren in die rückständigere Gesellschaft zur Debatte steht.

Im *Käfer* nun finden wir die »Xenologie« im Bericht Lew Abalkins (der Kopfler Wepl; die Restzivilisation auf der Esperanza, die humanoid, aber einer wesentlichen Komponente der menschlichen Natur beraubt ist, nämlich der für die Kontinuität der Kultur unerläßlichen relativen Langlebigkeit der Individuen). Vor allem aber erblicken wir »xenologische« Motive im Zusammenhang mit den »Wanderern«, jener in der Beherrschung der Natur weit über der Menschheit stehenden, in ihren Zielen schwer begreiflichen fremden Zivilisation, die anscheinend mittels Abalkins und seiner »Geschwister« in die Geschicke der Menschheit eingreift, wie diese selbst durch die Progressoren die Entwicklung auf anderen Planeten korrigiert oder beschleunigt.

Diese Umkehr der Relation von Lenkern und Gelenkten, von höher und weniger Entwickelten hatte sich innerhalb der historisch-soziologischen Themenlinie bereits im *Jungen aus der Hölle* angedeutet, wo zwar noch die Menschen die Überlegenen, hilfreich Eingreifenden waren, wo die Ereignisse aber schon aus der Sicht eines der (humanoiden) Außerirdischen betrachtet wurden. Noch genauer vorgebildet findet man die Inversion bereits viel früher in der »xenologischen« Erzählung »Von Wanderern und Reisenden« – darin markiert ein Biologe auf der Erde Oktopoden, die plötzlich den sonderbaren Drang entwickelt haben, ihr Lebenselement zu verlassen und ausgedehnte Migrationen über Land zu unternehmen; diesem Biologen erzählt der Raumfahrer Gorbowski, daß ein unbekanntes Etwas ihn, Gorbowski, mitsamt seiner Besatzung und seinem Schiff irgendwo draußen im All auf eine der irdischen Wissenschaft unerklärliche Weise zur Quelle von Radiowellen gemacht, *markiert* hat.

Der *Käfer* veranschaulicht aber nicht schlechthin die Möglichkeit solch einer Inversion, etwa um das in der Science-fiction so oft pathetisch vorgetragene Sendungsbewußtsein der Menschheit zu demontieren, sondern er zeigt die Haltung, genauer: die Haltungen von Menschen im Angesicht einer übermächtigen Gewalt, die, mag sie nun feindlich, wohlwollend, gleichgültig oder einfach unbegreiflich sein, derart in die irdischen Schicksale eingreift, daß die Betroffenen dem Eingriff rat- und hilflos gegenüberstehen, da ihnen zu wesentlichen und sinnvollen Entscheidungen die Sachkenntnis und/oder die physikalische Möglichkeit, also jedenfalls die Freiheit fehlt, daß diese Macht sie folglich in die Rolle eines ohnmächtigen Objekts der Entwicklung drängt. Genau das war, in verschiedenen Variationen und unter verschiedenen Aspekten betrachtet, das Thema nahezu aller neueren Werke der Strugatzkis, auch und gerade außerhalb des Zukunftszyklus: Es ist vorgezeichnet in der *Zweiten Invasion der Marsianer* (1968), wo sich Spießbürger opportunistisch an das Regime der Marsianer anpassen, wir finden es im *Picknick am Wegesrand* (1972), wo die zufälligen Hinterlassenschaften einer vermutlich gleichgültigen Superzivilisation die Existenz der Menschen grundlegend beeinflussen, wenn nicht sogar gefährden[6], und es steht an zentraler Stelle in der *Schnecke am Hang* (1966/68, vor allem jedoch im »Wald«-Teil aus dem Jahre 1966), in den *Häßlichen Schwänen* (1972) und in *Milliarden Jahre vor dem Weltuntergang* (1976). In den drei letztgenannten Arbeiten vertritt diese übermächtige Gewalt, verkörpert durch fremdartige Zivilisationen oder durch den Homo superior, in letzter Konsequenz – rechtens oder nur nach eigenem Anspruch – den Fortschritt als objektiv unvermeidliche Entwicklung oder schlechthin das blinde, moralisch indifferente Naturgesetz.

Die »Wanderer« im *Käfig* sind eine solche Über-Macht, und sie erscheinen um so bedrohlicher, als ihr Wesen, ihre Ziele, ihre Moral (falls sie überhaupt eine haben) völlig unbekannt und zum Zeitpunkt der Handlung auch unerforschlich sind, während die ihnen zur Verfügung stehenden Mittel über aller Vernunft zu sein scheinen – denn sie erzeugen Wirkungen, zu deren Erklärung die irdische Wissenschaft nicht den geringsten Ansatz hat, wie etwa die Verbindung zwischen den »Findelkindern« und den »Zündern«. Das Auftreten von Koinzidenzen, die sich im Rahmen des aktuellen Weltbildes auf keine Weise in kausalen Zusammenhang bringen lassen, deren systematische Häufung aber jeder Zufallswahrscheinlichkeit widerspricht, fungiert in der phantastischen Literatur ja oft als eine der stärksten überhaupt denkbaren Bedrohungen (so z.B. in *Milliarden Jahre vor dem Weltuntergang* der Strugatzkis, in Lems *Untersuchung* und in vielen Fantasy-Geschichten); denn mit dem Einbruch des Unmöglichen in die Realität wird die Ratio selbst, das mächtigste Instrument des modernen Menschen, in Frage gestellt, und es tut sich die Perspektive auf, daß in einer solcherart gestörten Welt schlechthin alles geschehen, daß jede beliebige Ursache, jede Handlung beliebige unvorhersehbare Folgen haben kann, auch die schlimmsten, die bisher logisch ausgeschlossen waren.

Nun sind freilich Ratio, Logik, Denken in kausalen Zusammenhängen nichts, was man einfach über Bord werfen kann, wenn es nicht mehr richtig funktioniert, denn es gibt ja keinen Ersatz dafür; und wenn sich in der bisher festgefügten Logik plötzlich eine Lücke auftut, so wird das Vakuum sogleich erfüllt mit Vermutungen, Hypothesen, Analogieschlüssen, die einer unvollständigen, bruchstückhaften Logik folgen, oder im äußersten Falle mit rein willkürlichen Annahmen. Dabei spielen Augenschein und Alltagserfahrung, Persönlichkeitsstruktur und emotionale Befindlichkeit eine entscheidende Rolle.

»Seine Exzellenz« Rudolf Sikorsky muß also, da ihm die hinreichende Information fehlt, aufgrund solch fragmentarischer, in hohem Grade willkürlicher Schlüsse entscheiden. Und er entscheidet sich, das Schlimmste anzunehmen – daß der Plan der »Wanderer«, wie immer er aussehen mag, die Menschheit ins Verderben stürzen kann, daß dieser Plan mit allen Mitteln gestört werden muß. Weiterhin legt er fest, daß, um den Plan zu vereiteln, die Vereinigung der »Findelkinder« mit den Zündern zu verhindern ist. Und er beschließt, in den »Findelkindern« zuvörderst ein Werkzeug der »Wanderer« zu sehen und sie entsprechend zu behandeln. Für keine dieser drei Entscheidungen hat er hinreichend logische Gründe, und er ist sich dessen vollauf bewußt, sieht klar das logische und moralische Dilemma, vor dem er steht. Das unterscheidet ihn – und die Menschen überhaupt – von der Restbevölkerung der Esperanza, die sich, von Haß und Verzweiflung geblendet, ein mit Sicherheit falsches, gleichsam mythologisches, aber in sich geschlossenes Bild von den »Wanderern« macht, das keinen Raum für Zweifel läßt; es unterscheidet ebenso die Menschheit von den Tagoranern, die durch einen einzigen radikalen, unumkehrbaren Entschluß alle weiteren Entscheidungen unmöglich und unnötig gemacht haben.

Sikorskys Annahmen über die »Wanderer« und ihre Absichten werden durch die Ereignisse im *Käfer* weder bestätigt noch widerlegt. Insbesondere Abalkins Verhalten kann man im Lichte dieser Annahmen erklären – dann wäre sein hartnäckiges Streben nach dem Zünder ein Beweis, daß er von den Wanderern programmiert ist –, aber auch eine ganz andere Deutung bleibt möglich:

Abalkin hat bemerkt, daß jemand auf der Erde fortwährend sein Geschick lenkt, Bromberg hat ihm die nötigen Informationen vermittelt, und seinen »Zünder« will er haben, um die für ihn unerträgliche Situation der inneren Ungewißheit und äußeren Unfreiheit so oder so zu einem Ende zu bringen. Damit bleibt auch offen, ob Sikorskys Entscheidungen in bezug auf die Wanderer berechtigt waren oder nicht. Aber es geht ja in dem Buch letztlich gar nicht um die »Wanderer« oder etwa darum, wie man sich gegenüber Außerirdischen zu verhalten habe. Es geht um den »Käfer im Ameisenhaufen«, Lew Abalkin, und es geht um die Menschen, in deren Händen sein Schicksal liegt.

Die Helden der *Milliarden Jahre vor dem Weltuntergang* sehen sich mit einer unpersönlichen, gesichtslosen Gewalt konfrontiert; auch für die letzten Bewohner der Esperanza sind die »Wanderer« gesichtslos (sogar im wörtlichen Sinne), und die Phantasie hat an die leere Stelle die dämonische Fratze des Erzfeindes, des Nichtmenschen, gesetzt. Lew Abalkin hingegen ist keine anonyme Macht und kein außerirdischer »Wanderer«, er ist biologisch ein menschliches Wesen und dazu eine Persönlichkeit mit einem menschlichen Bewußtsein. Zugleich ist er ein Geschöpf der »Wanderer« und steht wahrscheinlich – zumindest indirekt und teilweise, wie die Geschichte mit den Zündern vermuten läßt – noch immer unter ihrer Kontrolle. Ist er also ein Mensch?

In Lems *Solaris* gibt es die Harey, eine Frau, von einer unbegreiflichen Fremdintelligenz nach der Erinnerung des Helden und Erzählers geschaffen – eine bis auf das subatomare Niveau perfekte Kopie, die aber in ständigem Kontakt mit jener Fremdintelligenz steht. Der Kleine in der *Dritten Zivilisation* der *Strugatzkis* ist ein Menschenkind, das jedoch von Außerirdischen verändert wurde, auch er steht mit den Fremden in einer unlösbaren Verbindung. Kelvin, der Erzähler in *Solaris*, betrachtet – nachdem er die Panikreaktion überwunden hat – Harey schließlich als Menschen, obwohl er um ihre wahre Natur weiß; in der *Dritten Zivilisation* versuchen die Menschen unter Komows Leitung anfangs, den Kleinen zur Forcierung ihres Kontakts zu den Außerirdischen zu benutzen, sie geben die Versuche jedoch auf, als klar wird, daß der Kleine schwer darunter leidet.

Abalkin nun mag vielleicht nicht *ausschließlich* ein Mensch sein, aber zweifellos ist er *auch* ein Mensch. Für Maja Glumowa, die

Abalkins Persönlichkeitsgeheimnis nicht kennt, wohl aber seinen schwierigen Charakter, und die durch Kindheitserlebnisse emotional an ihn gebunden ist, steht Abalkins Menschsein ebenso außer Zweifel wie für ihn selbst. Maxim Kammerer (und mit ihm der Leser) hat aus der Lektüre von Abalkins Bericht eine Vorstellung von der Persönlichkeit Abalkins gewonnen, den Kammerer übrigens bereits früher gekannt hatte, er sieht in ihm anfangs wenig mehr als die Person, die er auftragsgemäß ausfindig machen muß; doch gerade als er erfährt, daß Abalkin kein Mensch wie alle anderen ist, beginnt Kammerer für ihn Partei zu ergreifen, denn zugleich mit dem Persönlichkeitsgeheimnis um die fremde Herkunft Abalkins hat er vom grausamen Schicksal dieses Menschen erfahren – jawohl, dieses Menschen, denn Abalkins Leiden entspringen ja seiner menschlichen Natur, seiner auf der Erde und von der Erde geprägten Persönlichkeit. Es ist der Mensch, der da leidet, nicht das von Sikorsky postulierte außerirdische Programm. Auch darüber ist sich Sikorsky übrigens im klaren, für ihn aber steht eben das Programm im Vordergrund. So erweist sich, daß die entscheidende, nämlich die moralisch relevante Frage nicht lautet: *Ist Abalkin ein Mensch?* – dieser Punkt wird von den Autoren schließlich gar nicht weiter verfolgt –, sondern: *Wie verhalten sich die Menschen zu Abalkin?*

Dem Leser der Strugatzkis ist Rudolf Sikorsky zum erstenmal im Roman *Die bewohnte Insel* begegnet, und zwar fast das ganze Buch hindurch in der Maske eines besonders raffinierten und gefährlichen Mitglieds der herrschenden Clique, genannt »der Wanderer« und verantwortlich für die Hypnosestrahler, die den größten Teil des Volkes in stumpfsinniger, kritikloser Begeisterung für alles halten, was man ihnen sagt und befiehlt, verantwortlich auch für das Elend jener kleinen Minderheit, die der Strahlung intellektuell nicht erliegt, die aber physisch darunter leidet und zudem von den Herrschenden gnadenlos verfolgt wird.

Maxim Kammerer, von der Erde auf den Planeten Saraksch verschlagen und anfangs in ganz naiver Unkenntnis der Verhältnisse, kommt im Laufe seiner Abenteuer denn auch folgerichtig zu dem Schluß, daß jener »Wanderer« der schlimmste von allen und um jeden Preis auszuschalten ist; erst gegen Ende des Romans wird offenbar, daß »der Wanderer« Rudolf Sikorsky heißt und als Progressor der Erde die Herrscherclique des Reiches auf dem

Saraksch unterwandert hat, um die Entwicklung des Planeten, der vor kurzem einen Atomkrieg durchgemacht hat, dessen wirtschaftliche und soziale Strukturen total zerrüttet sind und dem schon wieder neue Kriege drohen, langsam und vorsichtig in Richtung auf eine bessere Zukunft hinzulenken. Zunächst freilich heißt es, überhaupt erst einmal den Fortbestand der Gesellschaft zu sichern – Hungersnöte und Seuchen zu bekämpfen, sich gegen die bevorstehende Invasion des faschistischen Inselimperiums zu rüsten, also Tag für Tag große Menschenmengen vor dem sicheren Tod zu bewahren. Dazu braucht es ein Minimum an sozialer Organisation, und im Chaos der Nachatomkriegswelt toleriert Sikorsky mit den Hypnosestrahlern das effektivste, ja anscheinend das einzig praktikable Mittel für eine solche Organisation. In Unkenntnis dieser Zusammenhänge, aber unter dem nachhaltigen Eindruck, wie die Strahler die Mehrheit in Marionetten verwandeln und einer Minderheit das Leben zur Hölle machen, hat Maxim das Leitzentrum der Strahler vernichtet. Und so vorbehaltlos er sich in die Arbeit der irdischen Progressoren einordnet, so fest bleibt er doch auch bei seinem Entschluß, nie wieder etwas wie diese Strahler zu dulden, welch guter Absicht sie auch dienen mögen.

Ebenso reagiert Maxim Kammerer im *Käfer*. Wie Anton-Rumata in *Es ist nicht leicht, ein Gott zu sein* ist er außerstande, seine emotionale Betroffenheit zu überwinden, wie Kandid in der *Schnecke am Hang* (in den »Wald«-Kapiteln) kann er auch angesichts objektiver Notwendigkeit nicht seine moralischen Prinzipien aufgeben, wie Maja Glumowa im *Knirps* kann er nicht um einer hehren Idee willen, sei es nun der Große Kontakt oder die Sicherheit der Menschheit, vom Unglück eines einzelnen abstrahieren. Für ihn darf das Glück der vielen nicht mit dem Unglück von einzelnen erkauft werden. (Wladimir Gakow hat in seinem Artikel über das Schaffen der Strugatzkis[7] auf die Dostojewskische Problematik im *Käfer* hingewiesen.)

Anders Rudolf Sikorsky: Die Sicherheit der Menschheit, so meint er, ist ihm anvertraut, und diese Verantwortung zwingt ihn, jedes Risiko zu vermeiden und notfalls – wie Wladimir Gakow schreibt – »sich über diesen einzigen Menschen hinwegzusetzen«. Wie schon auf der bewohnten Insel muß er, mit dem Blick auf die höhere Notwendigkeit, den Zweck die Mittel heiligen lassen, muß er sich zwingen, kühl abzuwägen, »ein Gott zu sein«, so schwer es ihm auch fällt – denn er weiß ja genau, was er tut. Er kann also für sich, für seine Handlungsweise jene relative moralische Rechtsgleichheit gegenüber Abalkin beanspruchen, welche die tragische Situation kennzeichnet. Wir können den *Käfer im Ameisenhaufen* als Erzählung über solch ein Dilemma lesen, wo der Leser selbst eine moralische Entscheidung zu treffen hat, eine Wertung, die sich letztlich nicht logisch aus den Umständen der Handlung, sondern vor allem aus der Persönlichkeit des Wertenden ergibt, so daß die Entscheidung ebendiese Persönlichkeit und ihre Wertmaßstäbe erkennen läßt.

Es gibt jedoch zwei Überlegungen, die solch relative Rechtsgleichheit der Parteien und der moralischen Prinzipien im *Käfer* zweifelhaft erscheinen lassen.

Erstens ist das der Umstand, daß Sikorsky seine Entschlüsse auf ganz vage Annahmen und Vermutungen über die »Wanderer« gründet. Es wäre ja nicht nur möglich, daß Abalkin überhaupt kein »Programm« in sich trägt oder aber daß dieses Programm gegenüber der Menschheit neutral ist; denkbar wäre auch ein Programm, dessen Verwirklichung der Menschheit unermeßliche Wohltaten bringen wird, deren Bedeutung die Menschen noch nicht zu erfassen vermögen, während die viel weiter entwickelten »Wanderer« besser wissen, was für die Menschen gut ist.

Hier drängt sich nun eine Parallele auf: die Lesart der Powest als Geschichte Abalkins, der als Teil einer höheren Gewalt menschliche Natur angenommen hat, wobei unklar bleibt, ob der Plan Heil oder Verderben der Menschen bezweckt und ob nicht jede Reaktion der Betroffenen – ja selbst die Tötung Abalkins! – Teil des Planes ist. Dieses Thema ist in der Powest virtuell enthalten, von den Strugatzkis jedoch nicht ausgeführt worden, und in der Tat: Auch wenn Sikorsky im Zweifelsfall lieber Schwefel wittert, so änderte doch die ontologische Natur Abalkins nichts an der moralischen Bewertung seiner evidenten menschlichen Komponente, aber auch nichts an der Lage, in der sich Sikorsky sieht.

Immerhin hat ja auch Sikorsky auf dem Saraksch das Schicksal einer anderen Zivilisation nach seinen eigenen Vorstellungen, nach eigenem besten Wissen und Gewissen gelenkt. Aber seinerseits nun gelenkt zu werden, ohne das Ziel auch nur ahnen zu können – und wäre es sogar wirklich zum Besten der Menschheit –, das erträgt er nicht. Das hieße schließlich, sich selbst als frei und bewußt handelnde Person aufzugeben, die Rolle der Ameise zu akzeptieren – da gibt er lieber den frei und bewußt handelnden Menschen Abalkin auf und beschließt, in ihm einen Automaten zu sehen.

Denn – und das ist der zweite Einwand (aus dem eine weitere Lesart folgt) – Sikorsky *haßt* die »Wanderer«, und anscheinend kann er es nicht verhindern, daß dieser Haß sich auf das vermeintliche Werkzeug überträgt. Das freilich paßt nicht mehr zur Rolle des »Gottes«, der frei oder zumindest unbeeinflußt von persönlichen Gefühlen seine Entscheidung trifft, wie die höhere Notwendigkeit es erfordert – eine Rolle, die er Abalkin gegenüber noch immer beansprucht, meint er doch im (höchst abstrakten) Sicherheitsinteresse der Menschheit gegenüber einer (höchst abstrakten) potentiellen Gefahr zu handeln. Und sonderbar: Für Sikorsky scheint es von Anfang an festzustehen, daß Abalkin erschossen werden muß, obwohl es doch genug andere Möglichkeiten gäbe, ihn von den Zündern fernzuhalten. Sikorsky schließt diese Möglichkeiten aus, bis – oder *damit* – nur die eine übrigbleibt; und so wartet er im Museum auf Abalkin, nicht um ihn von den Zündern fernzuhalten und ihn dabei *notfalls* zu töten, sondern weil er weiß, daß er ihn dabei *jedenfalls* und unbedingt wird töten müssen. »Mit diesen Händen hier... Selbst...« wollte einer der verblendeten, verzweifelten, verbitterten Bewohner der Esperanza einen »Nichtmenschen« umbringen, aber seine Gründe, seine Haltung gegenüber den verhaßten »Wanderern« sind letztlich, nur eben auf primitiver Stufe, die gleichen wie Sikorskys. Damals freilich ist Abalkin, den man für einen »Nichtmenschen«, einen »Wanderer« hielt, noch davongekommen; Sikorsky indes, der ihn für ein Werkzeug der »Wanderer« hält, führt die Absicht jenes Esperanzabewohners schließlich aus, allerdings nicht »mit bloßen Händen«, sondern mit der Pistole, die gleich bei ihrem Auftauchen während der ersten Nacht im Museum Sikorskys festgefaßten Entschluß signalisiert und die sich in der utopischen Welt des *Mittags* so altertümlich und unpassend ausnimmt.

Ein Anachronismus in der Welt des *Mittags* ist sie sogar in doppelter Hinsicht: technisch und gesellschaftlich. Bereits in dem Band *Mittag, 22. Jahrhundert* wird ein umfangreiches Arsenal wunderbarer wissenschaftlich-technischer Errungenschaften vorgeführt; in den jüngsten Büchern des Zukunftszyklus haben die Autoren ihren Helden noch viel perfektere Hilfsmittel in die Hand gegeben und sie damit – aus heutiger Sicht – nahezu allmächtig gemacht. Im *Jungen aus der Hölle* und im *Käfer* ist der Null-Transport allgemein eingeführt und hat die Kommunikation mit kosmischen Partnerzivilisationen ebenso wie mit den Aktionsgebieten der Progressoren denkbar einfach gemacht. Für jedes technische Problem gibt es eine Lösung, sei es der sich selbst programmierende Übersetzungscomputer im Westentaschenformat oder eine Methode, Tote wieder zum Leben zu erwecken. Die Strugatzkis sind offensichtlich immer weniger gewillt, sich mit technischen Schwierigkeiten aufzuhalten, und gerade indem sie diese Schwierigkeiten mittels phantastischer Gadgets aus dem Wege räumen, machen sie deutlich, daß die dennoch auftretenden Probleme nicht technischer Art sind.

Dem gleichen Zweck dient der utopische Hintergrund. Anders als in *Mittag, 22. Jahrhundert* steht die Utopie, die Darstellung einer idealen, zumindest einer besseren Gesellschaft, im *Käfer* nicht im Mittelpunkt des Interesses, aber sie ist nach wie vor gegeben, wird durch gelegentliche Anklänge an die früheren Werke des Zyklus immer wieder aufgerufen und in den Reflexionen Kammerers ebenso wie in den Erklärungen Sikorskys expressis verbis bestätigt. In einer Welt, wo es keinen Mangel, keine Unterdrückung, keine Verbrechen, keine Unbildung des Kopfes wie des Herzens mehr gibt, wo die technischen und sozialen Sachzwänge der Gegenwart ihre Gewalt verloren haben – in dieser Welt tritt die Tragödie der Helden besonders klar hervor als Tragödie von Individuen, als Konflikt zwischen Charakteren, ihren Haltungen und Prinzipien.

Und auf dieser Erde, wo weitaus vollkommenere Waffen zur Verfügung stehen, aber längst keine Waffe mehr gebraucht wird, erscheint Sikorskys Pistole geradezu wie ein Gespenst aus einer unseligen Vergangenheit (die freilich auf anderen Planeten des Strugatzkischen Universums wie auch in vielen Teilen *unserer* Welt Gegenwart ist), nicht anders als das Skelett des deutschen Soldaten im Prolog zu *Es ist nicht leicht, ein Gott zu sein* oder das vergessene japanische Waffenlager aus dem Zweiten Weltkrieg in einer Episode von *Mittag, 22. Jahrhundert.* Jene Episode heißt »Die Niederlage«, ein Einbruch der längst totgeglaubten Vergangenheit in die Zukunft macht darin ein mit viel Mühe begonnenes Projekt zur Erschließung anderer Welten zunichte. Im *Käfer* indes wird mit der Pistole eine andere Niederlage nur noch besiegelt, die im Grunde längst stattgefunden hat – die Niederlage Rudolf Sikorskys im Kampf mit sich selbst.

Lew Abalkin ist der auslösende Faktor und schließlich das Opfer jener Tragödie, als deren Beobachter, Erzähler und Kommentator Maxim Kammerer fungiert (die Rolle des vom Auftraggeber unvollständig informierten Detektivs, aus der Kriminalliteratur bekannt, entspricht dieser Funktion genauestens, hindert sie Kammerer doch bis kurz vor der Katastrophe am Eingreifen). Der Akteur, ja der Held dieser Tragödie aber ist Rudolf Sikorsky, und sie beginnt in dem Augenblick, wo Sikorsky anfängt, das Spiel der »Wanderer« nach deren Regeln zu spielen – indem er, im unklaren über die »Wanderer«, nun seinerseits die »Findelkinder« im unklaren über sich selbst läßt, ihr Schicksal manipuliert, wie er das Schicksal der Menschheit von den »Wanderern« manipuliert glaubt, ihr persönliches Glück abstrakten Notwendigkeiten opfert, wie er das Los der Erdenmenschen einem unbegreiflichen Plan der »Wanderer« untergeordnet sieht – und wo er gleichzeitig neben diesen vermutlichen Regeln der gleichgültigen »Götter« doch auch die menschlichen Regeln beibehalten will, ja muß, weil seine Moral und nicht zuletzt seine Umwelt ihn dazu zwingen.

Weil er nicht nur den »Wanderern« und den »Findelkindern«, sondern auch seinen Mitmenschen, ihrer Entscheidungsfähigkeit und Weitsicht mißtraut, nimmt er den größten Teil der Verantwortung auf sich – eine Last, unter der er zusammenbrechen muß und tatsächlich zusammenbricht, so daß er schließlich keinen anderen Ausweg mehr sieht, als sich von jenem akuten Teil der Last, der für ihn Abalkin heißt, zu befreien, indem er ihn buchstäblich aus der Welt schafft, ein für allemal. Die lange Kette von Kompromissen zwischen der »göttlichen« und der menschlichen Entscheidung, all jene Versuche, nur umkehrbare Schritte zu unternehmen – als gäbe es überhaupt wirklich Umkehrbares! –, sie führen ihn endlich doch zu einer unumkehrbaren Tat, genau zu der, die unbedingt vermieden werden sollte und die am schwersten wiegt – nicht nur für das Opfer, sondern auch für seinen Mörder, denn *beide* sind ja keine Götter und keine Automaten, weder Käfer noch Ameise.

Anmerkungen

1 Diese Powest erschien in der DDR als *Die zweite Invasion der Marsmenschen.*

2 Wie schon in meinem früheren kleinen Aufsatz »Die gut eingerichtete Welt des Mittags« benutze ich diesen Terminus lediglich der Verständigung halber; das Kürzel soll keineswegs andeuten, es handele sich dabei etwa um »Zukunftsliteratur« im Sinne einer Prognose oder Prophezeiung.

3 Die überarbeitete und um etliche ursprünglich eigenständige Erzählungen erweiterte Fassung *Mittag, 22. Jahrhundert* (1967) ist wohl schon weniger als Roman, sondern eher als Erzählungszyklus einzuordnen. Eine Auswahl daraus ist deutsch unter demselben Titel erschienen; sie enthält zusätzlich die Schlußepisode der Powest *Praktikanten* und eine weitere frühe Erzählung.

4 Die 1971 erschienene Übersetzung der *Bewohnten Insel* von Hermann Buchner macht die Zusammenhänge nicht deutlich, da sie auf dem gekürzten Vorabdruck basiert, der 1969 in der Zeitschrift *Newa* erschienen ist. Für die vollständige russische Buchfassung des Jahres 1971 wurde der Text von den Autoren überarbeitet, der Name des Helden geändert; spätere Arbeiten des Zukunftszyklus beziehen sich immer auf die Buchfassung. Maxim Kammerer erscheint in Buchners Übersetzung als Maxim Rostislavskij, der »Wanderer« Rudolf Sikorsky als »der Pilger«; einige (phantastische) Eigennamen hat der Übersetzer in russischer Schreibweise stehen lassen bzw., wie den Spitznamen »Golowastik« (zu deutsch »Kaulquappe«), einfach nicht übersetzt. – Es ist allemal befremdlich, wenn in einer deutschen Übersetzung die Bewohner fremder Planeten typisch russische Namen haben und ihre Termini nach den Paradigmen der russischen Sprache bilden (wie man das leider auch in anderen Übersetzungen Buchners findet), gleich, ob es sich dabei bloß um Nachlässigkeit handelt oder ob womöglich dem Text der Autoren zusätzlich gewisse obskure Assoziationen unterschoben werden sollen.

5 Auch diese Termini benutze ich allein der Kürze halber; um nur halbwegs exakt zu sein, bedürfte es einer gesonderten Betrachtung.

6 Das Motiv der Gesellschaft, die – zum Schaden vieler ihrer Mitglieder – mit einer fremden, höher entwickelten, ihr selbst unverständlichen Technik spielt, findet sich schon im *Fluchtversuch,* der überhaupt die Nuklei vieler späterer Themen der Strugatzkis enthält.

7 Wladimir Gakow: »Der Menschlichkeitstest.« In der Zeitschrift *Sowjetliteratur* 1982, Nr. 1.

Istvan Csicsery-Ronay jr.

Das letzte Märchen: ›Picknick am Wegesrand‹ und das Märchenparadigma in der Science-fiction der Strugatzkis

> Die Geschichte der Revolutionen…, in politischer Hinsicht die Darlegung der innersten Geschichte der Neuzeit, könnte man in Parabelform als die Geschichte eines uralten Schatzes erzählen, der unter den verschiedenartigsten Umständen plötzlich und unerwartet auftaucht und unter mancherlei geheimnisvollen Begleiterscheinungen wie eine Fata Morgana wieder verschwindet. Es bestehen wirklich gute Gründe zu der Annahme, daß der Schatz niemals Wirklichkeit war, sondern ein Trugbild, und daß wir es hier nicht mit etwas von Substanz zu tun haben, sondern mit einer Erscheinung, und der triftigste Grund dafür ist der, daß der Schatz bis jetzt ohne Namen geblieben ist. Gibt es wirklich etwas, nicht im Weltraum, sondern auf der Welt und in den irdischen Angelegenheiten des Menschen, das nicht einmal einen Namen hat? Es sieht so aus, als besäßen Einhörner und Märchenköniginnen mehr Wirklichkeit als der verlorengegangene Schatz der Revolutionen.
>
> *Hannah Arendt*[1]

Wären die Genrebezeichnungen Märchen und Science-fiction präzise deskriptiv, würden wir erwarten, es handele sich um antithetische Genres: das Märchen dreht sich um ein intentional-affektives »magisches Denken« und die Science-fiction wird durch die Implikationen des wissenschaftlichen Rationalismus bestimmt. Wir wissen, daß das nicht der Fall ist. Das meiste von dem, was unter Science-fiction eingeordnet wird, hat mehr der Struktur des Märchens zu verdanken[2] als den wissenschaftlichen Ideen, die sie angeblich erforscht. Man kann diesen Zustand als Beleg für die Phantasiearmut der meisten SF-Autoren beklagen. Stanisław Lem hat unermüdlich die Ansicht vertreten, daß die SF von atavistischen Paradigmen des Heiligen und Mythenbildenden abhängig ist, die dem Stand der gegenwärtigen wissenschaftlichen Erkenntnis völlig unangemessen sind.[3] Trotzdem haben nicht nur zweitklassige und kommerziell orientierte SF-Schriftsteller ihren Erzählungen Märchenform verliehen. Samjatin beschrieb Wells' wissenschaftliche Romane als »urbane Märchen« – und er hat diese Kennzeichnung ganz genau und als Lob gemeint.[4]

Einige der interessantesten und intellektuell anspruchsvollsten

Fragen über das Verhältnis der zwei literarischen Modalitäten ergeben sich aus dem Werk von Boris und Arkadi Strugatzki, den führenden Vertretern der wissenschaftlichen Phantastik in der Sowjetunion. Seit Beginn ihrer Laufbahn in den späten fünfziger Jahren haben die Strugatzkis in ihrer Science-fiction die kontradiktorische Beziehung zwischen dem Utopismus, der im Märchen implizit ist, und dem kritischen Rationalismus, der in der Wissenschaft implizit ist, erforscht. In der Folge werde ich den Verlauf dieser Erkundung skizzieren, von ihrer frühen »Synthese« im technokratischen Utopismus der frühen sechziger Jahre an über die Desillusionierung und den Zusammenbruch der Synthese bis hin zum Gipfelpunkt dieses Themas in *Picknick am Wegesrand,* dem düsteren Meisterwerk der Strugatzkis.

Das Märchenparadigma im sozialistischen Realismus

Zu Beginn ihrer Laufbahn hielten sich die Strugatzkis an die Konventionen der Abenteuergeschichte des sozialistischen Realismus. Dieses Genre teilte mit anderen Genres der Literatur des sozialistischen Realismus ein von der Volkserzählung abgeleitetes »Grundschema«, in dem die Hauptabschnitte des Märchens so zurechtgeschneidert wurden, daß sie die orthodoxe marxistisch-leninistische Darstellung der Dialektik der Geschichte[5] repräsentieren konnten. Das Märchenparadigma bot sich für die Darstellung der Grundzüge der Dialektik an. In beiden besteht die grundsätzliche Funktion des Helden (im Marxismus-Leninismus die des Proletariats oder der Partei) darin, als Vertreter der Menschheit zu agieren, der sie aus der Machtlosigkeit zur Autonomie führt. Der Märchenheld vernichtet die dehumanisierende beherrschende Kraft, die die Harmonie der menschlichen Gemeinschaft zerstört hat, indem er die Macht des Schurken gegen ihn selbst einsetzt, wodurch der Held die ursprüngliche Negation negiert. Das ist eine Parallele zur befreienden Gewalt der Revolution. Der Sieg des Helden führt sodann einen neuen Glückszustand herbei, der Konflikt und Entfremdung transzendiert.

Zur Zeit der Entstalinisierung, die mit den ersten großen Erfolgen des sowjetischen Raumfahrtprogramms zusammenfiel, war dieses Märchenparadigma besonders verlockend. Die Strugatzkis haben es übernommen, um utopische Konzeptionen der Erforschung des Weltraums und der wissenschaftlichen Forschung auszudrücken, die sie insgeheim als Alternative zur Engstirnigkeit und dem Despotismus des Stalinismus darstellten sowie zum bürokratischen Parteikommunismus im allgemeinen. Ihre Fiktionen schienen Wissenschaftler und Techniker in die Lage historischer Vertreter der Menschheit zu versetzen und artikulieren die Auffassungen der wissenschaftlichen Intelligenzija, die mit dem Raumfahrtprogramm neues Ansehen erlangt hatte.[6] Das Werk der Strugatzkis überragte die SF ihrer Zeitgenossen nicht nur wegen ihres Utopismus (den sie ja bekanntlich in beträchtlichem Ausmaß von Jefremow übernahmen), sondern aufgrund des Versuchs, die Zukunft zu »verpersönlichen«. Sie versuchten, die Vision von Utopia auf einen menschlichen Maßstab zurückzuführen und sie aus der monumentalen Entfernung zu retten, in die sie Stalin und der Kult des Sowjetmenschen placiert hatten. Sie schlossen sich so dem allgemeinen Trend der »Vermenschlichung des Marxismus« in Osteuropa an.

Höhepunkt dieser Entwicklungsphase war die längere Erzählung *Der ferne Regenbogen*, die 1963 veröffentlicht wurde und während der ganzen sechziger Jahre sehr populär blieb. Oberflächlich gesehen erzählt dieser Text die Geschichte einer Kolonie der fortgeschrittensten Physiker der Welt, die Experimente zur Überprüfung einer neuen physikalischen Theorie durchführen, die die Übertragung von Materie im Weltraum ohne zeitliche Verzögerung erlaubt. Den Physikern wird ein ferner, erdähnlicher Planet – der Regenbogen des Titels – als Labor zur Verfügung gestellt. Im Verlauf ihrer Arbeiten bricht jedoch alles auseinander. Der Mangel an Ausrüstung verursacht den Zusammenbruch der inneren Ordnung im Wissenschaftler-Utopia. Weit schlimmer ist der Umstand, daß jedes Experiment eine Art »Fallout«, eine ungeheure »schwarze Welle« aus Plasma erzeugt, die alles Leben in ihrer Bahn vernichtet. Eine solche Welle erweist sich als unaufhaltsam. Da auf dem Planeten nur ein winziges Raumschiff vorhanden ist, müssen die Kolonisten wählen, ob sie ihre Forschungsprotokolle oder ihre Kinder retten wollen. Vom positiven Helden der Erzählung, dem weisen Raumschiffpiloten Gorbowski, ein homo ex machina, der aus dem Himmel auftaucht, um das moralische Dilemma zu lösen, angeleitet, entscheiden sie sich für letzteres. So finden die Wissenschaftler, wie es die Erzählung beschreibt, für ihre Hybris Erlösung, indem sie sich um ihrer Kinder willen opfern.

Es gibt im *Fernen Regenbogen* interessante Elemente der Kritik, die ihn von anderen SF-Abarten des Produktionsromans des sozialistischen Realismus unterscheiden. Die Experimente mit der »Nullphysik« entsprechen ganz eindeutig den atmosphärischen Atombombenversuchen der späten fünfziger Jahre, und die schwarze Welle ist eine Abart des nuklearen Fallouts. Die Geschichte zieht daher die Moral wissenschaftlicher Forschung in Zweifel, wenn sich diese von ihrer Baconschen Verpflichtung löst, das Leben der Gemeinschaft zu verbessern. Das Märchenparadigma des sozialistischen Realismus erlaubte die Aufwerfung dieser Fragen im *Fernen Regenbogen,* denn ihre triumphale, affirmative Lösung war ein vorweggenommener Abschluß. Die Erzählung kann daher als warnende Epistel aufgefaßt werden, wie man die Verzauberung durch die magischen Gerätschaften vermeidet, die dem Helden, d.h. der menschlichen Spezies, das utopische Happy-End zu erreichen helfen sollen.

Die Strugatzkis behandeln dieses Unausweichlichkeit des Happy-Ends auf künstlerisch interessante Weise. Sie bedienen sich der Form des SF-Abenteuers, um die Moralpsychologie der Wissenschaftler zu erforschen – zum Teil zweifellos, um den unzähligen Studenten und Novizen der Wissenschaft eine moralische Lektion zu erteilen. Im Gegensatz zur stereotypen Darstellung der meisten Prosawerke des sozialistischen Realismus betonen die Strugatzkis die Individualität und persönliche Autonomie ihrer Wissenschaftler, um das Ideal individueller Verantwortung für die utopische Ethik zu demonstrieren, die ein Markenzeichen für die Haltung der Reformgeneration gegenüber dem sozialistischen Fortschritt war. In diesem Sinne ist ihre übertragene Märchenform in *Der ferne Regenbogen* »realistischer« (d.h. psychologisch plausibel) als ihre späteren, indirekten Versionen. Dieser Versuch der Verschmelzung von psychologischem Realismus und der festgelegten Fabelform verrät jedoch eine tiefe Zwiespältigkeit. Denn die Probleme, die von den Nullphysikern und ihrem voreiligen Ehrgeiz, die geheimen Naturkräfte zu beherrschen, geschaffen werden, werden im Grunde von einer Gestalt gelöst, die bei ihrer Hervorbringung keine Rolle spielte, dem »Helfer« und positiven Helden, Gorbowski. Überdies wird die Zerstörung der Ökosphäre der Surrogaterde kommentarlos übergangen. Die Kosten des Happy-End sind im *Fernen Regenbogen* extrem hoch, aber sie werden nie voll ausgerechnet.

Die Romane der sechziger Jahre: Die Degeneration des Wunsches

Nach *Der ferne Regenbogen* haben die Strugatzkis die Abenteuermodalität für jugendliche Leser des sozialistischen Realismus mit ihrem abstrakten Utopismus und den feststehenden tugendhaften Konklusionen allmählich aufgegeben. Ihre Werke begannen vielmehr die Hindernisse auf dem Weg zur Erreichung Utopias zu betonen. Mit *Es ist nicht leicht, ein Gott zu sein* (1964) trat ein neues Thema in ihre Fiktionen ein: die Degeneration des utopischen Wunsches – d. h. die Möglichkeit, daß die Menschheit vielleicht nicht fähig ist, Utopia zu erreichen, und zwar infolge ihrer eigenen Unfähigkeit, sich das Beste zu wünschen.

Dieses neue Interesse an den Problemen, die der utopischen Lösung im Wege stehen, führte notwendigerweise zu einer Änderung in der Haltung der Strugatzkis zum Märchenparadigma. Im Märchen sind die Probleme – d. h. die Hindernisse, auf die der Held stößt und wie er mit ihnen fertig wird – dem sich über alles hinwegsetzenden Impuls auf das Happy-End unterworfen. Es ist diese unaufhaltsame Bewegung auf das Glück zu, das dem Märchen in den Augen seiner Verteidiger den moralischen Wert gibt. Für den utopischen Philosophen Ernst Bloch ist das dasjenige, was das Märchen zu einem Beispiel von *Vor-Schein* oder vorwegnehmender Illusion macht, die seiner Ansicht menschliche Gemeinschaften beflügelt, in dem Kampf um Utopia nicht locker zu lassen. Für den englischen Phantasten J. R. R. Tolkien verleiht die unausweichliche »Ö-katastrophe« dem Märchen und seinem modernen Gegenstück, der Fantasy, die Macht »regenerativer Verfremdung« und das Vermögen, ein Abbild der Lebens- und Weltzuversicht zu schaffen, wenn es eigentlich keinen »Grund« dafür gibt.[7]

Ungleich einfachem Wunschdenken stellt das Märchen das Leben des Wunsches in strikter Form dar – von der Erkenntnis eines Mangels in der Wirklichkeit (dem Schatz der »Herzenswünsche«) und den Methoden zu seiner Erfüllung, darunter die Unterstützung von Helfern von jenseits der menschlichen Gesellschaftswelt. Und da der Wunsch des Märchens a priori erfüllt wird, ist die ganze Erzählung ein Abbild der Synthese von Denken und Handeln, Wunsch und Wirklichkeit. Das Happy-End garantiert am Schluß der Erzählung nicht nur ein Gefühl der Freude und des Trostes. Weil die positive Lösung ontologisch *notwendig* ist, damit die Erzählung ist, was sie ist, bestimmt sie jeden einzelnen Gedanken und jede Tat des Helden, und jede Bewegung in der Geschichte, die wir verfolgen, ist durch ihren Wert für die Erreichung des Zieles bestimmt. Anders als beim Mythos, in dem die Regeln menschlichen Verhaltens durch übernatürliche Mächte ohne viel Rücksichtnahme auf menschliche Bedürfnisse auferlegt werden, ist der richtige Handlungsverlauf im Märchen durch das ersehnte menschliche und gesellschaftliche Ende bestimmt. Man könnte sagen, daß das affektiv-ethische Glück des Endes auf die Handlung zurückstrahlt und den Helden zu einem angemessenen Wohlverhalten beeinflußt. Nach den Worten eines Strugatzki-Helden, des Romanciers Banev aus *Die häßlichen Schwäne,* »streckt die Zukunft ihre Fühler in die Gegenwart aus« und gibt die Zukunft als einen Punkt zu erkennen, von dem aus die Handlungen und Gedanken der Gegenwart beurteilt werden. Sobald der Held die Hindernisse mit Hilfe dieses Einflusses aus der Zukunft überwindet, gewinnt er an »Geist«, die Macht, die vom Glück kommt. Wann immer jemand in einem Märchen gegen die Regeln verstößt und nicht im Interesse des gemeinschaftlichen Endes handelt, sondern um des persönlichen Vorteils willen, verliert er dementsprechend an »Geist«.

Solange sie phantastische Erzählungen über post-revolutionäre utopische Menschen schrieben, die auf »externe«, von der Natur aufgeworfene Probleme stießen, nahmen die Strugatzkis einfach an, daß ihre Gestalten genügend »Geist« hatten, um diese Hindernisse zu überwinden. Als sie aber statt heldenhafter Lösungen die Hindernisse betonten, die bei (und in) menschlichen Helden aus ihrem Verhältnis zueinander und aus der Psyche des einzelnen entstehen, wird der »Geist« selbst – seine Natur und seine Ursprünge im gesellschaftlichen Leben – zum Hauptproblem. Die Helden der Strugatzkis gelangen allmählich zu der Überzeugung, daß die Hindernisse, die dem Happy-End entgegenstehen, so in der menschlichen Natur verwurzelt sind, daß sie möglicherweise nicht imstande sind, die Hindernisse zu überwinden, ohne dabei ihre Menschlichkeit zu verlieren. Folglich besteht das Heldenstück darin – das gilt für die Helden, ihre Autoren und ihre Leser gleichermaßen –, den utopischen Impuls nicht zu verlieren, trotz der Unvorstellbarkeit Utopias in einer entfremdeten Welt.[8]

Das Thema wird zum klassischen modernistischen Thema der Desillusionierung, zur Degeneration des Wunsches – die Probleme, die entstehen, wenn der Held des großen dialektischen Märchens, die Menschheit, die Fähigkeit verliert, sich das Gute zu wünschen oder zu erkennen, was ihr wirklich fehlt. Als Motto zu *Die gierigen Dinge des Jahrhunderts*[9] zitieren die Strugatzkis St. Exupéry: »Es gibt nur ein Problem in der Welt, ein einziges – den Menschen geistigen Inhalt wiederzugeben, geistige Sorgen.« (S. 6) Mit der Degeneration des Wunsches bricht auch die dialektische Verschmelzung von Theorie und Praxis auseinander. Sobald die Unausweichlichkeit des Märchenendes in Zweifel gezogen wird, kann keine der Hauptfiguren sicher sein, daß der sie antreibende Wunsch und die Taten, die gesetzt werden, um ihn zu erfüllen, die richtigen sind. Sobald sie ungewiß werden, können Denken und Handlung keine Macht mehr verleihen. Die futuristische Menschheit, die die Strugatzkis nach 1964 schildern, kann nicht mehr kritisch denken. Sie versinkt in Apathie und Konformität, gibt sich mit persönlichen Befriedigungen zufrieden, während Militarismus, Bürokratie und Konsumdenken den utopischen Wunsch in seine Parodie verwandeln: die trostlose Antiutopie des Krieges, irrationaler Rationalisierung und körperlichen Wohlbehagens, das den Verstand abtötet. Die entgeistigten Menschen der Zukunft verlieren die Kraft, sich ein Gutes außerhalb ihres persönlichen Vorteils vorzustellen, und verlieren damit die Macht, sich das Glück der Menschengattung zu wünschen.

Das Aufbrechen des Märchenparadigmas

Die Strugatzkis entwickelten für diese Entfremdung, die aus der Degeneration des Vermögens, sich die Zukunft herbeizuwünschen, herrührte, ein Korrektiv, indem sie die epische Ganzheit der Märchenform in ihre Bestandteile zerlegten. Der vereinheitlichenden gewaltigen Kraft des Happy-End beraubt, zerfallen diese Bestandteile in deutliche erzählerische »Zonen«.

Als generisches A Priori impliziert das Märchen die unteilbare Einheit der affektiven, kognitiven und instrumentellen Aspekte des menschlichen Lebens. Bei jedem Schritt seiner Entwicklung auf das Happy-End zu verkörpert der Held ihre Einheit, die er am Schluß der Erzählung für die Welt verwirklicht. Die einzige

Alternative dazu ist das völlige Auseinanderbrechen des Ganzen. Die mißbräuchliche Verwendung von Werkzeugen, der Mißbrauch affektionaler Beziehungen und das Mißverständnis der Normen, die in das Vorhaben hineinspielen, führen zum Scheitern. Im Produktionsroman des sozialistischen Realismus konnte diese Einheit wegen der unbeugsamen Imperativen der orthodoxen Ideologie bewahrt werden: die richtige Liebe ist immer in mutiger, treuer Aufopferung für die Partei und das Volk verkörpert; die richtigen Mittel sind immer die Fertigstellung des technischen Projekts, das den Sozialismus und die Nation aufbauen hilft; und die richtige Erkenntnis zeigt sich immer im *partijnost'* (»Parteibewußtsein«) – alle drei sind Aspekte einer einzigen marxistisch-leninistischen utopischen Vollkommenheit.

Angefangen mit *Es ist nicht leicht, ein Gott zu sein,* haben die Strugatzkis die Einheit der Eigenschaften des Märchens (und des sozialistischen Realismus'), der sie in ihrem frühen Werk wie *Der ferne Regenbogen* nachgeeifert hatten, in drei separate symbolische Handlungs-»Zonen« aufgebrochen, die strukturell eng miteinander verknüpft sind, die aber durch das Fehlen eines vereinheitlichenden Schlusses, der durch das unausweichliche utopische Happy-End geliefert würde, getrennt bleiben. Eine dieser »Zonen« ist der Schauplatz der gesellschaftlichen Wirklichkeit der Erzählung. Gewöhnlich wird das Bild der wirklichen gesellschaftlichen Welt des Lesers durch gesellschaftliche und technische Innovationen geändert und unvertrauter gemacht; es handelt sich jedoch prinzipiell um eine allegorische Verlagerung der Wirklichkeit. Die zweite Erzählzone ist gleichsam ein »Zauberkreis«, in dem die gewöhnlichen Gesetze der Wirklichkeit – die Normen der ersten Zone – keine Gültigkeit haben und deren Prinzipien für die Charaktere unerkennbar sind. Als Folge davon sind in dieser Zone die Charaktere gezwungen, »im dunklen« zu tappen. Das ist die Chronotope des *Novums,* das bei den Strugatzkis immer ein tatsächlicher fremder Raum, gewöhnlich ein »Loch« in der wirklichen Welt oder deren Rand ist. Diese Zonen fungieren als rationalisierte Abarten des Zauberreichs des Märchens. Die dritte der »Erzählzonen« der Strugatzkis befindet sich passenderweise »außerhalb« der Erzählhandlung, da sie die Entfremdung der Theorie darstellt. Das sind Reflexionszonen, die in den Romanen als Episoden vorkommen, in denen zwei oder mehrere Personen der Handlung die theoretischen Implikationen der Probleme, die durch die *Nova* der Quasi-Zauberreiche und deren Implikationen für das ethische und kognitive Leben der Menschheit aufgeworfen werden, erörtern.

Die erzählende Prosa der Strugatzkis aus den sechziger und frühen siebziger Jahren, die allgemein als ihre beste gilt, ist gekennzeichnet durch die allmähliche Inversion der Werte, die die Autoren jeder dieser Erzählzonen zubilligen. In den älteren Werken – *Es ist nicht leicht, ein Gott zu sein* und *Die gierigen Dinge des Jahrhunderts* – ist die Zone der verlagerten gesellschaftlichen Wirklichkeit eine Welt, die von einer perversen Menschheit bevölkert wird: dem unwissenden Arkanar aus *Es ist nicht leicht, ein Gott zu sein,* das anscheinend dazu verurteilt ist, vom bekannten Verlauf der soziohistorischen Evolution abzuweichen, und dem Land der Dummköpfe aus *Die gierigen Dinge des Jahrhunderts,* das anscheinend die geistige Entwicklung gestoppt hat, damit sich seine Bewohner in luxuriösem materiellem Überfluß ergehen können. Die magische Zone wird in diesen Romanen durch die klassenlose, utopische Gesellschaft der übrigen irdischen Menschheit vertreten, die sich der Macht eines fortgeschrittenen moralischen (und in *Es ist nicht leicht, ein Gott zu sein* auch technischen) Bewußtseins erfreut. Infolge des ungeheuren Ausmaßes der gesellschaftlichen, psychologischen und geistigen Probleme, die die allegorischen Spielarten unserer selbst bedrängen (d. h. Arkanar als stalinistische Sowjetgesellschaft, das Land der Dummköpfe als Westen im Konsumtionsrausch), kann das Happy-End, das von den utopischen Stellvertretern repräsentiert wird, seine ermutigende, anfeuernde Macht nicht ausüben.

Noch bestürzender als der Umstand, daß sich die Gegenwart dem widersetzt, was ihre unausweichliche Zukunft sein sollte – eine Perversion, die der Umstrickung des Märchenhelden durch böse Mächte entspricht –, sind die Implikationen, die das für die Zukunft hat. Die dialektische Einheit des Märchens zerfällt in Bruchstücke, wenn sich ein Stadium dem Impuls des Ganzen widersetzt. Ebenso wie *Der ferne Regenbogen* trotz seiner formalen und thematischen Einheit den Eindruck von Zwiespältigkeit erweckt, weil die Kolonisten ihren moralischen Sieg erringen, ohne zu erkennen, daß sie eine Ersatzerde zerstört haben, so werfen *Es ist nicht leicht, ein Gott zu sein* und *Die gierigen Dinge des Jahrhunderts* Zweifel auf die Gewißheit der utopischen Zukunft.

Die Unausweichlichkeit der richtigen Handlungsweise des Helden ist im Märchen durch den »umgekehrten Einfluß« des Schlusses garantiert. Mit dieser Unausweichlichkeit hapert es, wenn sich das Hindernis Lösungen widersetzt. Es ist bezeichnend, daß in diesen Werken aus den Jahren 1964 und 1965 die Hauptpersonen magische Helfer sind. Die Rolle des Helden nimmt die abweichlerische Gesellschaft ein – wenn es den Stellvertretern der utopischen Zukunft nicht gelingt, die Gegenwart dazu anzuspornen, für die eigene Zukunft zu arbeiten, dann versackt die Erzählung auf halbem Wege. Die Erzählungen der Strugatzkis versuchen immer, dieses Problem dadurch zu meistern, daß sie an wichtigen Abschnitten der Handlung theoretische Debatten und Überlegungen einschieben. Charakteristischerweise arbeiten die Teilnehmer an diesen Überlegungen (zu denen immer der zentrale Protagonist gehört) prinzipielle ethische Positionen aus, bis es sich erweist, daß die Fragen, die sie aufwerfen, intellektuell nicht entscheidbar sind, und zwar wegen der Grenzen des menschlichen Wissens von der Welt. Diese Erörterungen lösen entschieden nichts außer der Frage, daß es unmöglich ist, zu einem intellektuell-begrifflichen Verständnis der soziohistorischen Probleme zu gelangen, wodurch die Dilemmas der Handlung im Verlauf ihrer Auslegung wiederholt werden. Diese Gedankensträuße, die den Motivationen und magischen Normen des Märchens entsprechen, waren schon vor *Es ist nicht leicht, ein Gott zu sein* ein bevorzugtes Hilfsmittel der Strugatzkis. Sie sind auch grundlegende Hilfsmittel im sozialistischen Realismus, wo sie jedoch auf durchsichtige Weise »entscheidbar« sind. Aber im Verlauf der Entwicklung des Werks der Strugatzkis – angefangen mit Rumatas Gespräch mit Budach am Schluß von *Es ist nicht leicht, ein Gott zu sein,* in dem es über die Anforderungen geht, die man an einen Gott stellen sollte (S. 191–193) – werden die Debatten zunehmend komplexer und schmerzhafter. Als wollten sie immer wieder die Binsenweisheit der sechziger Jahre illustrieren, daß »die Wahrheit komplex ist«, sind die theoretischen Dilemmas immer vom Scheitern angekränkelt. Ebenso wie der Sinn der Romanhandlung, trotz des brillanten und lebendigen Erzählens der Strugatzkis, sich verwirrt, lassen die Diskussionen Zweifel an der Fähigkeit des Denkens aufkommen, die eigenen historischen Bedingungen und Probleme zu verstehen. Die Märchenstruktur ist in diesen Werken augenscheinlich, aber auch sie tappt »im dunkeln« und sucht tastend nach einem Weg, wie die eigene Unvermeidlichkeit zu entdecken wäre.

Das auf den Kopf gestellte Märchen

Ab 1966, mit Kandids Erzählung in dem Roman *Die Schnecke am Hang,* ändert sich das Verhältnis der Erzählzonen im Werk der Strugatzkis. Es scheint ihnen immer schwerer zu fallen, eine auf idealistischen Projektionen der Gegenwart beruhende Zukunft zu postulieren, von beschreiben ganz zu schweigen. Anstatt sich vom Despotismus abzuwenden, hatte das Regime Breschnew und Kossygin das Machtvakuum des entthronten Presönlichkeitskults mit verstärktem bürokratischem Spießbürgertum aufgefüllt. Öffentliche Unterstützung für Reformen gab es nicht, abgesehen von bestimmten Teilen der Intelligenzija. Allein schon die Vorstellung, daß die Gegenwart eine wissenschaftlich couragierte und moralisch gute Gesellschaft hervorbringen könnte, scheint der Stoff ideologischer Phantastik zu sein.

In Kandids Erzählung kehrt sich die Beziehung zwischen der magischen und der »realen« Zone um. Die verlagerte Gegenwart wird durch die angestammten Dorfbewohner des großen Waldes repräsentiert. Suvin zufolge stehen diese einfachen Einheimischen für die nicht-intellektuellen Massen, die ihrer Geschichte und der Information über die radikalen Veränderungen, die sie in ihrer Welt erleiden müssen, beraubt worden sind.[10] Verschiedenen Formen telepathischer Bewußtseinsmanipulation ausgesetzt, sind sie unfähig, über ihre Vergangenheit nachzudenken, und scheinen dazu verurteilt zu sein, ihre Gebräuche und Gedanken unaufhörlich zu wiederholen. Selbst unter diesen Bedingungen zeigen sie menschliches Mitleid, indem sie den Piloten Kandid nach seinem Hubschrauberabsturz gesund pflegen und ihn in ihre Gemeinschaft aufnehmen. Die Welt des Novums ist durch die »schauerlichen Amazonenweiber« vertreten: parthenogenetische, telepathische Amazonen, die anscheinend Hervorbringungen einer drastischen evolutionären Veränderung sind. Diese Weiber assimilieren allmählich die einheimischen Frauen des Waldes, gewöhnlich durch gewaltsame Entführung, und sie setzen den Wald undurchsichtigen und grausamen Ingenieursprojekten aus, die seine Topographie und sein Klima radikal verändern. Sie besitzen eine neue Geisteskraft zur Beherrschung der organischen Materie und selbst zur Schaffung neuer Lebensformen, und sie haben auch kein Verständnis für die alte Ordnung der analytischen, von Männern beherrschten Bürokratie, deren Zerstörung sie sich zum Ziel gesetzt haben.

Kandids seltsame Geschichte läßt sich nicht auf einen eindeutigen kulturell-historischen Bezug zurückführen. Kandid steht anscheinend für die Intelligenzija, die, in den unverständlichen Wald des gesellschaftlichen Lebens geraten, sich zwischen Solidarität mit den nichtdenkenden und dumpfen Massen oder dem Dienst für eine mächtige Neuordnung, die der Intelligenzija freundlich gesinnt ist, entscheiden muß.[11] Kandid ist der Auffassung, daß die Wahl für ihn bereits getroffen worden ist: für die Weiber kann er lediglich ein Werkzeug sein, für die Dorfbewohner aber ein Beschützer. Die historische Entwicklung mag die Weiber begünstigen, aber die ethischen Maximen des Mitgefühls und der Solidarität erfordern von ihm, daß er die Bewohner seines Dorfes beschützt, während er seine Rückkehr ins Institut betreibt. Die bezeichnendste Veränderung gegenüber früheren Werken ist die, daß die Zone der verlagerten gegenwärtigen Gesellschaft die Welt der verwirrten, hilflosen Dorfbewohner ist, und daß das Novum, weit davon entfernt, die utopische Zukunft zu sein, die den klassischen humanistischen Visionen entspricht, den kalten, unmenschlichen Weibern gehört – deren großartige Projekte und deren brutales Vorgehen Vergleiche mit Stalins Experimenten mit forcierter Industrialisierung und Massenkollektivierung herausfordern.

Die Theorie-Zone von Kandids Erzählung ist ebenfalls neu und eigenartig. Wie den Eingeborenen fällt es Kandid schwer, einen Gedankengang von einem Augenblick zum nächsten zu verfolgen; und erst auf den Schlußseiten wird ihm seine Lage klar – und es gibt keine Garantie, daß ihm diese Klarheit des Denkens bleiben wird. Seiner Reise, aus dem Wald zu entkommen und zur Verwaltung zurückzukehren, läuft seine Reise parallel, die geheimnisvollen Mächte zu verstehen, die den Wald umwandeln, sowie seinen Standort in jener fremden Welt. Der Interpretationsprozeß ist äußerst schwierig. Die Dorfbewohner sind uns unverständlich, weil sie sich an die Vergangenheit nicht in einem rationalen Muster erinnern können. Die Amazonenweiber sind undurchschaubar, denn ihr Verstand ist vom menschlichen anscheinend so verschieden, daß sie der Funktion nach »Außerirdische« sind. Kandids eigener Geist ist ebenfalls von den geistigen Störsendungen der Weiber betäubt. Folglich sind die Debatten und Dialoge kaum kohärente Versuche, eine gemeinsame Gedankenplattform zu finden. Kandid faßt am Schluß der Erzählung den Entschluß, zumindest so lange bei den Dorfbewohnern zu bleiben, bis er aus dem Wald entkommen kann, nicht anhand eindeutig autoritativer Imperative wie die Regel der Nichtintervention in *Es ist nicht leicht, ein Gott zu sein.* Da ihm klare Informationen fehlen, kommt Kandid darauf, daß er die richtige Handlungsweise nach seinem eigenen menschlichen Verständnis wählen muß, auch wenn er ein evolutionärer Atavismus ist.

In der Geschichte Kandids ist das Happy-End des Märchens durch Widerstand gegen den Schluß ersetzt. Das historische Happy-End scheint für die neuen evolutionären Wunderkinder reserviert zu sein, für die die menschlichen Dorfbewohner bloß lästige Hindernisse sind. Für Kandid und die Menschheit, die zu verteidigen er sich verpflichtet fühlt, ist das Hindernis die Bühne des Lebens selbst – ein Happy-End für die menschliche Spezies kann man sich kaum mehr vorstellen. Und da das Happy-End auf diese Weise »entfremdet« wird, indem es auf die »außerirdischen« Weiber übertragen wird, werden die Eigenschaftsdimensionen des Märchens ebenfalls ihres Bindemittels beraubt und voneinander getrennt. Obwohl er Wissenschaftler ist, wird Kandid die Erkenntnis vorenthalten. Es besteht für ihn keine Möglichkeit, wie er die erlangte Information verwerten könnte. Er trifft seine Wahl für den Schutz der Dorfbewohner aufgrund seiner Zuneigung für die Gemeinschaft, die ihm Aufnahme gewährt hat. Diese Motive sind vielleicht fehl am Platze in der Zeit der Machtübernahme der Weiber, aber sonst verfügt er über keine Maßstäbe. Andererseits scheint die Welt der Weiber ganz zu sein: ihre Gefühlsbande untereinander sind äußerst stark; ihre Mittel sind ungeheuer mächtig und nach weiblichem Bild geschaffen (zumindest nach der Vorstellung der Strugatzkis von archetypischen weiblichen Eigenschaften), und ihre wissenschaftliche Erkenntnis ist eindeutig anders und mächtiger als die Wissenschaft der Verwaltung von »toten Dingen« *(Die Schnecke am Hang,* S. 191). Sie ist ganz – aber für den Menschen ganz unverständlich.

In zwei ihrer späteren Texte, *Die häßlichen Schwäne* (1967) und der Pfeffer-Hälfte von *Die Schnecke am Hang* (1968), wird diese Umkehrung der Werte noch markanter. Besonders in *Die häßlichen Schwäne* scheint die Umkehrung vollständig zu sein. Die Zone der verlagerten Gegenwart ist eine armselige Provinzstadt, wo der in Verbannung lebende Romancier Viktor Banev und sein Freundeskreis lebenslustiger Zechkumpane ein Leben unter dem an den Großen Bruder erinnernden Regime des »Herrn Präsidenten« führen. Die Zone des Novums ist das Leprosarium, wo die »Naßmänner«, Wunderkinder der Evolution, ähnlich den Amazonen der *Schnecke am Hang,* aber beträchtlich sympathischer als diese, zusammengezogen sind, um für den militärisch-industriellen Komplex des Herrn Präsidenten wissenschaftliche Forschungen durchzuführen. Diese Naßmänner sind die häßlichen Schwäne des Titels – ein Motiv, das den Märchenursprung der Erzählung deutlich macht. In der Geschichte selbst kommt mehrmals das Motiv des Rattenfängers vor, um die apokalyptische Umwandlung der Geschichte durch die Naßmänner zu motivieren; denn die Naßmänner führen alle Kinder der Stadt mit sich in die anscheinend paradiesische Zukunft ihrer eigenen Schöpfung und befreien sie von ihren unwürdigen Eltern. In *Die häßlichen Schwäne* sind die Wunderkinder der Evolution erlösend, nicht zerstörerisch. Sie retten die künftigen Generationen der Menschheit, während sie die unrettbar korrupte Gegenwart zerstören. Der Romanheld Banev ist wie Kandid einer, der »nichts versteht« außer der Wichtigkeit der Anständigkeit und der Notwendigkeit der utopischen Sehnsucht. Banev ist einer der wenigen Erwachsenen, die sich an die »Sieger« der historischen Evolution angepaßt haben. Die neue Welt ist jedoch möglicherweise nichts für ihn. Die Naßmänner fungieren als Helfer, die die Menschenkinder auf magische Weise befreien. Letztlich ist der Roman *Die häßlichen Schwäne* aber schwächer als die Geschichte Kandids, denn die befreiende Gabe der Naßmänner kommt ohne nennenswerte menschliche Beteiligung zustande. Die befreiten Kinder sind keine suchenden Helden, sie sind Geschöpfe der Erziehung der Naßmänner. Nach unserer Auffassung besteht der springende Punkt des Romans darin, daß die utopische Verwandlung – selbst wenn es sich um eine glorreiche handelt – fremd und unvorstellbar ist. Sie hat vielleicht nichts Gutes mit dem Menschen im Sinne, zumindest nach der Selbsterkenntnis des Menschen. Banevs Loyalität ist stark geteilt – zwischen der Schwäche des Menschen und der Stärke der Naßmänner –, daß er in beiden Welten ein Außenseiter bleibt, ohne die Kraft, eine Welt zu schaffen, der er aus freiem Willen angehören möchte.

Picknick am Wegesrand

Die erörterten Themen und Techniken der Prosa der Strugatzkis erreichten den Höhepunkt ihrer Entwicklung in *Picknick am Wegesrand,* eine Fabel über die Verzweiflung der Intelligenzija der sechziger Jahre, die sich der völligen Ausschaltung der Reformbewegung gegenübersah. *Picknick am Wegesrand* ist das mehrwertigste und zweideutigste Werk der Strugatzkis, aber seine Erzählstrategie ist ganz klar. Die Geschichte entfernt systematisch jedes Element des Märchenparadigmas von seinem angestammten Platz im konventionellen Ganzen und stellt dieses Element auf den Kopf. Jeder Handlungsablauf und jede Funktion der Erzählung ist der herkömmlichen Sache entfremdet, und als Folge davon wird die ganze Märchenform auf den Kopf gestellt.

In einem der besten Kommentare zu *Picknick am Wegesrand* ist Stanislaw Lem der Ansicht, daß die realistischen Elemente der Erzählung, die sie zu einem bewunderungswürdigen »Gedankenspiel der experimentellen Geschichtsforschung« machen, allmählich durch die Elemente des »schwarzen Märchens« verschlungen werden, die zu dominieren beginnen, sobald sich die Erzählung dem Ende nähert.[12] Es besteht kein Zweifel, daß unter allen Werken der Strugatzkis *Picknick* dasjenige ist, das am offensichtlichsten an die Aussagewelt des Märchens gebunden ist, und diese Abhängigkeit wird nicht verborgen. Märchenmotive treten ausdrücklich in der Handlung hervor, beinahe immer in »schwarzen« Spielarten. Die Schatzgräber pflegen die Zone mit »der Büchse der Pandora« gleichzusetzen und die geheimnisvollen Artefakte mit einem Schatz aus *1001 Nacht,* der vom »dienstbaren Geist aus der Flasche« (S. 47) gebracht wurde. Die Zone ist »ein Loch in die Zukunft«, ein Ort, wo die Zeit stillsteht (S. 37), der Pfad zur anderen Welt: »Je tiefer du in die *Zone* vordringst, desto näher kommst du dem Himmel« (S. 23) sagen die Schatzgräber nur halb ironisch. Es finden sich in der Erzählung auch Episoden, die diese Gleichsetzungen ohne jede Ironie stützen. Reds Vorstoß in die Zone mit dem Institutswissenschaftler Kirill Panow, der die

Erzählung eröffnet, ist eine realistische Spielart von »Hänsel und Gretel«. Die Zone selbst wird als eine rationalisierte Abart des verzauberten Raumes geschildert, wo das Gras schwarzes Gestrüpp ist und der Schatten in die falsche Richtung weist (S. 27, 33). Darin befindet sich der »Schatz« – ein seltenes Artefakt, das die Besucher zurückgelassen haben – in einer unheimlichen Garage, von Ungeheuern »bewacht«: in diesem Fall einem Tümpel »Hexensülze«, die die meisten Dinge, mit denen sie in Berührung kommt, ebenfalls in Sülze verwandelt, und die geheimnisvollen silbrigen Spinnfäden, die Kirills Tod verursachen. Der Eröffnungsvorstoß wird in noch phantastischerer Form in Reds die Klimax bildende Suche im vierten Kapitel wiederholt. Hier ist der Schatz eine Wünsche erfüllende goldene Kugel, der Archetyp der Märchen»technik«, und auch hier wird er gleichsam von einem unsichtbaren Drachen »bewacht«, der ein Menschenopfer fordert.

Aus einer eher makroskopischen Distanz gesehen ahmt die Kapitelanordnung – noch immer in einer auf den Kopf gestellten »schwarzen« Manier – die formale Konstruktion der Geschichte von den drei Wünschen nach. Jedes der drei Kapitel von Reds Geschichte ist um einen ausdrücklichen oder insgeheimen Wunsch aufgebaut, jeder von ihnen fällt auf den Wünschenden zurück und führt zu einem tiefen Verlust. Die Handlung des ersten Kapitels setzt damit ein, daß Red die Depression des utopisch denkenden Wissenschaftlers Kirill ob seiner Unfähigkeit, die Technik der Besucher zu verstehen, dadurch zerstreuen will, daß er ihn zu einem äußerst seltenen Artefakt führt. Aber später in der Zone verwickelt sich Kirill in die tödlichen Spinnfäden. So führt Reds Wunsch, Kirill dem Leben wiederzugeben, statt dessen zu Kirills Tod. Thema des zweiten Kapitels ist Reds Wunsch, seiner Frau und seinem mutierten Kind ein sicheres Leben vom Standard der Mittelklasse zu bieten. Dieser Wunsch nach Unabhängigkeit und Würde schlägt auch auf ihn zurück, als er von einem früheren Kumpan aus der Unterwelt an die Polizei verraten wird. Um seine Familie während seines Gefängnisaufenthalts zu ernähren, erklärt sich Red bereit, einen Krug »Hexensülze« – die selbst die Wissenschaftler des Instituts nicht untersuchen dürfen – an eine Bande zu verkaufen, die den militärisch-industriellen Komplex beliefert. Das Schlußkapitel konzentriert sich auf Reds verzweifelten Wunsch, ein Wunder zu finden, das seiner Tochter die Menschengestalt zurückgibt. Dieser Wunsch verwandelt sich allmählich in das utopische Gebet, mit dem *Picknick* schließt, wobei das Endergebnis der Phantasie des Lesers überlassen bleibt.

Es wäre jedoch zu wohlfeil, *Picknick* einfach als auf den Kopf gestelltes Märchen einzuordnen. Erstens ist der Schluß der Erzählung äußerst ambivalent, und kein Märchen, nicht einmal eine Märchenparodie, kann ein zweideutiges Ende haben. Zweitens habe ich argumentiert, daß die epische Ganzheit des Märchens nicht erhalten bleiben kann, nachdem es auf den Kopf gestellt worden ist, weshalb die Umkehrung des Märchenparadigmas nicht bloß ein Märchen mit negativem Vorzeichen schafft, sondern eine qualitativ ganz andere Art von Geschichte. Ich habe behauptet, daß das paradigmatische Modell utopischer Vermittlung des Märchens auseinanderbricht, sobald sich eines der konstitutiven Elemente seiner angemessenen Funktion in der Erzählung widersetzt. Die Strugatzkis bedienen sich des Märchenparadigmas auf eine solche Art und Weise, daß *alle* seine Elemente den Impuls zum Happy-End blockieren, das allein ihnen ihre ästhetische Einheit und moralische Gewalt gibt. Das hat nicht nur eine »schwarze« Satire auf das Märchen zur Folge. *Picknick am Wegesrand* ist ein ambivalentes Märchen. Die utopische Form des Märchens bleibt als eine Spur utopischer Sehnsucht, die Idealform (d.h. die Geschichte des erfolggekrönten Herzenswunsches) wird in *Picknick* nicht abgewertet, sondern nur die »Wirklichkeit«, die das Herz korrumpiert, so daß es sich sein eigenes Glück nicht mehr wünschen kann. Diese strukturelle Ironie liegt in der romantischen Tradition: es gibt keine passende Form für menschliche Sehnsucht außer dem Märchen, aber das Märchen ist im Zeitalter der Wissenschaft, der Weltraumfahrt und des Besuchs durch außerirdische Reisende eine Unmöglichkeit. Folglich ist jedes einzelne der konventionellen Elemente des Märchens grotesk – gefangen mitten in einer manichäischen Welt, zwischen den archetypischen Erscheinungsformen der Sehnsucht und den »Gravikonzentraten« eines wertlosen Realismus.

Die Verfremdung paradigmatischer Elemente

Wie die Strugatzkis die epische Ganzheit des Märchenparadigmas im sozialistischen Realismus auflösen, zeigt sich bereits an der Fragmentierung der Erzählung in fünf Abschnitte (einschließlich des kurzen einleitenden Interviews mit Pillman). Diese Technik weicht ab von der Einheit der Handlung und dem freien-indirekten Erzähler, in dessen Brennpunkt eine Zentralfigur steht, wie sie nach *Der ferne Regenbogen* als die typische Technik der Strugatzkis bezeichnet werden kann. Drei der Abschnitte sind Phasen in Reds düsterer Pilgerreise. Die anderen zwei konzentrieren sich auf den Nobelpreisträger Dr. Valentin Pillman. Die Fragmentierung ist nicht drastisch. Die Brüche zwischen den verschiedenen Abschnitten von Reds Leben sind bezeichnend für die Schilderung von Reds wachsender Verzweiflung, die von der schwachen utopischen Hoffnung im ersten Kapitel zu dem mörderischen Impuls des Schlusses anwächst.

Die Abtrennung von Pillmans Unterhaltung mit Nunnan über die Natur und die Auswirkung des Besuchs von Reds Geschichte (im dritten Kapitel) weicht auch von der üblichen Praxis der Strugatzkis ab, die »Theoriezone« zu einem wichtigen Moment in der Fabel der Zentralfigur zu machen, was gewöhnlich dann der Fall ist, wenn sie die verschiedenen Interpretationen der Ereignisse, in die sie verwickelt ist, deutlich machen muß. Die Diskussionen sind notwendig, um zu zeigen, daß der Held zumindest einige der gefühlsmäßig-ethischen Implikationen der Auswirkung des *Novums* auf die Realität verstanden hat, selbst wenn die Lage erkenntnismäßig nie ganz erfaßt werden kann. Red, der in *Picknick am Wegesrand* als einziger in der Lage wäre, die heldenhafte Vermittlerfunktion zu erfüllen, nimmt an dem Gespräch mit Pillman nicht teil. Er erlangt, wieder zum Unterschied vom Leser, keine Kenntnis von den verschiedenen wissenschaftlichen Hypothesen über den Besuch. Er hört auch nichts von Pillmans eigener scherzhaft-ernster Hypothese, die durch den Titel angedeutet wird: daß die Besucher lediglich auf ihrer Reise nach irgendwohin angehalten haben, wie menschliche Reisende, die sich am Straßenrand zu einem Picknick niederlassen; als sie weiterfuhren, ließen sie ihren Abfall zurück, mit dem die Menschheit jetzt umgeht, wie Ameisen und andere Tiere, die zum verlassenen Picknickplatz kommen, mit den verbliebenen Überresten umgehen würden (S. 131). Die Entfernung zwischen Pillman und Red ist sehr groß. Sie treffen nie zusammen – neuerlich eine Abkehr von der gewöhnlichen Technik der Strugatzkis, daß sich alle Hauptgestalten von Angesicht zu Angesicht treffen. Sie haben einander in gewissem Sinne nichts zu sagen. Die Zone hat die theoretische Vernunft, vertreten durch Pillman, unwirksam und grundlos gemacht, während die menschlichen Gefühle, vertreten durch Red, immer notwendiger eine Rechtfertigung in der Welt finden müssen. Das vorletzte Kapitel (Pillmans Unterredung mit Nunnan) und das Schlußkapitel (Reds endgültige Suche) sind zwei Spielarten desselben Problems, in das Red und Pillman auf verschiedene Art und Weise verstrickt sind. Nunnan wird klar, daß sich die Wissenschaftler besonders davor fürchten, »in den Abgrund« hinabzusteigen:

»Auch sie haben also Angst, überlegte Nunnan [...] Sie haben Angst, die Hochstirnigen ... Und so muß es sein – sie sollten sogar mehr Angst haben als wir einfachen Leute. Unsereiner begreift nichts von alledem, sie aber haben zumindest eine Ahnung, wie wenig sie im Grunde wissen. Sie starren in diesen bodenlosen Abgrund und verstehen, daß sie da hinunter müssen. Das Herz klopft ihnen bis zum Halse, aber hinunter müssen sie: egal wie, egal, was sie dort auf dem Grund erwartet, und auch, was die Hauptsache ist, ob sie da je wieder herauskommen ...« (S. 141)

Red für seinen Teil kann nicht warten, bis die Wissenschaft entschieden hat, ob sie den Besuch je verstehen wird oder nicht. Er fährt hinein in die Zone – »ein Loch in die Zukunft« (S. 47) –, unfähig und unwillig, über sein Leben nachzudenken, bis er sein Ziel erreicht hat, die Wünsche erfüllende goldene Kugel.

Die Entfremdung der strukturellen Elemente der Erzählung voneinander (d. h. Erzählphasen, Handlungsorte, Charaktere usw.) erschafft eine Märchenform, in der die zentralen Elemente so zwiespältig bleiben, daß ihre Funktion geheimnisvoll ist. *Picknick am Wegesrand* ist ein Märchen, in dem weder die Helden noch die Leser sicher wissen, was fehlt, wer die Helfer sind und was mit ihren Zaubergaben anzufangen ist. Der Schluß ist so weit von einem Happy-End entfernt, daß er nicht einmal sein Gegenteil ist – er liegt einfach außerhalb der gedruckten Seite.

Daher ist die Entfremdung der paradigmatischen Elemente des Märchens voneinander nicht bloß ein formaler Kunstgriff. Sie verkörpert die Entfremdung der Eigenschaften des »ganzen Lebens« voneinander. Es gibt in *Picknick* in Wirklichkeit drei separate Geschichten. Jede scheint sich in Unkenntnis vom Dasein der anderen abzuspielen, jede stellt das Schicksal einer der dominierenden menschlichen Begabungen dar, wie sie den anderen entfremdet sind. Reds Geschichte stellt das Schicksal eines rein gefühlsbestimmten Daseins dar; Pillmans die einer rein kognitiven Existenz; und der Besuch steht für ein rein technisches Sein. Das ideale gesellschaftliche und individuelle Leben erfordert das Zusammenwirken aller drei dieser Eigenschaften, von denen jede für sich unwirksam oder destruktiv ist. Reds utopischer Gebetswunsch am Schluß des Romans ist ein Moment, in dem diese drei Eigenschaften zum ersten Mal zusammentreffen. Von seiner Liebe zu Kirill, zu seiner Tochter Äffchen, zu seinem Vater und seiner Frau beflügelt, erkennt Red schließlich, daß er sich von den anderen abgesondert hat, und möchte mit dem Zauberinstrument jenes Utopia schaffen, dessen bloße Vorstellung ihm die Wirklichkeit unmöglich gemacht hat.

Pillman: Die Entfremdung der Erkenntnis

Im Werk der Strugatzkis schließen die »Theoriezonen«, die theoretischen Erörterungen, in denen Begründungen für die phantastischen Phänomene vorgeschlagen werden, immer die Anwendung dialektischer Rationalität auf Probleme ein, die bis dahin abergläubisch oder einbahnartig aufgefaßt worden waren. In *Picknick* wird die Bürde dialektischen Denkens allein von Pillman getragen – und diese Erzähltaktik stellt die Lebensfähigkeit des dialektischen Denkens in Harmonts Mangelwelt in Zweifel. In ihren anderen Werken sind die Zentralgestalten der Strugatzkis gewöhnlich Wissenschaftler, die oft zugleich auch romantische Forschungsreisende oder Geheimagenten sind. *Picknick* ist unter den Hauptwerken der Strugatzkis insofern einzigartig, als das wissenschaftliche Theoretisieren für die Handlung äußerst wichtig, die Zentralgestalt aber ein völlig ungebildeter Mensch ist.

Pillmans Diskussion mit Nunnan über die Besucher nimmt im Buch einen wichtigen Platz ein, und Pillmans Liste der Hypothesen, die zur Erklärung des Besuchs entstanden sind, ist eine tour de force philosophischen Denkens. Deswegen und weil die anderen Werke der Strugatzkis philosophischen Dialogen einen zentralen Stellenwert einräumen, sehen einige Kommentatoren Pillman als eine Kraft, die Red (Roderic Schuchart) an dramatischer Bedeutung gleichkommt.[13] Pillman muß jedoch im Kontext gesehen werden und im Verhältnis nicht nur zu Roderic, sondern auch zu dem einzigen anderen Wissenschaftler in der Erzählung, Kirill.

Während Kirill, den sein Enthusiasmus für die Schaffung der Bedingungen für Utopia sorglos gemacht hat, ihm in die Gefahren der Zone vorauslief, setzt sich Pillman den Gefahren der Zone überhaupt nicht aus. Er weiß, daß er keine überprüfbaren Hypothesen anzubieten hat. Die Theorie vom »Picknick am Wegesrand« ist, wie er Nunnan klarmacht, überhaupt keine wissenschaftliche Idee, da sie auf einer offenkundig anthropomorphen moralischen Analogie beruht. Überdies weiß Pillman, daß keiner der Wissenschaftler, die die Zone studieren, weiterhin als Naturwissenschaftler gelten kann, da die Xenologie – die Erforschung fremder Intelligenz und fremder Zivilisationen – eine Pseudowissenschaft ist, die zur Gänze auf anthropozentrischen Identifizierungen beruht (S. 129). Da die Besucher Wesen mit eigenem Willen waren, keine natürlichen Phänomene, ist ihr Verhalten nicht zu verstehen, wenn man nicht ihre Motive und ihr Denken versteht. Alles, was den Menschen zum Verständnis verfügbar ist, ist die Tatsache, daß der Besuch stattfand und daß die Menschheit darauf reagiert hat, indem sie ihn ignorierte, nämlich wie gewohnt in ihren Betätigungen fortfuhr. Pillman bewahrt sich eine kühle, ironische Distanz zu den Angelegenheiten der Zone. Er ist deswegen nicht moralisch überlegen. Wie er Nunnan gegenüber äußert, besteht die Möglichkeit, daß die Verbreitung der Artefakte der Zone eine Katastrophe für die ganze Welt ist. Er ist jedoch nicht in der Lage, etwas dagegen zu tun. Seine skeptische Offenheit führt ihn nicht weiter auf dem Weg, der Welt den »Geist« zurückzugeben, als Kirills utopische Begeisterung oder selbst Roderics Verzweiflung.

Pillman steht so für die irreparable Entfremdung von Erkenntnis und Theorie vom praktischen, unverantwortlichen Leben der Zeit nach dem Besuch. Er denkt mit derselben Gelassenheit darüber nach, daß die menschliche Vernunft ein sich entwickelnder Instinkt sei, der, wenn voll entwickelt, den Menschen vielleicht starr und verwundbar für alle dialektischen Veränderungen der Sachverhalte im Kosmos mache (S. 130), und über die höchst unwissenschaftliche Ansicht, daß die Größe des Menschen in seiner Fähigkeit liege, bei alldem mit dem Leben davongekommen zu sein (S. 132). Er hat nichts anzubieten, was zur Beherrschung des Geschehens beitragen könnte. Pillman ist ein Wissenschaftler, der keine Wissenschaft zu betreiben hat. Seine Sache ist es, den Besuch zu überleben. Er ist ein Wissenschaftler, der aus

Notwendigkeit zum »experimentellen Metaphysiker« geworden ist.

Im Vergleich zu Roderic – der in das alltägliche Dasein, die Gefühle und die Zone eingebettet lebt – ist Pillman nur ein sprechender Kopf. Er wirkt gerade deswegen anziehend, weil seine komplexen Bemerkungen rein intellektuell sind und er nicht im Morast des Lebens steckt. In *Picknick* wird jedoch der Morast des Lebens durch die Zone verstärkt, bis er zum Gegenstück der schwarzen Welle aus *Der ferne Regenbogen* wird, die alles übrige zu überschwemmen droht. Reds Verwandlung am Schluß des Romans ist ein Kommentar dazu. Wenn ihn seine Verzweiflung schließlich verwandelt, so wird er doch nicht zu einem Pillman-gleichen Skeptiker, sondern er ersehnt sich den Herzenswunsch, er entdeckt das Prinzip Hoffnung.

Der Besuch: Die Entfremdung der Mittel

Das zentrale Geheimnis im *Picknick* ist die Identität der Besucher. Es ist verlockend, Pillmans Urteil für bare Münze zu nehmen, daß man die Besucher nicht kennen kann, wenn sie sich nicht zeigen wollen und die Frage ihrer Identität in der Schwebe lassen. Die Interpretation des Schlusses von *Picknick* läßt sich jedoch nicht von der Interpretation der Besucher trennen. Ich glaube, daß die übliche Auslegung des Schlusses (d. h. daß Reds Gebetswunsch am Schluß ein Zeichen seines Scheiterns ist) durch eine zu einfache »Etikettierung« der Besucher beeinflußt ist. Als Leser erzählender Prosa sind wir nicht ausschließlich von den fiktiven Fakten abhängig, die uns der Erzähler oder die Charaktere der Geschichte liefern.

Es ist unstrittig, daß die Besucher menschenähnlich sind. Lem hat darauf hingewiesen, daß die Schatzgräber keine Werkzeuge benötigen, um die Gegenstände in der Zone auseinanderzunehmen – ein Beweis dafür, daß die Gegenstände von menschlicher Größenordnung sind.[14] Pillman besteht nichtsdestoweniger rigoros darauf, daß wir aus diesen Spuren allein nichts über die Besucher erfahren können, da wir unserem Anthropozentrismus nicht entgehen können. Wir bringen immer unsere eigenen Projektionen in jede Hypothese ein. Als Leser sind wir jedoch nicht auf dieselben Fakten beschränkt wie Pillman. Wir wissen, daß die fiktiven

Tatsachen und die Hypothesen, die sich die fiktionalen Charaktere zu ihrer Erklärung ausdenken, keine »realen« Reaktionen in der Geschichte der Wissenschaft sind, sie sind Analogien. Die Bedeutung der Quasi-Hypothesen und Pseudodaten liegt in ihrem metaphorischen Charakter und dem Muster, das die Autoren zu ihrer Hervorbringung angewandt haben. Man sollte erwarten, daß die Struktur der Analogie für die gesellschaftlichen und psychologischen Anliegen des Schriftstellers relevant ist, nicht bloß eine formale Grenze in der Geschichte der Wissenschaft. Man muß über Pillman hinausgehen und untersuchen, ob die Besucher für uns als Leser metaphorisch vielleicht vertrauter sind als für den skeptischen und konservativen Wissenschaftler Pillman. Anthropozentrische Projektion ist nicht etwas, was ein SF-Leser vermeiden kann, sie ist vielmehr die Grundlage, der Fiktion einen Sinn abzugewinnen.

Im Märchen wird der Mangel/der Fluch vom Helden mit Hilfe der Zaubermittel des Spenders beseitigt. Die ausdrückliche Assoziation der Gegenstände in der Zone mit magischen Gerätschaften (die Büchse der Pandora, Aladdins Wunderlampe und die wunscherfüllende Kugel) lädt uns ein, die Besucher in die Lage des übernatürlichen Helfers im Märchen zu bringen. Wie in *Picknick* üblich, wird dieses Märchenmotiv ebenfalls ironisch auf den Kopf gestellt. In *Picknick* wird der auf der Mangelwelt lastende Fluch durch den ironischen Überfluß von potentiell hilfreichen magischen »Gaben« noch verstärkt anstatt beseitigt. Die Besucher haben Artefakte hinterlassen, die die Menschheit eindeutig viel über den Kosmos lehren können. Einige von ihnen regen Lebensprozesse an, andere scheinen unerschöpfliche Energievorräte zu erzeugen, wieder andere funktionieren in bislang unvorstellbaren Begriffen der Raumzeit. Kirill hatte gehofft, daß sich die Gegenstände auf die angemessene Art wie im Märchen in der Utopie verhalten würden; daß das Verständnis der neuen Wissenschaft von den Artefakten dem Menschen die rationale Herrschaft über die Natur durch Abschaffung des Mangels geben würde, der seiner Meinung nach offensichtlich die Wurzel menschlicher Unterdrückung ist. Aber in der Märchenwelt kann die Gabe des Helfers niemals »zufällig« oder in beschädigtem Zustand sein (wie Lem hinsichtlich der Gegenstände des Besuchs vermutet). Selbst wenn der Helfer unsichtbar ist oder sich verkleidet hat, ist seine »Gabe« immer ein absichtliches Geschenk oder eine Belohnung, die eine Verbindung zwischen verschiedenen Welten herstellt.

Im Märchen sind die Gaben des Helfers Garanten von Gegenseitigkeit. Sie beweisen die absichtliche moralische Verbindung der gesellschaftlichen Mangelwelt mit der verzauberten Welt – säkular gesprochen, zwischen menschlichem Verlangen und den Kräften der Natur. Wir wissen aber nichts von den Besuchern. Lediglich ihre Spuren existieren, eben in den magischen Werkzeugen, und diese gelangen ohne Bedienungsanleitung zu uns. Weil es sich um Objekte ohne Subjekte handelt, haben sie keinen intentionalen Wert. Sie sind aller Zeichen der Intentionalität beraubt, die der Menschheit eine Vorstellung von ihrem Zweck und ihrem moralischen Wert in einem System moralischer und technischer Zwecke geben könnte. Dieses Wissen könnte zumindest eine kulturelle Spitze, eine überlappende Zone für die Herausarbeitung von Ähnlichkeiten im soziotechnischen und kulturellen Verhalten schaffen. Aber »Gaben« ohne Zweck sind lediglich Zeichen von Anderssein. Es gibt keine Art und Weise, wie man sie zur Umwandlung des menschlichen Bewußtseins verwenden könnte oder auch zu wissen, ob sie vielleicht destruktive »Versuchungen des Teufels« (S. 50) sind, wie der Gegner der Schatzgräber Guttalin glaubt. In *Picknick* fehlen gänzlich die Elemente der Anrede und der Begegnung, die Worte, die zwischen Zauberwesen und den Helden gewechselt werden, die die Verbindung zwischen dem Menschlichen und dem Kosmos herstellen. Die Besucher wollten offensichtlich keine Begegnung, keinen Kontakt; darin sind sie anscheinend Doppelgänger der Menschheit. Keine Seite ist an der anderen interessiert. Wahrhaftig, was die Besucher auch sein mögen, sie sind dem Menschen ähnlich genug, um ihr Anderssein zu betonen. Indem sie sich den denkenden Wesen auf der Erde nicht zu erkennen geben, die, wie man vermuten darf, ihnen so ähnlich sind, haben die Besucher in Wahrheit den Kontakt verweigert. Die Besucher sind Helfer, deren prometheische Geschenke wertlos sind.

Weil es keine neue Struktur von Werten gibt, die mit den Gegenständen des Besuchs einhergehen könnte, verhindert nichts, daß sie von der Form absorbiert werden, die es dort bereits gibt. Diese Assimilation ist unausweichlich und sogar auf perverse Art und Weise angemessen. Da alles, was die Besucher von sich selbst hinterlassen haben, ihre Gegenstände sind, kennt sie die Menschheit nur als Werkzeugmacher oder zumindest Werkzeugbenutzer. Ihre Spuren passen natürlich in das Gespinst von instrumenteller Vernunft, Konsumgüterproduktion und Konsumgüteraustausch, das in der Mangelwelt vorherrscht. In der modernen Welt, die Red so sehr verabscheut, fehlt eben dieses Verlangen, Wissenschaft und Technik zur Hervorbringung eines höheren menschlichen Subjekts zu verwenden – d. h. eines Gattungsbewußtseins, das die Entfremdung überwindet. Wie die Silberfäden, die Kirill töten, ist die Mangelwelt von Harmont ein Gespinst von Gegenständen, die nicht mehr von menschlichen Subjekten beherrscht werden. Es ist nur angemessen, daß in dieser Welt, in der die Objekte herrschen, diese Zaubereigenschaften erlangen.

Red allein widersteht diesem Zauber, und zwar bis zum Ende. Bis dahin sieht er die Artefakte der Zone lediglich als Mittel zur Schaffung eines gemütvollen Glücks; die »volle Null« dient zur »Wiederbelebung« Kirills, der Ramsch dem Unterhalt seiner Familie, die Hexensülze der Überbrückung der Zeit seiner Haftstrafe. Am Schluß jedoch ist dieser Mann, der früher selbst das Leben seines schlimmsten Feindes gerettet hätte, bereit, einen unschuldigen Jungen zu töten, um an die goldene Kugel zu kommen. Man kann das als Reds Kapitulation vor der Hoffnungslosigkeit der Welt, als seine »Verzauberung« auslegen. Man kann es jedoch auch als Reds Erkenntnis verstehen, daß es keine »reinen Geister« gibt, vor allem nicht in einer von Objekten beherrschten Welt. Und wirklich ist ja auch Reds Sehnsucht, der goldenen Kugel seinen Wunsch vorzutragen, der äußerste Ausdruck für die Notwendigkeit, die Werkzeuge den tiefsten menschlichen Sehnsüchten dienstbar zu machen, »Wünschen, bei deren Nichterfüllung man zum Strick greifen würde« (S. 162).

Ein Grund, warum die Besucher durch Abwesenheit glänzen, liegt darin, daß der Besuch selbst ein Abbild der wissenschaftlich-technischen Explosion ist, ein Prozeß, der zunehmend »subjektlos« erscheint – eine unpersönliche, gleichgültige, objektive Evolution, die blindlings nach ihrer eigenen durchgehenden Rückkoppelung operiert, unabhängig von menschlichen Sehnsüchten, die die Bedingungen dieser Evolution schufen. Die Artefakte der Zone sind Objekte ohne Subjekte, denn sie sind zu den Menschen ohne jeden transzendentalen Rahmen moralischer Imperative gelangt, den ihnen die Außerirdischen vielleicht auferlegt hatten. Daher handelt es sich um »wertfreie« Gegenstände. Die Gefahren, die sie für die menschliche Gesellschaft darstellen, sind eindeutig dieselben wie jene, die durch die irrationale militärische und kommerzielle Anwendung der gegenwärtigen irdischen Technik entstehen. Die Demoralisierung, die sie verstärken, ist die Demoralisierung der gegenwärtigen Gesellschaften in einer Welt, die von den Werkzeugen dieser Gesellschaften beherrscht wird, die etwas schaffen, was nicht mehr der gesellschaftlichen Kontrolle unterliegt oder dem Wunsch nach allgemeinem Glück untergeordnet ist. Pillmans Theorie vom Picknick am Wegesrand bezieht sich daher nicht so sehr auf die Landung von Außerirdischen als auf die Art und Weise, wie der Mensch in der gegenwärtigen Welt seine eigene Technik verwendet, um die Erde zu verseuchen und sich selbst zu demoralisieren – als ob auch er zu einer außerirdischen Spezies gehörte, die irgendwann in der Zukunft aus der eigenhändig verwüsteten Zone fortzufliegen wünsche. Der Besuch ist das katastrophale Eingreifen des Abbildes der zukünftigen Menschheit in die Gegenwart: sie ist das, »was wir sein werden«. Der Traum der Aufklärung von einer Menschheit, die sich zu einer völlig rationalen Spezies entwickelt, wird im Nachspiel zum Besuch zu einer grotesken Parodie. Statt dessen ist die Menschheit in Gefahr, zu einer völlig *durchrationalisierten* Spezies zu werden. Pillmann fragt sich an einer Stelle, ob ihre Vernunft letztlich nicht zu einem zerstörerischen Zug im langen Verlauf der Gattungsevolution werden könnte (S. 130).

Die Mangelwelt von Harmont sieht dem Prozeß technischer Innovation und Rationalisierung, der ohne entsprechende Ausbildung eines moralischen Bewußtseins abläuft, mit dem man ihn im Interesse des Überlebens und der Gesundheit der Gattung beurteilen und regulieren könnte, passiv zu und verzichtet auf jedes nichttechnische axiologische Urteil, d.h. auf den Einfluß, Entscheidungen zu treffen, wie und zu welchem Zweck Vernunft und Technik in Übereinstimmung mit dem Überleben und geistigem Wachstum der Gattung eingesetzt werden könnten. Es fällt nicht schwer, in Pillmans objektiven Überlegungen die Verurteilung des totalitären »starren Programms erlaubter Alternativen« durch die Strugatzkis selbst zu entdecken, das der Aufsicht des Sowjetstaates über die Wissenschaft zugrunde liegt, und die der Handhabung der kontrollierten Konsumtion in der kapitalistischen Welt.

In dieser Lesart zeigt *Picknick* die völlige Desillusionierung der Strugatzkis mit dem technokratischen Utopismus der Zeit von *Der ferne Regenbogen*, und damit der Hoffnungen, die die sowjetische wissenschaftliche Intelligenzija hegte, die Macht der wissenschaftlich-technischen Revolution werde die Sowjetgesellschaft verwandeln. Denn aus Furcht vor der revolutionären Auswirkung der Wissenschaft auf die Gesellschaftstheorie (unverkennbar belegt durch die zentrale Rolle, die die Theorie der wissenschaftlich-technischen Revolution im tschechischen Programm des »Sozialismus mit dem menschlichen Antlitz«[15] einnahm) verwarf das Breschnew-Regime die technokratischen Theorien der sozialistischen Entwicklung und kehrte zur traditionellen autoritären Position zurück, daß das politische System die Entwicklung der Wissenschaft leiten sollte. In Begriffen der Strugatzkischen Thematik hat das zu bedeuten, daß die Technik der modernen Zeit sich »von selbst entwickelt«, außerhalb menschlicher theoretischer Kontrolle, da weder Kapitalismus noch Sowjetstaat die Wissenschaft im höheren Interesse der Gattung leiten wird.

In echt romantischer Manier und in Übereinstimmung mit dem Geist des Märchens als einer unreflektierten Form bleibt überdies die Identität der Besucher vor allem deshalb ein Geheimnis, weil sie uns nicht nur gleichen, *sondern weil wir sie sind* – das Bild unserer eigenen Zukunft. Die Strugatzkis haben das Thema der »Rückkehr der Zukunft« in zahlreichen ihrer Werke verwendet. Der relevanteste Fall ist die nicht ins Deutsche übersetzte letzte Erzählung aus *Mittag, 22. Jahrhundert* (1967) »Wie ihr sein werdet«, in der Gorbowski seinen Pilotenkollegen erzählt, daß ihn einmal im Weltraum einer seiner Nachfahren aufsuchte, der ihm das Raumschiff reparierte und der seine Anwesenheit als eine Geste der Dankbarkeit und eine vertrauensbildende Maßnahme der eigenen Zukunft an die Vergangenheit erklärte. Die »Wiederkehr der Zukunft« ist im Werk der Strugatzkis ein so beständiges Motiv, daß man sogar die Behauptung wagen kann, daß sie die Prämisse ihrer Science-fiction ist. Sie schreiben SF, um Bilder der Zukunft zu schaffen, die »zurückkehren«, um das Verhalten in der Gegenwart zu beeinflussen, indem sie ein Modell schaffen, mit dem sie die Gegenwart aus jenem Blickwinkel zeigen können. Wenn es sich um ein positives Bild handelt, stimmt es gleichermaßen mit der Utopie und dem Märchen überein – es übertreibt die besten menschlichen Eigenschaften in der Gegenwart und ermuntert den Menschen, den Kampf ums Glück fortzusetzen. Ist jedoch die Vermittlung blockiert, so kehrt die Zukunft als ein Bild der Gegenwart zurück, die ihren »Geist« eingebüßt hat. Und genau das sind die Besucher. Sie sind ein Abbild der menschlichen Zukunft, in der die Technik, die Wissenschaft von den Werkzeugen, die Absichten hinter sich läßt, denen zu dienen sie entwickelt wurden.

Die Landung entspricht so dem Schock der wissenschaftlich-technischen Revolution, deren Vertreter das unbewußte Selbst in uns ist – unbewußt in dem Sinne, daß wir die wissenschaftlich-technische Revolution vorantreiben, ohne es zu wissen. Wie dieser unkontrollierte Prozeß technischer »Automatisierung« unterminiert der Besuch langsam die »organischen«, gefühlsmäßigen Beziehungen von Harmont und ersetzt sie durch parodistische Umkehrungen. Reds geliebte Tochter entwickelt sich aus dem Menschlichen zurück; sein Vater kehrt von den Toten zurück, aber als nichtlebendes Phantom. Barbridges Tochter hätte gerne, daß ihr Vater umkommt; für Red ist sie ein »Betrug, eine leblose Puppe« (S. 155). Überall in Harmont wird allmählich die menschliche Arbeit durch Maschinen ersetzt: Sowohl das Institut wie die Schatzgräber erforschen die Zone mit Robotern. Das einzige Wertesystem, das in Harmont nicht zerfällt, ist das Tauschnetz für magische Gegenstände – ein phantastisches Abbild von Marxens Auffassung von Kapitalismus und Konsumgüterfetisch. Red allein widersetzt sich diesem Prozeß. Als Schatzgräber ist er das Gegenstück eines Handwerkers, der mit ungeheurem existentiellem Einsatz an seinem Werk arbeitet. Nichtsdestoweniger verfängt er sich wie alle anderen im Spinnwebennetz. Sein Widerstand beschränkt sich auf die kleine Welt seiner Familie und seiner Freundschaften. Als auch diese zusammenbrechen, kehrt er selbstverständlich in die Zone zurück. In der Zone fühlt sich Red immer am lebendigsten, und obwohl die Zone die Quelle der Entfremdung von Harmont ist, ist sie zugleich ein Quell unvorstellbarer Macht. Im Gegensatz zu Pillman und den Wissenschaftlern des Instituts, die am Rand des Abgrunds zögern, wagt sich Red ins Herz der Dunkelheit vor. In dem von selbst immer komplizierter werdenden Gespinst der Demoralisierung in der Mangelwelt gibt es offensichtlich keine Lösung. Wenn es eine Lösung gibt, muß sie inmitten der Zone der »anderen« liegen. Die goldene Kugel ist nicht bloß ein Aberglauben, der unter den Schatzgräbern aufgekommen ist, oder ein Zeichen für Reds fatale Leichtgläubigkeit. Sie ist ein Zeichen von Reds verzweifeltem Edelmut; seine Suche ist eine romantische Suche nach der Sehnsucht des Herzens.

Roderic Schuchart und die goldene Kugel: Die Entfremdung des Gefühls

Wenn Pillman den *homo cognitivus* vertritt, der der Technik und dem Gefühlsleben entfremdet ist, steht Red für den *homo affectivus,* einen Menschen, der sein ganzes Leben lang von unbeherrschten Gefühlen angetrieben wird, von Treue und dem Verlangen, der gesellschaftlichen Bande ledig zu werden, die sein Gefühlsleben blockieren.

Im Märchen ist das Verständnis des Helden für die »Bedienungsanweisung« der Zaubergaben und die Verhaltensregeln im Zauberreich das Gegenstück zur Erkenntnis. Diese magische Erkenntnis hängt, wie alles übrige im Märchen, von der Sehnsucht ab, den verschwundenen Schatz wiederzuerlangen. Nach den Regeln des Märchenparadigmas gibt es Harmont für Erkenntnis keinen Platz, denn die Mangelwelt Harmonts ist sich nicht einmal bewußt, daß ihr dieser Wertequell abgeht. Im Vergleich zur übrigen Welt, die unter dem Schock der wissenschaftlich-technischen Revolution taumelt, leben die Bewohner Harmonts in einem Zauberschlaf. Verzaubert sind sie von der eigenen Langeweile und der Unfähigkeit, sich eine bessere Zukunft vorzustellen, sondern auch überhaupt die Möglichkeit eines geistigen Fortschritts. Alles, was dem Leser von Harmont gezeigt wird, ist die prosaische Aneignung der Wertgegenstände der Zone durch den militärisch-industriellen Komplex, die Vergnügungsindustrie, die ein ausschweifendes Leben führende Jugend und die kriminelle Unterwelt. Die Massen der Bevölkerung verlieren sehr bald das Interesse an der Zone. Nunnan wußte, daß nach dem Besuch »Milliarden und Abermilliarden Menschen nicht die geringste Ahnung hatten und auch gar nichts wissen wollten. Und wenn sie davon erführen, würden sie zehn Minuten lang wehklagen, dann aber wieder zu ihrem gewohnten Denken zurückkehren«. (S. 153)

Wo niemand mehr daran denkt, sich die Sehnsucht des Herzens zu wünschen, verdinglicht sich die Wirklichkeit immer mehr und die Zukunft wird immer weniger Maßstab für die Gegenwart. In einer verdinglichten Welt schrauben die Wachstumshindernisse das Leben zurück; die Generation wird zur Degeneration. So verursacht die Zone auf unbekannte Art und Weise sowohl phänotypische wie genotypische Mutationen bei den Schatzgräbern. Äffchen, das Ergebnis einer solchen Mutation, ist ein treffliches Bild für Reds Verzweiflung. Sein einziges Kind sollte die Verkörperung seiner Zukunft sein. Statt dessen degeneriert sie vor Reds Augen in ein des Sprechens unfähiges Tier. Die anderen Schatzgräberkinder, die gezeigt werden, sind Buzzard Barbridges »Wunschkinder« Dinah und Arthur. Dinah ist das Gegenteil von Äffchen. Äußerlich ist sie ein Prachtweib, aber sie ist völlig amoralisch und egoistisch. Arthur ist anscheinend die einzige Ausnahme. Er ist intelligent und respektvoll und seine einzige Sünde scheint die Abenteuerlust zu sein, die ihn dazu verleitet, Red in die Zone zu begleiten. Daß Red Arthur als »Minenräumer« verwendet, ist nicht nur ein gegen Barbridge gerichteter Rachemord und die Opferung eines Unschuldigen an den Drachen, der den Schatz bewacht. Im Moment äußerster Verzweiflung entscheidet sich Red wie die anderen dafür, die Zukunft umzubringen, damit die Gegenwart leben kann.

Reds berechnende mörderische Wut im 4. Kapitel ist auffallend, denn bis dahin ist er von allen Charakteren im Charaktersystem von *Picknick am Wegesrand* unzweifelhaft derjenige, der der Bejahung des Lebens und gefühlsmäßiger Bande am stärksten verpflichtet ist. Zwar »denkt« er nicht wie Kirill und Pillman, d. h. er reflektiert nicht bewußt über seine Lage in der Welt, sondern Red stellt eine Form instinktiver moralischer Intelligenz dar, die selbst den »denkenden« Charakteren abgeht.

Für ihn fällt der moralische Kampf mit seinem Kampf um die Existenz zusammen. Aber es geht um mehr als das: Zwar ist Red nach dem Muster des existentiellen Antihelden angelegt, der nur bei seinen Taten außerhalb des Gesetzes lebt, doch ist er auch der Held: Seine Taten begeht er letzten Endes, um die existentiellen Bedürfnisse anderer zu erfüllen und um den Wert der Loyalität in einer Welt zu betonen, in der die meisten anderen Verräter, Epaulettenträger und Narren sind. Red ist die einzige Figur in der Erzählung, die sowohl willig als auch in der Lage ist, das Leben anderer zu retten. Er tut es instinktiv: Im zweiten Kapitel rettet er Barbridge das Leben, obwohl er ihn verachtet. Es ist auch unter den Schatzgräbern bekannt, daß er eine besondere Art von Mensch ist, weil er andere nicht verrät. Und immer wieder geht er extreme Risiken für die Menschen ein, die er liebt. Er bietet sich an, Kirill zu einem gralähnlichen Artefakt zu führen, der unter Schatzgräbern als »volle Null« bekannt ist, um Kirills »Melancholie« zu heilen. Der Preis dafür ist möglicherweise sein eigener Tod in der Zone, oder es droht ihm das Gefängnis, wenn bekannt wird, daß er ein Schatzgräber ist. Später ist er bereit, selbst seine Güte zu opfern, um seine Tochter zu retten, und durch sie die Welt.

Mehr als alles andere ist die Kinderliebe seine Triebfeder (Kinder vertreten im Werk der Strugatzkis immer die Zukunft des Menschen), und das stellt ihn in eine Reihe mit anderen Strugatzki-Figuren, die insoweit gut sind, als sie im besten Interesse der Kinder handeln. Bei dem Ausflug in die Zone zu Beginn gibt Red besonders darauf acht, daß sein Arbeitskollege Tender heil zu seiner Tochter zurückkehrt (S. 24). Guttas Mitteilung, daß sie schwanger ist, vermag ihn aus seinem tiefen Schuldgefühl über Kirills Tod zu reißen. Die Notwendigkeit, für Äffchen und Gutta zu sorgen, hält ihn bei der Schatzgräberei und verführt ihn zu der Sünde, die Hexensülze zu verkaufen. Und die Notwendigkeit, sein Kind vor fortschreitendem Verfall zu retten, zwingt ihn, in die Zone zurückzukehren, um nach der goldenen Kugel zu suchen.

Wenn der Besuch für die unpersönliche instrumentelle Vernunft bar jeder Intention steht, so steht Red für das Gegenteil. Ihm fehlen die Werkzeuge, um sein Ziel zu erreichen, sogar die Worte, um es zu artikulieren. Wenn die Auswirkung des Besuchs der verstärkte Zusammenbruch gefühlsmäßiger Bande war, so ist Reds ganzes Leben der Versuch, sie zusammenzuhalten. Von Reds Standpunkt aus ist Harmont die Mangelwelt. Wie ein verwunschenes Königreich im Märchen wird es von Banden der Zerstörer des Geistes regiert: von Gangstern, vom militärisch-industriellen Komplex, von unpersönlichen Arbeitgebern, von Spießbürgern. Diese Bösewichter haben Red der »Schätze« beraubt, die seinem Leben Wert geben würden: Geld, Würde und Unabhängigkeit, gesunde Kinder, eine Zukunft, utopische Hoffnungen – und vor allem die Treue, die dem Dasein einen menschlichen ethischen Sinn gibt. Wie Kirill bedarf er einer »Kur« – Harmont hat aber keine anzubieten. Die einzige Möglichkeit, die die Erzählung bietet, ist das »Denken«. Das ist aber am Ende für Red, wenn er die Kugel in Händen hält, eine Sache und eine andere für die wissenschaftliche Erkenntnis. Für letztere – vertreten durch Pillman – ist das Denken ein Werkzeug für die Aufhebung der Vergegenständlichung der selbstgefälligen und geistlosen menschlichen Egozentrik, die durch den Besuch hervorgehoben worden ist. Es »öffnet« die Wirklichkeit durch unterhaltsame Hypothesen, von denen jede unverbindlich bleibt. Für Red ist das Denken seine Erkenntnis, daß er sich in einem Netz menschlicher Gefühlsbeziehungen befindet, dem »guten Netz«, das dem silbrigen Spinnennetz gegenübersteht, das Kirill tatsächlich tötet, und dem Gespinst von Tod und Entfremdung, das Red im Borstsch nach Kirills Tod halluziniert (S. 56). Für Pillman bedeutet Denken Objektivität; für Red das Wissen um die gegenseitige Abhängigkeit. Aber bloßes Wissen um die Zusammenhänge reicht nicht aus, um die Wirklichkeit zu verändern.

Am Schluß der Geschichte ist Red das einzige moralische Subjekt, das handlungsfähig ist. Als er bei der goldenen Kugel ankommt, ist ihm nichts geblieben als seine nackte Subjektivität. Er ist vom Morast und den Verbrennungen seiner schweren Prüfungen gezeichnet. Indem er den Knaben Arthur in den sicheren Tod schickte, hat er die Moralität preisgegeben, die ihn von den anderen unterschieden hatte. Seine Erinnerungen und sein frisch artikuliertes Selbstverständnis brechen hervor in einem Wutanfall, der sich gegen die ganze Welt richtet, die ihn all seiner Gefühlsbindungen beraubt hat: »Er begriff, all das mußte vernichtet werden, er war auch bereit dazu, zugleich aber schien ihm, daß in einem solchen Falle die Welt völlig leer und kahl zurückbliebe.« (S. 188) Red sieht sich einem Entweder/Oder gegenüber, das vielleicht das Schicksal der Welt entscheidet. Ohne es zu wollen, hat er die Rolle des heldenhaften Vermittlers übernommen. Entweder muß er dem Menschen jeden Wert absprechen oder die Einheit des Menschen als eine Gemeinschaft von Subjekten erkennen. Am Schluß von *Picknick am Wegesrand* scheint Red der letzte Mensch zu sein, der fähig wäre, in einem Zeitalter absoluter Demoralisierung einen geistigen Gehalt wiederherstellen. Er versteht nichts, außer daß ihn kein partieller Wunsch kurieren kann:

»Ich bin ein Tier, du siehst doch selbst, *Kugel,* daß ich ein Tier bin. Ich habe keine Worte, man hat sie mich nicht gelehrt, ich kann auch nicht denken, diese Schweinehunde haben mir keine Gelegenheit dazu gegeben. Wenn du aber tatsächlich so... so allmächtig, so allwissend bist, dann versuch es, mich zu begreifen! Wirf einen Blick in meine Seele – ich weiß genau, daß dort alles ist, was du brauchst. Es muß dort sein. Meine Seele hab' ich niemals und niemandem verkauft! Sie ist mein geblieben, ist die Seele eines Menschen! Lies du in mir, lies, was ich wünsche, denn ich kann unmöglich etwas Schlechtes wollen! – der Teufel soll mich holen, aber mir fällt tatsächlich nichts anderes ein als seine Worte: *Glück für alle, umsonst, niemand soll erniedrigt von hier fortgehn!«* (S. 188)

Der Leser hat keine Möglichkeit zu beurteilen, was auf Reds Wunsch erfolgt. Seine Erfüllung würde unvorstellbare Freude und sein Scheitern unvorstellbares Unglück verursachen. Das Schicksal seines Wunsches steht für das Schicksal aller utopischen Wünsche und aller Märchenwünsche. Vielleicht ist es die letzte Entzauberung, unermeßlich ironisch, oder eine alleserlösende Wiederverzauberung, unendlich gesegnet. Die Handlung der Erzählung bleibt an einer Scheidelinie in der Schwebe, jenseits der Unterschiede zwischen existentieller Verzweiflung und utopischer Hoffnung, Negation und Bedürfnis nicht mehr klar ausgedrückt werden können. Reds Wunsch nach universellem Glück ist die auf die Spitze getriebene Äußerung einer Menschheit, die ihrer gemeinschaftlichen Wertequelle beraubt ist, die genau im Aussprechen des Wunsches liegt. In Red schrumpft das wertgebende Subjekt zu einem verzweifelten, ungebildeten Menschen zusammen, der ein Objekt besitzt, das zugleich der höchstentwickelte außerirdische Artefakt und das älteste Werkzeug zur Erfüllung menschlicher Wünsche ist. Es ist völlig leer, da es das einzige Objekt ist, das noch einen Sinn hat, und absolut voll, da es mit der Hoffnung der ganzen Menschengattung leuchtet. Es ist eine echte »volle Null«. Der in der Schwebe bleibende Schluß impliziert auch, daß die Frage, ob gesellschaftliche Wirklichkeit in eine utopische Erzählung umgewandelt werden kann, nicht gestellt werden kann. Mit Reds Wunsch allein gelassen, muß der Leser auch teilhaben an Reds Abgang in die Kugel, aus der Erzählung hinaus und in persönliche Verpflichtung oder moralischen Tod. Die Autoren überlassen die Verantwortung für den Schluß dem Leser, an den Reds *de profundis* letztlich ja auch gerichtet ist.

Das letzte Märchen

Diese Lesart des *Picknick am Wegesrand* unterscheidet sich von den meisten anderen dadurch, daß sie die Möglichkeit akzeptiert, daß Reds Wunsch in der fiktionalen Welt *wahr werden könnte,* und daß diese Möglichkeit vollauf mit der ambivalenten Manier übereinstimmt, in der *Picknick* komponiert ist. Die meisten Kommentatoren glauben, daß Reds Wunsch höchstwahrscheinlich unerfüllt bleibt.[16] Ich für meinen Teil glaube, daß die inneren Merkmale der Erzählung dem Leser nahelegen, sich des Urteils darüber zu enthalten, ob Reds Wunschgebet erfüllt wird und ferner, die Märchenstruktur der Motivationen für etwas weit Ernsteres zu nehmen als bloßen »naiven Glauben«. Der offene Schluß von *Picknick* ist radikal offen eben, weil er vom Leser verlangt, daß er Möglichkeiten »außerhalb der Druckseite« in Betracht zieht, die so verschieden von der in *Picknicks* Harmont geschilderten sind wie das apokalyptische Utopia, mit dem *Die häßlichen Schwäne* schließt. Die Erzählung lädt uns ein, die Möglichkeit zu erwägen, daß Red in der Lage ist, die Welt zu verändern, und daß der Besuch vielleicht kein rein destruktives Ereignis in der Menschheitsgeschichte ist.

Lem erkennt, daß die Märchenelemente für *Picknick* wichtig sind, aber er hält sie für unvereinbar mit einem »Gedankenexperiment auf dem Gebiet der ›Experimentellen Geschichtsforschung‹« (S. 201), in der er den wertvollsten Teil der Erzählung sieht. Die goldene Kugel darf keine Wünsche erfüllen, solange die Erzählung ein realistisches Gedankenexperiment ist. Wenn sie Wünsche erfüllen kann, ist die Erzählung ins Fahrwasser einer willkürlichen Phantastik gekommen:

»... Die letzte Expedition in die Zone fällt aus den Gattungseigenschaften der Science-fiction heraus. Der realistische Rahmen der Ereignisse verkehrt sich in einem märchenhaften, denn die aufeinanderfolgenden »Zufälle« decken sich mit dem von uns erwähnten Stereotyp der Fahrt nach dem verschwundenen Schatz, obwohl sie sich mit keinem Stereotyp decken dürften. Das Geheimnis wird nicht konsequent bis zum Ende gewahrt, es schimmert hinter ihm die Wahrheit durch, denn wir ahnen schon, wer die Besucher sind: Es sind wiederum Ungeheuer, wenn auch in einer unsichtbaren Ausgabe.«[17] (S. 213)

Wie wir sehen, hält Lem *Picknick am Wegesrand* für ein parodistisches »schwarzes« Märchen. Er glaubt auch, daß die »Strugatzkis die Ähnlichkeit ihres Kurzromans mit dem Märchen durchaus nicht wollten«. Ich vermute, daß Lems Interpretation zum Teil auf Korrespondenz mit den Brüdern Strugatzki basiert, die ihm offensichtlich in vielen Punkten zugestimmt haben. Aber ich glaube gezeigt zu haben, daß die Märchenmanier in *Picknick* in keinem ernstzunehmenden Sinn als unabsichtlich gelten kann. Es gibt zu viele Motive aus Märchen und zu viele strukturelle Anspielungen auf Märchen und zu wenige unstrittige realistische Momente in der Erzählung, um eine ausschließlich realistische Interpretation zu rechtfertigen. Nicht die plötzliche Einführung von Märchenmotiven im vierten Kapitel erschüttert den Leser, sondern das Hervortreten von Elementen, die in den vorhergehenden Kapiteln im Hintergrund geblieben waren. Und wenn wir die Besucher nicht bloß als eine Ausgabe »extraterrestrischer Ungeheuer«, sondern als symbolische Projektion der eigenen entfremdeten technischen Entwicklung des Menschen betrachten, löst sich der scheinbare Widerspruch zwischen der »unparteiischen« SF-Modalität und dem parteiischen Märchenmodus auf.

Es ist wichtiger, sich zu fragen, welchen Zielen die Märchenmotive und Märchentechniken in *Picknick* dienen, als sie *a priori* als unangemessen zu kritisieren. Die Erzählung entwickelt sich in *Picknick* beharrlich auf das Märchen zu, genau so, wie sich Reds Geschichte beharrlich der goldenen Kugel nähert. Das Märchen ist das erzählerische Gegenstück zur Zone. Mit der Entfaltung der Geschichte tritt das phantastische Element zunehmend in den Vordergrund. Die Langeweile von Harmont treibt Red nicht nur in die Zone, damit er für Frau und Kind sorgen kann, sondern damit er seiner Existenz und seines eigenen Wertes gewahr wird. Obwohl sie ein Land des Todes ist, gibt die Zone Red dem Leben zurück. Auf dieselbe Weise zieht die Geschichte den Leser in die Zone. Die Schilderungen außerirdischer Zonen sind bei den Strugatzkis gewöhnlich weit auffälliger als ihre Darstellung der alltäglichen Sozialwelt. Auch im *Picknick* wird der Leser förmlich in die Zone eingesaugt durch den ungeheuren Unterschied zwischen dem grauen, allzu vertrauten Leben von Harmont und den Überraschungen der Zone. Der Leser wird wie Red von dem fortgezogen, was »wirklich«, aber ohne Wert ist, hin auf das Fremde, in der Hoffnung, etwas von Wert zu finden.

Man kann *Picknick am Wegesrand* als eine Gattungskritik der SF lesen, die die Wissenschaft für das einzige hält, was zählt. Zunächst einmal wird Red in eine Lage versetzt, die Wissenschaft unmöglich macht. Nicht nur ist er ungebildet und abergläubisch, es fehlt ihm auch der Schutz des gesellschaftlichen Prestiges der Institutswissenschaft oder der Gesetze der gutbürgerlichen Gesellschaft. Er lebt sein Leben in der Unterwelt – die in *Picknick* mehrere Bedeutungen hat: die Unterwelt gesellschaftlichen Lebens; die Zone, eine eindeutige symbolische Verlagerung des Tartarus, und die psychische Unterwelt von Depression, Desillusionierung, Verbrechen und schließlich Mord. Betrachtet man die Aspekte zusammen, so entspricht Reds Expedition der Reise des Helden durch die entfremdete Welt auf der Suche nach dem verlorenen Schatz. Pillmans Vorstellungen sind hier reine Verklärungen. Sie können Red nicht berühren, da sie keinen Wert schaffen. Reds Weg – und *Picknick* als Ganzes – führt ins Herz der Verzweiflung. Die einzige Hoffnung, die bleibt, ist die, daß man durch die Verzweiflung hindurch ans andere Ufer gelangen kann. *Ob* eine solche Umwandlung stattfinden kann, läßt die Erzählung in der Schwebe. Aber wie das Ergebnis auch sei, das Schicksal der fiktionalen Welt – Reds, des Äffchens, Harmonts, der Erde –, es ist in Reds Wunsch verschmolzen, der sich auf die letzte Möglichkeit der Wiedervereinigung konzentriert.

Die Erzählung ist nicht bloß das »Vehikel« für diese symbolische Suche nach dem Happy-End; auch dieses ist in den offenen Schluß verschmolzen. Ebenso wie Red jede Hoffnung auf die Wirklichkeit und seine Fähigkeit, sich von der Korruption nach und nach immer mehr von der realistischen Struktur der Verständlichkeit und ihrer vorgeblichen Wertneutralität ab. Ebenso wie Red von dem ursprünglichen, von Kirill vertretenen Utopismus durch ein Labyrinth zu dem Wunsch vordringen mußte, der alles verkörpert, was sich Kirill ersehnt hatte, wandert auch die Erzählung von der ursprünglichen Expedition in die Zone mit den vielen Märchenmotiven durch eine Welt zweckloser Hypothesen und unverständlicher Wirklichkeitseffekte, um den Wertekern des Märchens wiedereinzufangen. Die Strugatzkis haben in *Picknick* die Elemente des Märchenparadigmas auf den Kopf gestellt, um die Möglichkeit ihrer Verneinung aufzuwerfen – die Negation ihrer Negation –, bis zu einer neuen Ebene der Hoffnung auf das Glück, vertreten durch das Happy-End. Natürlich erlaubt der Schluß der Erzählung lediglich diese Möglichkeit. Ein weniger ambivalenter Schluß wäre unerträglich trivial gewesen. Die Aufgabe der eigenen Reise der Erzählung war, die Bedingungen zu schaffen, unter denen man sich ein Happy-End erneut vorstellen könnte in einer Welt, die die Bedingungen dafür nahezu unmöglich gemacht hat.

Betrachten wir *Picknick* in diesem Licht, wird klar, daß die Märchenstruktur, weit davon entfernt, ein Fehler zu sein, der dominante Subtext der Erzählung ist. Die Strugatzkis verknüpfen das Ergebnis der Erzählung mit der Fähigkeit und dem Verlangen des Lesers, sich ein Happy-End zu wünschen. Das ist die *sine qua non* der Befreiung des Menschengeschlechts aus der Sklaverei seiner eigenen Schöpfungen; ohne dieses erste Verlangen führt die Geschichte des Menschen zu nichts.

Nach dem Picknick am Wegesrand

Mit *Picknick am Wegesrand* scheinen die Brüder Strugatzki die Möglichkeiten ausgeschöpft zu haben, die ihnen das deformierte Märchenparadigma bot. In den frühen siebziger Jahren wurde die kritische Debatte in der Sowjetunion um die »pessimistische« SF der Strugatzkis für sie zuweilen unbehaglich, und zuweilen waren auch höchste offizielle Kritiker involviert. Dieses Problem wurde anscheinend in Form eines halboffiziellen Kompromisses gelöst. Nach Suvins Meinung erkannten die Strugatzkis, daß die »Koexistenz« des älteren, orthodoxen, neostalinistischen Modus der SF und der soziophilosophischen und kritischen SF der Strugatzkis und deren Anhänger »ziemlich klare Grenzen« hatte und daß die Strugatzkis »vorläufig solche Grenzen erkannt haben und sich in ihnen halten«.[18] Selbst vor der Veröffentlichung von *Picknick am Wegesrand* waren die Strugatzkis zum Detektiv-Geheimagent-Abenteuerroman-Modus der Erzählungen aus *Mittag, Es ist nicht leicht, ein Gott zu sein* und *Die gierigen Dinge des Jahrhunderts* zurückgekehrt, nämlich mit *Die bewohnte Insel* und *Die dritte Zivilisation,* die beide im Jahre 1971 veröffentlicht wurden. In diesen Geschichten hält sich die Entfremdung der Wirklichkeit in sehr engen Grenzen. Ihre Welten sind zum Großteil extraterrestrisch, humanoid und voll rationalisiert, und die menschlichen Protagonisten übernehmen wieder die Rolle problematischer Entwicklungshelfer aus einer utopischen, klassenlosen Gesellschaft. In *Die dritte Zivilisation* treffen wir sogar auf einen ins Leben zurückgerufenen Gorbowski. Seit *Picknick* haben die Strugatzkis verhältnismäßig wenige Werke veröffentlicht. Die wichtigsten davon sind *Milliarden Jahre vor dem Weltuntergang* (1976) und *Ein Käfer im Ameisenhaufen* (1980). Der erstere Roman fällt hinsichtlich seines Gattungsparadigmas in eine eigene Klasse, denn er kombiniert Elemente der Detektivgeschichte mit einem offenen Schluß und satirischer Phantastik.

Ein Käfer im Ameisenhaufen ist eine Reprise von vielen Strugatzki-Themen aus den sechziger Jahren. Hauptsächlich handelt es sich um eine Detektivgeschichte, deren Held – der Geheimagent aus *Die bewohnte Insel,* Maxim Kammerer – auf der Suche nach Lew Abalkin ist, einem anderen »Progressor«, der, obwohl dem Aussehen nach völlig menschlich, aus einem Ei entstanden ist, das die geheimnisvollen, den Kosmos durchziehenden Wanderer hinterlassen haben. Ob Abalkin eine übermenschliche »Zeitbombe« ist, die von den Wanderern eingestellt wurde, oder ein potentiell wohltätiger Übermensch, weiß niemand – am wenigsten Abalkin, der plötzlich sein eigenes Geheimnis entdeckt. Am Schluß wird er »auf alle Fälle« getötet, was Maxim mit quälenden Zweifeln über den ethischen Mut seiner Gattung zurückläßt. Viele der Elemente von *Picknicks* deformiertem Märchen blitzen in *Ein Käfer* auf. Der Titel selbst trägt Anklänge an Pillmans Vorstellung von der Menschheit in der Zone als Insekten, die über einen verlassenen Picknickplatz schwärmen. Aber diese Elemente verschwinden völlig in der im Vordergrund stehenden Detektivhandlung und Maxims unaufhörlichen Überlegungen. Das brillante Talent der Strugatzkis für die Schilderung verzauberter fremder Welten zeigt sich im *Käfer* nur einen Augenblick, in Abalkins Erinnerungen an den in die Luft gesprengten Planeten Esperanza, dessen Kinder von den nie gesehenen Wanderern durch geheimnisvolle Tore hinweggelockt werden – eine düstere Ausgabe des Rattenfängermotivs aus *Die häßlichen Schwäne.* Die Kürze dieser Episode steht in auffälligem Gegensatz zur Wichtigkeit ähnlicher Episoden in *Die Schnecke am Hang, Picknick am Wegesrand* und *Die häßlichen Schwäne.* Bis uns die Strugatzkis weitere neue Welten liefern, können wir nicht sicher sein, daß die letzten Werke das Ende oder eine neue Phase ihrer kritischen SF darstellen. Es ist jedoch bereits klar, daß sie seit *Picknick am Wegesrand* die Suche nach dem ungenannten utopischen Schatz im Märchen aufgegeben haben – ob aus eigener Verzweiflung oder infolge gesellschaftlichen Drucks, können wir nicht wissen –, und sich statt dessen der Vorstellung zugewandt haben, wie ein ethisches Leben zu führen wäre in einer Welt, die weiß, daß sie niemals mehr nach jenem Schatz Ausschau halten wird.

1 Arendt: *Between Past and Future,* New York, 1968, S. 5

2 Ich verwende den Begriff »Märchen« nicht im strikten Sinn von Erzählungen über Elementargeister, sondern als einen pragmatischen, stenogrammartigen Begriff für jenen Typus von Erzählungen, die in Aarnes Katalog als »Zaubermärchen« (Nr. 330–749) aufgezählt sind und von Vladimir Propp in *Morphologie des Märchens* (hrsg. von Karl Eimermacher, Frankfurt, Suhrkamp Verlag 1975) erörtert werden. Für meine Zwecke wird das Märchen von gewissen Eigenschaften bzw. fehlenden definiert, die man als erzählerisch, thematisch, motivisch usw. kategorisieren kann –, die aber auf jeden Fall von Zuhörern wie Erzählern als für das »Zaubermärchen« charakteristisch gehalten werden, zum Unterschied von Mythen einerseits und Volksmärchen, die keine Zaubermärchen sind, andererseits. Diese sind:

1. Der sterbliche, menschliche Charakter des Helden, der auf sich allein gestellt bleibt, ungeachtet seiner vermeintlichen Stellung in der Welt und Klassenmacht (im Gegensatz zum deutlich ins Übermenschliche gesteigerten Helden des Mythos);

2. der alltägliche »weltliche« Charakter der Erzählsprache, die sie mit der weltlichen Gemeinschaft verknüpft (im Gegensatz zum hieratischen Ton von Mythen, der für Hierarchien mit eigener Rangordnung angemessen ist);

3. die Unausweichlichkeit des Happy-Ends, die die Erfüllung einiger oder aller menschlichen Sehnsüchte und die Ausschaltung des Bösen mit sich bringt (im Gegensatz zu der von Mythen implizierten *moira*);

4. der nichttranszendentale Charakter des Happy-Ends, d. h. daß sich die Erfüllung der Sehnsucht in der Welt ereignet, nicht in einer »höheren«, gleichsam göttlichen Daseinsebene;

5. die gegenseitige Unterstützung von magisch-übernatürlichen Wesen und Helden, was die menschliche mit der naturhaften Welt verbindet (z.B. wird dem Helden von einem übernatürlichen Wesen geholfen als Belohnung für die Dienste, die er dem übernatürlichen Wesen geleistet hat).

Manche Geschichten mit diesen Zügen kommen in gewisser Hinsicht Legenden und Mythen nahe, zum Beispiel in der russischen *bylina,* einem sehr wichtigen Genre für die sowjetrussische vaterländische Ideologie, die dazu neigt, den Held von der Welt menschlicher Beziehungen abzurücken, obwohl diese Absonderung keineswegs notwendig ist.

3 Stanisław Lem: *Phantastik und Futurologie,* Frankfurt/Main, Insel Verlag 1977 und 1980.

4 *A Soviet Heretic: Essays by Yewgeny Zamyatin* (übersetzt und hrsg. von Mirra Ginsburg), Chikago 1970, S. 261.

5 Katerina Clark: *The Soviet Novel. History as Ritual.* Chikago 1981,

S. 4–7; S. 255–260. Propps Grundschema wird bei Propp, a.a.O. ausführlich dargestellt.

6 Hinreichende Hinweise auf dieses Versprechen finden sich im Parteiprogramm von 1961, das mit der Vision eines mit friedlichen Mitteln herbeigeführten hochtechnisierten kommunistischen Utopias schließt:

> »Wenn sich das Sowjetvolk einmal der Segnungen des Kommunismus erfreut, werden Hunderte von Millionen neuer Menschen auf der ganzen Welt erklären: ›Wir sind für den Kommunismus!‹ Nicht durch Krieg mit anderen Ländern, sondern durch das Beispiel einer perfekteren Organisation der Gesellschaft, durch den raschen Fortschritt bei der Entwicklung der Produktionskräfte, die Schaffung aller Erfordernisse für das Glück und das Wohlbefinden der Menschen, werden die Ideen des Kommunismus die Köpfe und Herzen der Massen gewinnen.«

John Triska, Hrsg.: *Soviet Communism. Programs and Rules.* San Francisco 1962, S. 129.

7 Bloch und Tolkien werden zitiert in Jack Zipes: *Breaking the Magic Spell. Radical Theories of Folk and Fairy Tales.* London 1979, S. 132 bis 144.

8 Siehe Fredric Jameson: »Progress versus Utopia; or, Can We Imagine the Future?« *Science-Fiction Studies* vol. 9 (1982) S. 157.

9 Die Zitate aus Strugatzki-Werken in diesem Essay sind den deutschen Übersetzungen folgender Ausgaben entnommen: *Der ferne Regenbogen* (übersetzt von Aljonna Möckel), Frankfurt/Main, Suhrkamp 1983; *Die gierigen Dinge des Jahrhunderts* (übersetzt von Heinz Kübart), Frankfurt/Main, Suhrkamp 1982; *Es ist nicht leicht, ein Gott zu sein* (übersetzt von Hermann Buchner), Hamburg und Düsseldorf, Marion von Schröder 1971; *Die Schnecke am Hang* (übersetzt von Hans Földeak), Frankfurt/Main, Suhrkamp 1978; *Die häßlichen Schwäne* (übersetzt von Hans Földeak), München, Wilhelm Heyne Verlag 1982; *Picknick am Wegesrand* (übersetzt von Aljonna Möckel); Frankfurt/Main, Suhrkamp Verlag 1981 und *Ein Käfer im Ameisenhaufen* (übersetzt von Erik Simon), Frankfurt/Main, Suhrkamp Verlag 1985.

10 Suvin, »Nachwort« zu *Die Schnecke am Hang,* S. 270–271.

11 Ebd., S. 269

12 Stanislaw Lem, »Nachwort« zu *Picknick am Wegesrand,* S. 212.

13 Simonetta Salvestroni: »The Ambiguous Miracle in Three Novels by the Strugatsky Brothers.« (Übersetzt von Raphael Aceto und Robert M. Philmus), *Science-Fiction Studies* 34 (1984), S. 300.

14 Lem, »Nachwort«, S. 205.

15 Arnold Buccholz, »The Role of the Scientific-Technological Revolution in Marxism-Leninism.« *Studies in Soviet Thought* 20 (1979), S. 159.

16 Lem, Nachwort, S. 212; Salvestroni, a.a.O., S. 301.
17 Lem, »Nachwort«, S. 213 und Fußnote 3.
18 Suvin, »Criticism of the Strugatskii Brothers' Works«, *Canadian-American Slavic Studies* VI, 2 (1972), S. 304–305.

Diana Greene

Mann und Frau in ›Die Schnecke am Hang‹

Viele der besten Werke der russischen Literatur entziehen sich einer gattungsmäßigen Einordnung. Vielleicht ist es so, daß sich die russische Vorstellungskraft nicht in enge westliche ästhetische Kategorien hineinzwängen läßt. Andererseits haben vielleicht russische Autoren einfach der formalen Originalität von Puschkins *»roman v stixax«, Eugen Onegin* (1823–1831) nachzueifern gesucht und auf diese Weise eine Tradition nichttraditioneller Formen begründet. Jedenfalls erschienen in der Nachfolge *Eugen Onegins* solche Meisterwerke vermischter Genres des neunzehnten Jahrhunderts wie *Die toten Seelen,* Gogols »langes Gedicht in Prosa«, *Ein Doppelleben,* Karolina Pawlowas »Skizze« *(očerk)* in Lyrik und Prosa, und *Krieg und Frieden,* ein philosophisch-historisches Epos, das sich Tolstoi selbst Roman zu nennen weigerte.[1] Und im zwanzigsten Jahrhundert setzten diese literarischen Experimente die russischen Symbolisten, Futuristen und Autoren der »Neuen Ökonomischen Politik« fort.[2] In diesem Kontext wird die unkonventionelle Form von *Die Schnecke am Hang (Ulitka na sklone)* leichter verständlich. Dieses zeitgenössische Werk der bekannten sowjetischen SF-Autoren und Sozialkritiker Arkadi und Boris Strugatzki besteht aus zwei komplementären Novellen *(povesti)*, die durch eine Parallelhandlung und den gemeinsamen Hintergrund zusammenhängen.[3]

Das Werk als Ganzes beschreibt den Konflikt zwischen zwei imaginären Bereichen: der eine ein fruchtbarer, aber tödlicher Wald, der von vorchristlichen Lebens- und Todesgöttinnen regiert wird, der andere eine sterile, von Männern beherrschte Bürokratie, genannt die Verwaltung *(»Upravlenie po delam lesa«),* die schwerfällig versucht, den Wald von einer überhängenden Felsklippe aus zu verwalten. Die Strugatzkis behandeln in jeder *povest'* eine Sphäre, verbinden die beiden aber durch strukturelle Parallelen und Kontraste. Zum Beispiel beginnt jede *povest'* mit einem Außenseiter, der ungeduldig in seiner Sphäre dahinwelkt. Kandid, ein Biologe der Verwaltung, versucht seit zwei Jahren, seit dem Absturz seines Hubschraubers, den Weg aus dem Wald zu finden. Zur gleichen Zeit entdeckt Pfeffer, ein Literaturwissenschaftler, der zunächst freiwillig zur Verwaltung kam, daß er ebenfalls ein Gefangener ist – jedoch der Bürokratie. Er kommt sich bei der Verwaltung nutzlos und fehl am Platz vor, kann aber dennoch nicht die Genehmigung erhalten, entweder den Wald aufzusuchen – sein zwanghafter Drang – oder heimzukehren. Wenn aber Kandid und Pfeffer als Gefangene auch in der gleichen Zwickmühle stecken, so vertreten sie doch gegensätzliche Lebensansichten. Wie sein Name andeutet, ist Kandid unschuldig und bereit, aus seinen schrecklichen Abenteuern im Wald zu lernen. Zwar gelingt es ihm in der Erzählung nicht, den Weg zur Verwaltung zurückzufinden, aber nichtsdestoweniger entdeckt er die Geheimnisse des Waldes und findet zu einer Lebensweise, die sowohl seine Würde wie seine Menschlichkeit unangetastet läßt. Im Gegensatz dazu verspürt Pfeffer bei seinem kurzen, zufälligen Ausflug in den Wald nur Abscheu und erliegt bald darauf den Versuchungen der Macht. Seine Beförderung zum Direktor der Verwaltung ist in Wahrheit das Zeichen für seinen geistigen Tod. Mit Ausnahme eines Gesprächs über Kandid, das Pfeffer belauscht, kommen die beiden miteinander nie in Berührung. Nichtsdestoweniger liefern uns die zwei *povesti* zusammengenommen ein deutliches Bild der Auseinandersetzung zwischen Wald und Verwaltung wie keine für sich allein.

Die »Kandid«-Hälfte erschien für sich 1966 in der Science-fiction-Anthologie *Ellinskij sekret* (»Das hellenische Geheimnis«), S. 384–462. Damals beschrieben die Strugatzkis diesen Teil als »Fragmente« der »Erzählung (povest'), an der wir gerade arbeiten« und erklärten, daß das fertige Werk vielleicht »ein wenig ungewöhnlich erscheinen könnte, weil es im Prinzip sozusagen zwei Novellen in einer darstellt, und zwei voneinander völlig unabhängige Fabeln enthält«.[4]

Obwohl die »Pfeffer«-Hälfte zwei Jahre später in der sibirischen Zeitschrift *Bajkal* (Nr. 1 und 2/1968) abgedruckt wurde, erschien die *Schnecke am Hang* in russischer Sprache nie vollständig in einem Band.[5]

Zweifellos haben politische Erwägungen einen Nachdruck von *Die Schnecke am Hang* in der UdSSR verhindert. In den sechziger Jahren waren die Strugatzkis umstritten, weil sie die SF dazu benutzten, um kaum verhüllte Kritik an der sowjetischen Regierung zu äußern. Nur wenige Monate vor dem Erscheinen der »Kandid«-Hälfte von *Die Schnecke am Hang* hatte ein Artikel in der offiziellen Regierungszeitung *Iswestija* ihre »ideologische

Abweichung« angegriffen. Die Veröffentlichung des ersten Teils eines Werkes, das allgemein als politische Allegorie über ein wissenschaftliches Institut verstanden wurde, goß Öl ins Feuer. Mit dem Erscheinen der noch deutlicheren »Pfeffer«-Hälfte zwei Jahre später verstärkte sich die Auseinandersetzung noch.[6] Selbst die Tatsache, daß einige Kritiker das Werk der Strugatzkis verteidigten, konnte die sowjetische Regierung, deren Kontrolle die Verlage unterstehen, anscheinend nicht überzeugen. Nicht nur sind die zwei Teile der *Schnecke am Hang* nie zusammen erschienen, es ist auch kein Teil für sich in der Sowjetunion nachgedruckt worden, mit Ausnahme der 1971er Ausgabe der »Pfeffer«-Hälfte auf Estnisch.[7]

Kritiker im Westen haben das Werk ebenfalls politisch interpretiert. Darko Suvin von der McGill University, der das Vorwort zur amerikanischen Ausgabe der *Schnecke am Hang* schrieb (zuvor als Nachwort zur deutschen Ausgabe erschienen), war der Ansicht, daß das Werk zwei mögliche Reaktionen von Intellektuellen auf einen Zustand der Tyrannei schildert: entweder »Anpassung« – vertreten durch Pfeffers Kapitulation vor der Verwaltung – oder »Ablehnung« – Kandids hart erkämpfte Fähigkeit, den Wald unvoreingenommen zu sehen *(so storony)*. Ähnlich ist Constantin Kustanovich von der Columbia University der Ansicht, daß der Roman die schwierige Lage sowjetischer Intellektueller untersucht, die gefangen sind zwischen ihren Landsleuten, die ihnen mißtrauen, und ihrer Regierung, die sie unterdrückt.[8]

Diese politischen Auslegungen mögen zwar die Absichten der Strugatzkis bei der Abfassung des Werks wiedergeben, aber sie übersehen das Zentralthema: den kaum kaschierten Kampf der Geschlechter zwischen der patriarchalischen Verwaltung einerseits und dem matriarchalischen Wald andererseits. Da es klar zu sein scheint, daß die politischen und sexuellen Konflikte im Roman verflochten sind, muß man die Einstellungen der Strugatzkis zum Geschlecht nicht weniger als zur Macht bestimmen. Welche Annahmen machen die Autoren über Frauen? Welche Attribute ordnen sie jedem Geschlecht bei ihrer Schilderung der Charaktere zu? Und schließlich, was verraten uns Kandids und Pfeffers Kontakte mit Frauen über die persönlichen Konflikte dieser Charaktere als Männer? Beginnen wir mit der Verwaltung.

Weil die Verwaltung von Männern geleitet wird, arbeiten die meisten Frauen, die Pfeffer dort trifft, als Hilfsarbeiterinnen,

Sekretärinnen oder Lehrerinnen, haben – typisch für sowjetische Frauen – untergeordnete oder »erzieherische« Aufgaben. Die Autoren differenzieren oder entwickeln keine dieser konventionellen Frauengestalten. Nichtsdestoweniger schildern sie zwei außergewöhnliche Frauen, Rita und Alevtina, die man jede für sich betrachten sollte. Rita, eine Biologin, arbeitet in der Biostation, der experimentellen Außenstelle der Verwaltung am Waldrand.[9] Als Pfeffer zuerst mit ihr zusammentrifft, fällt sie ihm als besonders eigenartig wirkende Frau auf. Man sagt ihr eine fatale Schönheit nach, und wir erfahren mindestens dreimal, daß sie Quentin, den Mann, der sie liebt, ruiniert. Die Autoren deuten an, daß sie die weibliche Geschlechtsrolle verwirft, nicht nur weil sie den Mann, der in sie verliebt ist, verschmäht, sondern weil sie lange Hosen trägt (in den sechziger Jahren, als das Werk erschien, ein umstrittenes Verhalten für eine sowjetische Frau). Sie begibt sich auch allein für jeweils mehrere Tage in den Wald, was keiner der Männer wagen würde, anscheinend, um etwas von der bösen Hexerei des Waldes in sich aufzunehmen. Zu Beginn des Romans hat Rita wahrhaftig dem Wachtposten, der sie zu verhören sucht, was sie im Wald getrieben hat, »etwas angetan« und er liegt im Koma. Sie übt, was für eine Frau in der Verwaltung höchst ungewöhnlich ist, beträchtliche persönliche Macht aus. Pfeffer fällt auf, daß sie alle Vorschriften der Biostation ungestraft übertritt. Ihre Schweigsamkeit macht sie noch unheimlicher: Sie schreibt weder die wissenschaftlichen Berichte, die von ihr gefordert werden, noch Briefe, und im Verlauf des Werkes kommt sie nur zweimal zu Wort und jedesmal sehr kurz. Obwohl sich der Leser mit Pfeffer und Kandid identifizieren kann, bleibt Rita, solchermaßen geschildert, unnahbar, fremd und erschreckend – ein bißchen hexenhaft.

Alevtina, die Bibliothekarin der Verwaltung, scheint zunächst die Antithese zu Rita zu sein; sie ist eine sanfte, konventionelle Frau, die den Wald fürchtet und keinerlei Verlangen verspürt, dorthin zu gehen. Anders als Rita, die den Mann, der sie liebt, kalt abweist, sympathisiert Alevtina mit Pfeffer und gibt deutlich zu erkennen, daß sie sich sexuell zu ihm hingezogen fühlt. Und doch haben Rita und Alevtina einen Charakterzug gemeinsam: sie ruinieren den Mann. Indem er Alevtina erliegt, verzichtet Pfeffer auf seinen geistigen Ehrgeiz und selbst darauf, ein Erwachsener zu sein. Zuerst badet sie ihn in einer Wanne wie ein Kind, und er denkt, daß ihre Hände »so kräftig und geschickt waren wie die seiner Mama« *(sovsem kak u mamy i gotovit ona navernoe, tak že vkusno, kak mama)* (S. 221). Dann lehrt sie Pfeffer ihre seelenlose Ansicht vom Leben: »Wie kannst du das nicht begreifen, daß es auf der Welt außer Liebe, Essen und Stolz nichts gibt. Natürlich ist das alles unentwirrbar wie ein Knäuel. Aber wenn du an irgendeinem Faden ziehst, so kommst du unfehlbar zur Liebe oder zur Macht oder zum Essen.«[10]

Es stellt sich heraus, daß Alevtina, die die Freundin des früheren Direktors war, bei der Verwaltung die Macht hinter dem Thron ist. Nachdem er mit ihr die Nacht verbracht hat, erkennt Pfeffer zu seinem Erstaunen und Unbehagen, daß er zum neuen Direktor befördert worden ist. Obwohl Pfeffer bis dahin die Verwaltung und alles, wofür sie steht, verabscheut hat, führt ihn Alevtina sehr rasch in die seelenzerstörenden Genüsse der Macht ein.

Interessanterweise schildern die Strugatzkis die Verwaltung (eine Bastion männlicher Vorherrschaft) als von diesen starken, gefährlichen Frauen beherrscht, die ihre Macht zur Einschüchterung und Vernichtung der Männer ausnutzen. Wir können mit Alevtina und Rita kein Mitgefühl empfinden, in der Tat wirken sie mehr wie feindliche Naturgewalten denn menschliche Wesen, weil uns die Autoren nie die Motive zeigen, die ihr Verhalten bestimmen. Diese zwei Charaktere kommen daher auch weiblichen Stereotypen beträchtlich nahe: Rita erinnert an die sich verweigernde Weibsstückgöttin und Alevtina an die allzu fürsorgliche Mutter, die alle Männer wieder zu hilflosen Kleinkindern machen will.

Wenn wir uns dem Waldabschnitt des Werkes zuwenden, finden wir noch stärkere Frauen, schwächere Männer und auffälligere weibliche Stereotype. Tatsächlich üben die Männer in dem primitiven Walddorf, in das Kandid gelangt, einige Macht aus, indem sie alle Dorfangelegenheiten durch ihre Ratsversammlung entscheiden und auch, indem sie das Dorf vor den *mertvjaki* beschützen – den halbtoten »Leichenmenschen«, die von Zeit zu Zeit aus dem Wald kommen, um Frauen zu rauben. Trotzdem herrschen in allen persönlichen Beziehungen die Frauen über die Männer.

Am deutlichsten ist das an Kandids Beziehung zu Nava zu erkennen, dem Kindweib, das ihm vom Dorf »zugeteilt« worden ist, die er jedoch als seine Tochter behandelt. Nava tyrannisiert Kandid schamlos. Gegen seinen Willen begleitet sie ihn bei einem Ausflug in den Wald, wo sie sich zunächst ihretwegen verirren, dann beschuldigt und beschimpft sie Kandid wegen aller weiteren Unbill. Kandid seinerseits setzt sich dagegen nicht zur Wehr, zeigt ihr nicht, wo die Grenzen sind und wirft ihr auch nicht vor, daß sie ungerecht ist; er beherrscht sich vielmehr pflichtschuldig, wenn auch vorwurfsvoll, und wagt wann immer nötig sein Leben, um sie zu beschützen. Aus einer solchen Ungleichheit ergibt sich keine harmonische Beziehung zwischen den Geschlechtern. Als er sich drei *mertvjaki* um Navas willen entgegenstellt und sich damit dem sicheren Tod gegenübersieht, denkt er bei sich: *»Nenavizu bab, i-za nix vsegda ctonibud' ne tak.«*[11] (»Ich hasse die Weiber. Immer wenn die da sind, stimmt was nicht.« S. 176) Und wirklich fragt man sich, warum Kandid überhaupt Nava beschützt; die Beziehung bringt ihm sehr wenig. Nava schwatzt unaufhörlich und sinnlos, so daß Kandid Kopfschmerzen bekommt; sie keift, klammert sich an Kandid und handelt irrational; sie zeigt wirklich nahezu jede stereotype und lästige weibliche Eigenschaft, die Mary Ellman in ihrem bekannten Buch *Thinking About Women*[12] erörtert. Der Leser teilt Kandids Gefühle für Nava, denn wie bei Rita und Alevtina erlauben uns die Autoren nie ins Innere ihres Kopfes zu gelangen. Daher bleibt sie fremd, die existentiell andere.

Wider alle Wahrscheinlichkeit erreichen Kandid und Nava die Quelle der Macht im Wald. Dort entdecken sie drei Frauen: eine, die nur ein paar Jahre älter ist als Nava, eine schwangere und eine ältere Frau, die sich als Navas verschwunden geglaubte Mutter erweist. Wie Kandid erfährt, sind sie die Herrinnen des Waldes, die Schöpferinnen aller seiner Lebensformen. Sie vermehren sich durch Parthenogenese und halten Männer nicht nur für abstoßend, sondern für eine Fehlkonstruktion, die allmählich ausgemerzt werden soll, indem die Bewohner der Walddörfer durch die *mertvjaki* dezimiert werden. In der Folge nehmen sie Nava zu sich fort, während Kandid in das zum Untergang verurteilte Dorf zurückfindet.

Wenn die anderen Frauen im Roman Stereotypen ähneln, so verkörpern die Waldweiber Archetypen, vor allem die Jungfrau, die Mutter und das alte Weib, die Robert Graves die drei Aspekte der Muttergöttin genannt hat.[13] Bezeichnenderweise bleiben die drei mächtigsten Frauen im Werk namenlos, als handele es sich um Tabufiguren. Ungleich Graves' Göttin bringen sie jedoch nur Leiden und Tod, niemals Freude und Fruchtbarkeit. In dieser

Hinsicht ähneln sie den Furien, die die böswillige Seite des weiblichen Prinzips verkörpern. Selbst ihre Bezeichnung: *»podrugi«* – Freundinnen oder Gefährtinnen – erinnert an die euphemistische Bezeichnung der Furien: Eumeniden.[14] Kandid sieht voller Grauen, wie die *podrugi* Ungeheuer hervorbringen und schließlich eines aus bloßer Neugier ausgiebig quälen. Sie behandeln Kandid mit ähnlicher Grausamkeit, indem sie zuerst seinen Wunsch zu erfüllen versprechen, ihn zur Verwaltung zurückkehren zu lassen, und dann ihre Meinung ebenso rücksichtslos ändern. Fatal, fremdartig, unmenschlich und mächtig, könnten die *podrugi* beinahe Personifizierungen des Waldes sein, über den sie herrschen.

Es ist richtig, daß im Russischen das Wort für Wald (»les«) männlichen und nicht weiblichen Geschlechts ist. Es ist ferner richtig, daß die Strugatzkis die Bedeutung des Waldes selbst ganz abstrakt erklären, unter Verwendung philosophischer Ausdrücke, die an Baudelaires »forêts de symboles« in dem Gedicht »Correspondances« erinnern. »Der Wald«, schrieben sie in ihrer Einleitung zur »Kandid«-Hälfte, ist »als Symbol für das Unbekannte und Fremde aufzufassen, als notgedrungen simplifiziertes Symbol für all das, was zur Zeit der Menschheit infolge unseres lückenhaften wissenschaftlichen, philosophischen und soziologischen Wissens noch verborgen ist«.[15] Nichtsdestotrotz macht eine sorgfältige Untersuchung der Verbindung zwischen Frauen und Wald deutlich, daß sich die Strugatzkis bei der Beschreibung des Waldes auf einige der dunkelsten, vielleicht unbewußten Ängste vor den Frauen stützen.

Wald und Frauen kommen schon im Motto des »Pfeffer«-Teils des Buches zusammen vor. Dieses Motto, das aus den letzten zwei Strophen von Pasternaks Gedicht *»Za povorotom«* (»Hinter der Wegbiegung«) besteht, lautet in wörtlicher Übersetzung:

Hinter der Biegung, in den Tiefen
der Waldesschlucht
liegt meine Zukunft besiegelt
gleich einem Pfand.
Kein Feilschen gibt es mehr
und kein Beschwören,
weit hat sie sich geöffnet,
uferlos wie ein Wald.[16]

Zum Verständnis dieser Zeilen Pasternaks müssen wir uns natürlich das ganze Gedicht vor Augen halten. In den vorhergehenden Strophen hat sich der Dichter mit einem Vogel verglichen, der den Eingang zu einem Wald bewacht, der, einer Interpretation zufolge, sowohl die Unsterblichkeit des Dichters als Künstler wie seine Sterblichkeit als Mensch darstellt.[17] In diesen letzten beiden Strophen findet sich der Dichter, in gefaßter, aber gehobener Stimmung, mit der Unausweichlichkeit von Tod und Nachruhm ab. Er selbst hat seinen Zugang zum Wald ausgewählt und gesichert; der Wald erfüllt ihn gewiß nicht mit Grauen.

Durch die Verwendung der letzten beiden Strophen als Motto lassen die Strugatzkis den Wald weitaus bedrohlicher erscheinen. Vom übrigen Gedicht abgetrennt, vergleichen diese acht Zeilen einen erwartungsvollen Wald schlicht mit einer unversöhnlichen Frau, die sich weder durch harte Worte noch durch Liebkosungen erweichen läßt. Die Schlucht weist auf eine überwältigende weibliche Sexualität hin, während ihre Verfügbarkeit (»weit hat sie sich geöffnet, uferlos wie ein Wald«) fast erschreckend anmutet. »Uferlos« deutet auf ein Verschlingen hin. Diese Assoziation des Waldes mit einer verschlingenden Frau ist in Pasternaks Zeilen vielleicht latent angelegt, aber im Zusammenhang des ganzen Gedichtes erkennt und bemerkt man sie nicht. Die Strugatzkis jedoch konzentrieren sich auf diese Assoziation und verstärken sie später noch bei der Beschreibung ihres eigenen imaginären Waldes.

Im vierten Kapitel des »Pfeffer«-Teils des Werkes erweitert der zufällige Vorstoß des Helden in den Wald den Sinn des Mottos noch und wirkt als ironischer Kommentar dazu. Anstatt der »Tiefen der Waldesschlucht« jenseits der Wegbiegung findet Pfeffer eine Kloake, die so voller Gestank ist, daß seine Sinne buchstäblich vergewaltigt werden:

»... der fetten, brodelnden Kloake, die mit Protoplasma angefüllt war, lebendem, aktivem, blasenwerfendem, primitivem Fleisch, mühevoll sich bildend und zur gleichen Zeit bereits in Auflösung begriffen. Es ergoß seine Zerfallsprodukte über die flachen Ufer, spuckte mit klebrigem Schaum ... Und augenblicklich, so als hätten sich unsichtbare akustische Filter in Bewegung gesetzt, setzte sich die Stimme der Kloake vom Knattern des Motorrads ab. Man hörte Brodeln, Plätschern, Schluchzen, Glucksen, langgezogenes Stöhnen des Sumpfes. Eine schwere Wand von Düften rückte heran: es roch nach rohem, tropfendem Fleisch, nach Wundwasser, frischer Galle, Molke, nach heißem Kleister.«[18]

Die Strugatzkis beschreiben die Kloake, wie sie geheimnisvolle und abstoßende, Nacktschnecken gleichende Wesen gebiert *(»šče-nit'«*, das russische Wort, das »werfen« bedeutet), als eine *matka* (Mutterleib oder Uterus, in der deutschen Übersetzung ›Muttertier‹):

»Die Kloake warf. Auf ihre flachen Ufer stieß sie drängend und zuckend Klumpen weißlichen, unruhig zitternden Teiges. Die Klumpen kullerten zunächst hilflos und blind auf der Erde herum, erstarrten dann, spannten sich, streckten vorsichtig ihre Scheinfüßchen und begannen plötzlich, zielgerichtete Bewegungen auszuführen, freilich noch übereilt, blindlings, aber schon in einer Richtung, alle in einer bestimmten Richtung, in einem Radius vom Muttertier, ins Unterholz, fort, eine fließende, weißliche Kolonne, wie riesige, schwerfällige Nacktschnecken gleichende Ameisen... Pfeffer ...blickte auf das Getier. Auf die Kinder des Waldes. Vielleicht auf die Diener des Waldes. Oder vielleicht auf die Exkremente des Waldes.« (S. 130, 135)

Man braucht kein Freudianer zu sein, um hier einen merklichen Abscheu vor weiblichen Sexualorganen und deren Funktionen festzustellen. Die Strugatzkis wollen eindeutig, daß die Leser an dieser Stelle den Abscheu teilen; sie überhöhen ihren gewöhnlich unkomplizierten Stil zu einer alliterativen Poesie des Grauens, wofür Formulierungen wie »v klokučuščej kloake«, »puxnuščej puzyrjami primitivnoj plot'ju« und »syrogo sočaščegosja mjasa« als Beispiel stehen mögen.

Der Wald ist allesverschlingend wie Alevtina; gefährlich wie Rita; herrschsüchtig und schwierig wie Nava, fatal und unverständlich wie die *podrugi.* Er ist abstoßend und stinkt. Kandid übersteht die desorientierende organische Macht des Waldes nur, weil ihm der Geist eines männlichen Kameraden vorsorglich eine männliche Waffe gibt, ein Metallskalpell, mit dem er die *mertvjaki,* die Leichenmenschen, bekämpfen kann. Der Wald mit all seinem Grauen ist ein Alptraum, den Männer von Frauen haben.

Weil sowohl sowjetische Intellektuelle wie westliche SF-Kritiker die Strugatzkis so hoch einschätzen[19], halte ich es für wichtig, auf ihre durchgehend bedrohliche und feindselige Frauendarstellung in *Die Schnecke am Hang* hinzuweisen. Solche Frauendarstellungen sind jedoch nicht auf die Strugatzkis beschränkt oder überhaupt auf die sowjetische SF oder sogar die russische Literatur. Die angesehene SF-Autorin Joanna Russ könnte in ihrem Artikel über sexuelle Stereotype in der amerikanischen Science-fiction von *Die*

Schnecke am Hang sprechen.[20] Weibliche Charaktere, schreibt sie, sind

»keine Frauen, sondern Bilder von Frauen: züchtige Jungfern, verruchte Verführerinnen ... schöne Weibsstücke und so weiter ... im besten Falle sind es Beschreibungen von sozialen Rollen, die Frauen angeblich spielen und oft auch tatsächlich spielen, aber es sind Rollen, die die Frauen in der Öffentlichkeit und nicht im Privatleben spielen; und im schlimmsten Fall ... sind es Phantasien darüber, was die Männer sich wünschen, oder was sie hassen oder fürchten ...

Es gibt [zum Beispiel] keine Erklärung [für das Verhalten einer Weibsstückgöttin] mit Hilfe menschlicher Motive oder auf Grund des weiblichen Innenlebens; sie verhält sich einfach so, wie sie es tut, weil sie ein Weibsstück ist. Kein [existentiell] Anderes hat je die gleichen Motive wie Sie und ich; das Andere enthält eine geheimnisvolle Essenz, die daran schuld ist, daß es sich so verhält, wie es sich verhält; in Wahrheit handelt ›es‹ sich überhaupt nicht um eine Person, sondern um eine Wunsch- oder Angstprojektion.«

Die Schnecke am Hang bietet eine besonders deutliche Illustration von Russ' Vorwurf. Wie wir gesehen haben, liefern die Strugatzkis nie Beweggründe für Alevtinas Verführung von Pfeffer, Ritas Ausflüge in den Wald, Navas schlechte Behandlung von Kandid, die Absicht der *podrugi*, die Männer zu eliminieren oder für die abstoßenden Erscheinungsformen des Waldes. Sie setzen nicht nur die Natur mit den Frauen gleich, sondern sie stellen die Frauen auch als Naturgewalten dar. Anstatt daß sie als denkende, fühlende Subjekte gezeigt werden, existieren die Frauen nur als lästige und gefährliche Objekte.

Warum diese feindselige, unmenschliche und niederschmetternde Darstellung von Frauen? Wie immer die Antwort für andere Schriftsteller lauten mag, so vermute ich, daß sie für die Strugatzkis in einem tiefverwurzelten Glauben liegt, daß Frauen das mächtigere und beherrschende Geschlecht sind. In ihrem Roman geht nicht nur der matriarchalische Wald als unausweichlicher Sieger im Kampf gegen die patriarchalische Verwaltung hervor, sondern die Frauen beherrschen sogar die Verwaltung. Und wenn auch die Männer nicht zugeben, daß sie sich unterlegen fühlen, läßt Pfeffer doch in seiner enthüllenden mitternächtlichen Ansprache Gefühlen der Unzulänglichkeit, Machtlosigkeit und der Abhängigkeit vom Wald freien Lauf, in dem er eine unabhängige und abweisende Frau sieht. Am Rand der Schlucht auf die Knie sinkend, sagt Pfeffer:

»Brauchst du wirklich keinen von uns? Oder verstehst du gar nicht, was das heißt, jemanden brauchen? ... Ich weiß nicht, wer du bist ... Du bist einfach der, der du bist, ich kann ja nicht hoffen, daß du so bist, wie ich dich mein ganzes Leben lang sehen wollte: gut und klug, nachsichtig und niemanden vergessend, zuvorkommend und vielleicht auch dankbar ... Brauchst du mich wirklich nicht? Nein, ich werde die Wahrheit sagen. Ich fürchte, ich brauche dich auch nicht.«[21]

Diese Ansprache könnte einen zu der Annahme verleiten, Pfeffer wende sich gleichzeitig an eine lieblose Mutter und eine gleichgültige Geliebte. Andererseits vereinen die Eigenschaften, die er sich wehmütig und hoffnungsvoll vom Wald ersehnt, die der selbstaufopfernden Mutter (»gut«, »nachsichtig«, »niemanden vergessend«) mit denen einer attraktiven, aber völlig unterwürfigen Ehefrau (»klug«, »zuvorkommend« und »dankbar«). Pfeffer ahnt bereits, wie wenig der Wald seinem Ideal gleicht; da er sich abgewiesen fühlt, kann er sich nur voll verwundeter Würde zurückziehen: »Brauchst du mich wirklich nicht? Nein, ich werde die Wahrheit sagen. Ich fürchte, ich brauche dich auch nicht.« Keine Aussöhnung ist möglich mit dem Wald, der, wie Pfeffer spürt, seinen Gefühlen eines verzweifelten Gebrauchtwerdens mit kränkender Gleichgültigkeit begegnet.

Pfeffer leidet auch nicht allein. Im allgemeinen schüchtern die Frauen, die in diesem Werk die Rolle des mächtigeren und gefährlicheren Geschlechts spielen, die Männer ein, die auf eine von drei ungesunden Verhaltensweisen reagieren. Zuerst versuchen sie, die Frauen zu beherrschen, indem sie sie erniedrigen, wie es die weniger empfindsamen Männer der Verwaltung tun. (Die Verwaltung selbst zeigt symbolisch ihre Verachtung für den Wald, indem sie oben an der Schlucht Latrinen errichtet.) Zweitens erlauben die Männer den Frauen vielleicht, an ihnen zu schmarotzen, und verlieren ihre Seele, wie etwa Pfeffer und Quentin; schließlich können die Männer die Frauen zurückweisen und sexuellen Beziehungen überhaupt aus dem Weg gehen, Kandids Lösung (und diejenige, die die Strugatzkis gutzuheißen scheinen). Jedenfalls erkennen wir in diesem Roman nie die Möglichkeit einer Kameradschaft, geschweige denn eine mögliche Zuneigung zwischen Männern und Frauen.[22]

Um die in *Die Schnecke am Hang* geschilderte Polarisation der Geschlechter zu beenden, müßten die Männer die weibliche, nährende, empfindsame Seite in ihnen anerkennen und aufnehmen, anstatt sie zu fürchten und sie als Alptraum auf die Frauen zu projizieren. Interessanterweise zeigt sich, daß sich Kandid, der sympathischste Charakter des Romans, einem solchen Ideal nähert. Am Schluß des Buches lernt Kandid, nach seinen schrecklichen Prüfungen im Wald, einen »weiblichen« Sinn für Zuneigung und Liebe zu den anderen Dorfbewohnern mit einem »männlichen« Sinn für intellektuelle Objektivität im Kampf zwischen Wald und Verwaltung zu vereinen. Kandids intellektuelles, gefühlsmäßiges und geistiges Wachstum nach seiner Auseinandersetzung mit dem Wald zeigt, daß die Strugatzkis – trotz ihrer unerfreulichen Schilderungen von Frauen – erkennen, daß sich die Menschen auf eine vollständige und ausgeglichene Art und Weise entwickeln müssen, eine Vorstellung, für die auch viele Feministinnen eintreten.

Die Frage aber bleibt: In welcher Beziehung steht in diesem Werk das Geschlecht zur Macht? Warum hat es den Anschein, als setzten die Strugatzkis den Kampf der Intellektuellen gegen einen autoritären Staat mit dem Kampf der Männer gegen übermächtige Frauen gleich? In einem Werk, das die Unterdrückung in der Sowjetgesellschaft bloßstellt, würde man, wenn überhaupt, erwarten, daß Frauen gegen übermächtige Männer ankämpfen. Denn trotz des Lippenbekenntnisses, das von jedem kommunistischen Theoretiker für die Wichtigkeit der Frauenbefreiung abgelegt wird, haben sowjetische Frauen, wie gut dokumentiert ist, nie die persönliche oder politische Macht der Männer besessen.[23] Unter der Doppelbelastung von Arbeit außerhalb und innerhalb der Wohnung stöhnend, stoßen die Frauen selten auf Regierungspositionen vor, wo Entscheidungen getroffen werden. Einer sowjetischen Untersuchung aus dem Jahre 1960 zufolge erholen sich Frauen jeden Tag eine Stunde weniger als Männer, und sie schlafen jede Nacht eine Stunde weniger.[24] Man kann auch nicht behaupten wollen, daß die sowjetischen Frauen bedrohlich wirken, weil sie ihr Los zornig beklagen, denn alle sowjetischen Frauen, ob Parteimitglieder, Dissidenten oder sogar Emigranten, akzeptieren die Aussage, daß »die Revolution ›das Frauenproblem‹ in Rußland gelöst hat«, und ebenso das Gegenstück, daß es folglich im Sowjetstaat keine Frauenpolitik geben kann.[25]

Man kann sich lediglich fragen, ob die feindseligen, gefährlichen und mächtigen Frauen, die *Die Schnecke am Hang* bevölkern, aus Kindheitseindrücken heraufbeschworen worden sind. Höchstwahrscheinlich nur in der Kindheit findet sich der männliche Sowjetmensch unter unausweichlicher weiblicher Herrschaft, weil in der UdSSR (mehr noch als in den USA) in der Familie, in den Horten und Grundschulen ausschließlich Frauen Hüter von Kindern zu sein pflegen.[26] Vielleicht wachsen Knaben, die nur mit weiblichen Aufsichts- und Respektspersonen zu tun haben, in dem Glauben auf, daß Frauen äußerst mächtig und potentiell gefährlich sind, ein Geschlecht, das man entweder unterdrückt oder dem man aus dem Wege geht.

In *Die Schnecke am Hang* zeigen uns die Strugatzkis einen ungleichen Kampf zwischen Männern und mächtigeren Frauen, um den Kampf des einzelnen gegen den totalitären Staat zu symbolisieren. Zwar beschwören die Autoren vielseitig und phantasievoll männliche und weibliche Lebensbereiche herauf, aber sie tun sich selbst und den Frauen unrecht, indem sie letztere mit »dem Feind« gleichsetzen. Daß so hervorragende Autoren wie die Strugatzkis eine Hälfte der Menschheit auf diese Weise abtun, zeigt die schädlichen Auswirkungen geschlechtlicher Polarisierung auf die menschliche Psyche.

Anmerkungen

1 Während Puschkin, Gogol und Pawlowa Untertitel verwendeten, um die einzigartigen Genres ihrer Werke zu beschreiben, gab Tolstoi *Krieg und Frieden* zunächst überhaupt keine Bezeichnung. In einem Essay, der später im *Russkij arxiv* erschien (»Neskol'ko ob« jasnitel'nyx slov grafa L. N. Tolstogo [po povodu sočinenija ego Voina i mir«], 1868, Nr. 3, S. 515–527), leugnete Tolstoi ausdrücklich, daß *Krieg und Frieden* ein Roman, ein Gedicht oder eine historische Chronik sei, und behauptete, daß kein hervorragendes Werk der zeitgenössischen Literatur sich mühelos in europäische Genres einordnen ließe (S. 515).

2 Zum Beispiel Andrej Belyjs Prosagedicht »Symphonien«, Velemir Chlebnikows und Vladimir Majakowskis Experimente mit der Lyrik und Juri Olesas seltsamer Roman *Neid* (dessen zweigeteilte Struktur auf gewisse Weise *Die Schnecke am Hang* vorwegnimmt).

3 Infolge der Schwierigkeit, sich die sowjetischen Originale zu beschaffen, habe ich als Text Nachdrucke der zwei *povesti* in russischer

Sprache im Westen benutzt: *Ulitka na sklone* (Frankfurt/Main: Possev 1972) und *Les* (Ann Arbor: Ardis 1981). Siehe Anmerkung 5.

4 »... fragmenty kotoroj predlagajutsja zdes'... možet pokazat'sja ne sovsem obyčnoj, potomu čto po suščestvu predstavljaet soboju kak by dve povesti v odnoj, soderžit dav soveršenno samostojatel'nyx sjužeta«, *Ellenskij sekret,* S. 384–385.

5 Ironischerweise sind die zwei *povesti,* die *Die Schnecke am Hang* bilden, von russischsprachigen Verlagen im Westen ebenfalls separat veröffentlicht worden, was zu beträchtlicher bibliographischer Verwirrung beiträgt. Obwohl der deutsche Verlag Possev einen Nachdruck aus dem Jahre 1972 *Ulitka na sklone* betitelte, bestand diese Ausgabe in Wahrheit nur aus der Hälfte, die in *Bajkal* erschienen war. Im Jahre 1981 legte Ardis, ein amerikanischer Verlag, die andere Hälfte neu auf, aber unter einem neuen Titel, *Les.* Eine Anmerkung vorne in der Ardis-Ausgabe erklärt: »›Der Wald‹ ist ein Teil des Romans *Die Schnecke am Hang* der Strugatzkis, der zuerst in der Sammlung *Das griechische Geheimnis* (1966) veröffentlicht wurde. Dieser Text war in der Possev-Ausgabe aus dem Jahre 1972 nicht enthalten.«

6 Ausführliche Darstellungen der Debatten in der sowjetischen Presse über das Werk der Strugatzkis findet man bei Darko Suvin, »Criticism of the Strugatsky Brothers' Work«, *Canadian-American Slavic Studies* Nr. 2 (Summer, 1972), S. 286–307, und bei Constantin Kustanovich, »The Brothers Strugatsky: Science fiction and Realistic Fantasy«, unveröffentlichter Essay.

7 Arkadi Strugatzki, Boriss Strugatzki, *Tigu nolvakul* (Tallinn: Perioodka 1971).

8 Suvin, »Nachwort«, *Die Schnecke am Hang* (Frankfurt: Suhrkamp 1978), S. 269; Kustanovich, 33–36.

9 Die folgenden Bezugnahmen auf Rita finden sich in *Ulitka na sklone*, 4. Kapitel, S. 81–87, 94; *Die Schnecke am Hang,* S. 127–130, 141.

10 *Ulitka na sklone*, S. 125–126, 127; *Die Schnecke am Hang,* S. 221, 223.

11 *Les,* S. 59; *Die Schnecke am Hang,* S. 176.

12 Mary Ellman; *Thinking About Women* (New York: Harcourt, Brace Jovanovich 1968), S. 55–145.

13 Robert Graves: *The White Goddess,* New York: McGraw Hill 1966, S. 24, 245.

14 Froma I. Zeitlin erörtert die Rolle der Furien und anderer negativer Frauenbilder in Aeschylus' *Oresteia:* »The Dynamics of Misogyny: Myth and Mythmaking in the *Oresteia*«, *Arenthusa* II (1978), S. 148 bis 183, besonders S. 159. Eine umfassendere Untersuchung des

negativen Frauenbildes in der klassischen Literatur findet man bei Philip Slater: *The Glory of Hera,* Boston: Beacon 1968.

15 *Ellinskij sekret,* Leningrad 1966, S. 385.

16 Boris Pasternak, *Poezija izbrannoe,* Frankfurt/Main: Possev 1960, S. 399; eine deutsche Übersetzung (von Rolf-Dietrich Keil) findet sich in Boris Pasternak: *Wenn es aufklärt. Gedichte 1956–1959,* Frankfurt: S. Fischer 1960, S. 109–110. Dort lauten die letzten zwei Strophen:

»Tief drinnen liegt der Weg hinein
Zum Schluchtentiegel.
Dort harrt die Zukunft sichrer mein
Als Brief und Siegel.
Sie zwingt nicht Zweifel noch Gewalt
Noch Schmeichelhoffen,
Sie liegt genauso wie der Wald
Ganz tief, ganz offen.«

17 George Katkov: »Notes«, in Boris Pasternak: *In the Interlude,* Oxford: Oxford University Press 1962, S. 249.

18 *Ulitka na sklone,* S. 82. Das folgende Zitat findet sich auf den Seiten 83–84; *Die Schnecke am Hang,* S. 128, 130, 135.

19 Abgesehen von ihrer ungeheuren Popularität in der Sowjetunion unter Intellektuellen und Dissidenten, waren die Strugatzkis auch Thema enthusiastischer Essays von solch wichtigen amerikanischen SF-Autoren wie Ursula K. Le Guin: »European Science Fiction«, *Science-Fiction Studies,* I, part 3 (Spring 1974), S. 181–185; und Theodore Sturgeon, der die Einleitungen zu den englischen Übersetzungen mehrerer ihrer Bücher schrieb: *Prisoners of Power,* New York: Macmillan 1978, S. VII-IX; *Noon: 22nd Century,* New York: Macmillan 1978, S. IX-XV; *Definitely Maybe,* New York: Macmillan 1978, S. VII-XI, und andere.

20 Joanna Russ: »What Can a Heroine Do?« *Images of Women in Fiction: Feminist Perspectives,* hrsg. von Susan Koppelman Cornillon, Bowling Green: Bowling Green University Press 1972, S. 3–22. Das folgende Zitat stammt von S. 5. Sexuelles Stereotypisieren in der amerikanischen Science-fiction ist gut dokumentiert. Siehe auch Joanna Russ; »The Image of Women in Science Fiction«, *Images of Women in Fiction,* S. 79–94; Carol A. Whitehurst, »Images of the Sexes in Science Fiction«, *International Journal of Women's Studies* III, 4 (July/August 1980), S. 327–337, das eine hervorragende Bibliographie anderer Untersuchungen zum Thema enthält.

21 *Ulitka na sklone,* S. 32; *Die Schnecke am Hang,* S. 59–60.

22 Die Beziehungen zwischen Mann und Frau sind in den späteren Werken der Strugatzkis weder so zentral noch so giftig. Nichtsdestoweniger beschreiben die Strugatzkis solche Beziehungen weiterhin als ungleich; ihre Frauengestalten beherrschen entweder die Männer,

zerstören sie oder unterwerfen sich ihnen gelegentlich. In *Gadkie lebedi* (1972; dt. *Die häßlichen Schwäne)* z.B. ergreift Diana die sexuelle und intellektuelle Initiative, während Viktor geduldig ihre Befehle ausführt, gewöhnlich ohne den Zweck seiner Handlungen zu verstehen. Im Gegensatz dazu sind in *Obitaemij ostrov* (1971, dt. *Die bewohnte Insel)* den Frauen die Neben- und Statistenrollen zugeteilt worden: Rada, das hilflose aber loyale Mädchen der Liebeshandlung, serviert abwechselnd den Kunden in einem Restaurant und dem Bruder daheim das Essen. In *Za milliard let do konca sveta* (1976–1977, dt. *Milliarden Jahre vor dem Weltuntergang),* einem der besten Romane der Strugatzkis, erscheinen die Frauen wieder einmal als Versucherinnen und raffinierte Männervernichterinnen. Zwar schildern die Strugatzkis die Ehe des Helden mit Sympathie, jedoch muß Maljanow schließlich auf sein Lebenswerk und seine Selbstachtung aus Rücksicht auf Frau und Kind verzichten. Lediglich Wetscherowski, ein Wissenschaftler, der sich wie Kandid gehütet hat, sich mit Frauen einzulassen, kann sich den Luxus, wichtige Arbeit zu leisten, erlauben. In diesem Roman kommt nie die Möglichkeit auf, daß Frauen wichtige Arbeit leisten. (Ich bin hier Darko Suvins Chronologie der Entstehung der Werke gefolgt, die nicht in jedem Fall der Reihenfolge der Veröffentlichung entspricht; »Nachwort« zu *Die Schnecke am Hang,* Frankfurt/Main: Suhrkamp 1978, S. 255–257.)

23 Für die Einstellung von Marx, Engels und Lenin zu den Frauen (in Theorie und Praxis) siehe Alfred G. Meyer, »Marxism and the Woman's Movement« in *Women in Russia,* hrsg. von Dorothy Atkinson, Alexander Dallin und Gail Warshofsky Lapidus, Stanford: Stanford University Press 1977, S. 85–114. Ein unfreiwillig humoristischer Artikel über »Die Frauenfrage« (»Ženskij vopros«) in der 1952er *Bol'šaja sovetskaja enciklopedija* rühmt der »Partei Lenins und Stalins« nach, sie habe die Frauenfrage in der Sowjetunion gelöst, und geht so weit, die Kollektivierung als einen von Stalins Beiträgen zur Gleichberechtigung der Frau anzuführen. Weibliche Arbeiterinnen auf den Kolchosen, so wird ein Ausspruch Stalins zitiert, »müssen einsehen, daß sie nur auf den kollektiven Höfen die Möglichkeit haben, Männern ebenbürtig zu sein« (XVI, S. 65). Natürlich raubte die Brutalität, die die Durchführung der Kollektivierung kennzeichnete, oft Männern wie Frauen jede Lebensgrundlage.

24 Über die Nichtteilnahme der Frauen an wesentlichen Entscheidungen siehe *Women in Russia,* S. 334, 354. Die Untersuchung, die zeigt, daß Frauen weniger Schlaf bekommen und sich weniger erholen können als Männer, wird auf S. 304 zitiert.

25 Einige sehr bewegende Schilderungen des schweren Lebens, das sowjetische Frauen führen (und ihrer Ahnungslosigkeit, daß sie sexuell diskriminiert werden), findet man in Carola Hansson und Karin Liden:

Moscow Women: Thirteen Interviews, New York: Pantheon Books 1983. Das Buch dokumentiert die wirtschaftliche Diskriminierung der sowjetischen Frauen höchst überzeugend, S. XIV, 26–28, 55–56.

26 Sowjetische Frauen und Männer sind der Überzeugung, daß Frauen besser geeignet sind, kleine Kinder aufzuziehen. Siehe *Moscow Women,* S. 37, 38, 89.

Dagmar Barnouw

Historische Erfahrung im Untergrund der Vergangenheit: ›Es ist nicht leicht, ein Gott zu sein‹

Das Hauptprinzip des realistischen Schriftstellers: »nur darüber zu schreiben, was er gut kennt«, gilt heute genauso auch für den SF-Autor, nur mit einer kleinen Ergänzung: nur darüber zu schreiben, oder »was niemand weiß«. So sagte Arkadi Strugatzki in einem vor kurzem in der *Sowjetliteratur* veröffentlichten Interview.[1] Die SF der Brüder Strugatzki ist deshalb so interessant, weil sie den Zusammenhängen zwischen dem »gut kennen« und dem »nicht kennen« ebenso einfallsreich wie sozial vernünftig nachgeht – am überzeugendsten vielleicht in ihrem bisher besten Text *Picknick am Wegesrand* (1972), zu dem Stanisław Lem bemerkt, daß sich Arkadi und Boris Strugatzki hier »vor allem als Realisten in der Phantastik erwiesen« haben. Für Lem, den wohl kritischsten professionellen Leser von SF, ist das ein großes Lob, denn »Realismus in der Phantastik bedeutet Konsequenz, Ehrlichkeit bei der Ableitung sämtlicher Folgerungen aus den angenommenen Prämissen«[2], und es sind gerade diese Eigenschaften, die SF-Texte haben sollten und allzu oft nicht haben.

Obwohl ich Lems besondere[3] Bewunderung für *Picknick am Wegesrand* voll teile, möchte ich doch solchen in der SF so raren wie wichtigen »Realismus in der Phantastik« auch für den früheren Roman *Es ist nicht leicht, ein Gott zu sein* (1964) in Anspruch nehmen. Es ist ein SF-Text, der in Hinsicht auf sozialpsychologische Probleme begrifflich komplexer, wenn auch atmosphärisch weniger dicht ist als das faszinierende Puzzle des *Picknicks*. Denn es geht hier um Fragen nach der Möglichkeit und der Art des Wissens, die wohl zentral sind für fast alle Strugatzki-Texte, hier aber in einem besonders verstrickten und kulturell wichtigen Kontext abgehandelt werden: dem der Rolle des Geschichtsbegriffs für kulturelles und politisches Selbstverständnis, das sich zu selbstverständlich mit Machtansprüchen identifiziert.

Thema ernsthafter SF ist eine mit sozialer Vernunft geregelte Konfrontation, d. h. ein möglichst vorurteilsfreies eher denn feindlich verhärtetes Aufeinandertreffen (extrem) verschiedener intelligenter Wesen und deren Kulturen. Denn eine solche Konfrontation kann die äußerste, umfassendste und, zu Ende des Jahrhunderts gegenseitiger Massenvernichtungen, vielleicht wichtigste Möglichkeit menschlichen Wissens bedeuten. Einer der immer wiederkehrenden Vorwürfe, die Lem mit Recht der SF allgemein macht – er akzeptiert nur wenige Ausnahmen –, ist der, diese Möglichkeit nicht genügend ernstzunehmen, d.h. sie nicht konsequent genug zu befragen. Die Stugatzkis teilen diese Ansicht, wie ihre Texte zeigen. In *Picknick* gibt der Physiker Pillman anläßlich seiner Auszeichnung mit dem Nobelpreis ein Rundfunk-Interview, in dem er zögernde, vorsichtige Äußerungen über die Art des außerirdischen »Besuchs« macht, der, wie bei einem Picknick am Wegesrand, all die unerklärten und vielleicht unerklärbaren Dinge zurückgelassen hat. Den »Besuch« selbst aber bezeichnet er als die wichtigste Entdeckung nicht nur der Jahre nach dem »Besuch«, sondern der Menschheitsgeschichte überhaupt:

»Es ist nicht gar so wichtig, was das für Wesen waren, woher sie kamen und aus welchem Grund. Vergleichsweise unwichtig ist auch, warum sie sich nur so kurze Zeit bei uns aufhielten und wohin sie verschwanden. Wichtig dagegen ist: Die Menschheit weiß jetzt mit Sicherheit, daß sie nicht allein im Universum ist. Ich fürchte, es wird dem Internationalen Institut für außerirdische Kulturen nie vergönnt sein, eine fundamentalere Entdekkung zu machen.«[4]

Pillman wendet sich, womit Lem sehr einverstanden ist, gegen ein anthropozentrisches Weltverständnis als den kulturell wohl dümmsten, weil schädlichsten Anachronismus in technokratischen Massengesellschaften, deren Überleben gerade von der größtmöglichen kritischen Offenheit für das Noch-nicht-Bekannte, andere abhängt. Gerade hier könnte die SF aufklärend wirken – was sie aber eben, zum Leidwesen Lems und anderer kritischer Leser, nur allzu selten tut. Der SF der Strugatzkis, wie gesagt, kann man diesen Vorwurf einer mangelnden aufklärerischen Perspektive im allgemeinen nicht machen, und besonders nicht im Falle von *Es ist nicht leicht, ein Gott zu sein*. Das Aufeinandertreffen unterschiedlicher Kulturen ist hier zur Konfrontation herabgesunken und geschrumpft, und damit sind menschliche Erfahrungs-, Verstehens- und Wissensmöglichkeiten von vornherein stark beschränkt oder gar unterbunden. Es sind die Zusammenhänge zwischen den sozial-psychologischen und den epistemologischen Schrumpfungsprozessen, welche die Strugatzkis interessieren und welche sie mit narrativem Geschick und konzeptuellem Einfallsreichtum analysieren.

Der Roman steht in einer langen Reihe von Strugatzki-Texten, welche Konfrontationen mit außerirdischen Kulturen als auf die eine oder andere Weise falsch gesteuerte Kontaktnahme darstellen, deren gewünschte Ergebnisse, nämlich Information, vor allem und ausschließlich der Stützung von Machtansprüchen dienen. Sie ist deshalb – so der kritische Kommentar der Strugatzkis auf den kulturellen Totalitarismus der sowjetischen Supermacht[5]– auf die eine oder andere Weise zum Scheitern verurteilt.[6] Es geht in diesen gegen Ethnozentrismus als Spielart des Anthropozentrismus gerichteten Texten um die Möglichkeit der flexiblen Position eines Wissen-Könnens, die zwischen der Arroganz eines (angenommen) festen Wissens und der Paranoia eines gefürchteten Nicht-Wissens aufgerieben zu werden droht. Denn es ist allein die offen gehaltene Möglichkeit des Wissen-Könnens, die vom Anthropozentrismus wegführt zu einem skeptischeren, kulturell nützlicheren Selbstverständnis, und das Scheitern wirkt sich dann aus in der Bedrohung oder auch Zerstörung des anderen so gut wie des eigenen.

Als relativ früher Text ist *Es ist nicht leicht, ein Gott zu sein* auffällig skeptisch in bezug auf die unter den gegebenen irdischen Umständen denkbaren Konsequenzen einer interplanetarisch-interkulturellen Kontaktaufnahme. Das Problem ist hier ein spezifisch verhärtetes epistemologisches Modell der Geschichtsschreibung (oder -forschung) als Geschichtswissenschaft. Im Auftrag seines irdischen Instituts für experimentelle Geschichte lebt der Historiker-Protagonist in einer Gesellschaft, die sich auf einem anderen Planeten bis ins Stadium einer irrationalen, d.h. irrational grausamen, »unmenschlichen« Feudalherrschaft entwickelt hat, in der vor allem alle Anders-, d.h. überhaupt Denkenden blutig verfolgt werden. Seine Erfahrungen, durch eine in seinem Stirnband verborgene Fernsehkamera »direkt« auf die Erde übertragen, sollen die Basis-Theorie des Instituts bestätigen, d.h. eine spezifische Gesetzmäßigkeit historischer Entwicklungen. Aus dieser Situation ergeben sich bestimmte Erfahrungs- und Entscheidungsdilemmas, die instruktive Fragen in bezug auf die Wissenschaftlichkeit der Geschichtsforschung als Ausdruck des sozialpolitischen Selbstverständnisses einer Gesellschaft aufwerfen, die sich, im Vergleich zur außerirdischen untermenschlichen Feudalgesellschaft, für glücklich fortgeschritten hält.

Bereits und vor allem die Annahme, daß nur der wie ein Geheimagent in die Vergangenheit eingeschleuste Beobachter »wirkliche« historisch-wissenschaftliche Informationen bringen kann, verengt den kulturellen Erfahrungs-, Verstehens- und Wissens-Begriff auf eine Weise, die den möglichen Informationsgewinn der Kontaktnahme unwiderruflich entstellt, ja, wie sich herausstellen wird, diskreditiert. Die Tatsache, daß der Historiker Anton alias Don Rumata von seinem (anderen) Planeten wie von einer anderen Zeit auf diese außerirdische Gesellschaft stößt, ist SF-spezifisch. Zwar kann auch ein irdischer Anthropologe des 20. Jahrhunderts sich in einer »primitiven« irdischen Gesellschaft finden, die eine frühere kulturelle Entwicklungsstufe reflektiert, an der er, als Mitglied einer hochentwickelten »zivilisierten« Gesellschaft historisch bewußt oder unbewußt teilhat. Aber im Falle des Historikers, der mit den SF-spezifischen räumlichen auch zeitliche Distanzen überbrückt, ist die Beziehung auf die eigene Gesellschaft notwendigerweise historisch bewußt und beabsichtigt; denn sie ist der ausgesprochene Zweck der Kontaktnahme. Durch die SF-spezifische Thematisierung des Kontakts zwischen verschiedenartigen Intelligenzen und deren Kulturen kann die Frage nach der Möglichkeit und der Art historischen Wissens auf spezifische Weise wörtlich, d.h. deutlicher gestellt werden: geschichtliches Wissen ist immer auf die eine oder andere Weise interessengebunden, und es ist gerade diese nicht nur nicht eingestandene, sondern unter Umständen auch absichtlich verborgene Bindung, deren Problematik in der Erfahrung des Historikers als Protagonisten eines SF-Romans so instruktiv analysiert wird.

Für das Geschichtswissenschaftliche Institut, in dessen Auftrag der Protagonist arbeitet, handelt es sich bei der gesellschaftlichen Organisation auf dem anderen Planeten um eine hominide feudale Gesellschaft, die, so hoffen sie, weitere Aufschlüsse geben kann über von irdischen Historikern bereits im großen festgelegte historische Gesetzmäßigkeiten. Sie wollen also nichts aus den durch den Kontakt gewonnenen Informationen lernen als eine eventuell in Details erweiternde oder modifizierende Bestätigung ihres Modells der Entwicklungsstufen irdischer sozialer Organisationen. Mit diesem Festhalten an dem Modell können sie auch nichts anderes lernen, und die trotzdem gemachten Erfahrungen, das sich entwickelnde Verstehen, das Wissen ihres Beobachters sind ihnen und ihm auf keine Weise nützlich. Seine aus der

Erfahrung gewonnene Einsicht in die Fragwürdigkeit des Modells wendet sich am Ende gegen den Beobachter selbst. Das Modell – so die skeptische und resignierende Sicht der Strugatzkis in diesem Roman – ist zu seinem eigenen Schaden gegen diese (menschliche) Art des Scheiterns gefeit.

Es geht also um die Möglichkeit eines auf realistische Weise »objektiven«, d.h. reflektierten, kritisch befragten historischen Beobachtungspunkts. Der Protagonist Anton als Historiker verfährt nicht wie ein Anthropologe, der sich mit Hilfe eines Informanten über eine andere, ihm fremde Gesellschaft Informationen verschafft, die es ihm ermöglichen, von seiner Position einer (mehr oder weniger intelligent) vermittelten Distanz aus deren Strukturen zu erschließen. Vielmehr lebt Anton als Don Rumata in dieser Gesellschaft, und nach einer Reihe von Jahren ist er einer von »ihnen« geworden – in gewissem Maße, bis zu einem gewissen Grad. Er teilt bereits einige der typischen gedankenlos-grausamen Verhaltensweisen; er kennt intim die brutale Machtgier, die diese Gesellschaft steuert, denn er hat gelernt, in dieser untermenschlichen, d.h. allzu menschlichen Welt zu überleben. Es bleibt aber ein außerordentlich wichtiger Unterschied bestehen: Für ihn ist dieses Überleben-Können nicht so direkt und ausschließlich mit dem Wissen-Können verbunden wie für die »wirklich«, d.h. als historisch Bedingte in dieser Gesellschaft Lebenden. Da sind zum Beispiel die Intellektuellen, deren Folterung und Ermordung er nicht verhindern kann; da ist seine junge unschuldige Geliebte, die (indirekt seinetwegen) das Leben verliert. Er mag soziale Verhaltensweisen teilen, aber er teilt nicht deren soziale Konsequenzen. Er ist, ob er will oder nicht, im Verhältnis zu diesen Wesen ein Gott, weil er nicht ihre sozial-historische Bedingtheit teilt: Die räumlich-zeitliche Distanz ist nur scheinbar überwunden, und damit ist alles, was er in dieser Gesellschaft über sie erfährt, nur bis zu einem gewissen Grade wahr und all sein historisches Wissen für sein Geschichtsinstitut nur bis zu einem gewissen Grade zugänglich.

Anton-Don Rumata ist sich der Bedingtheit der von ihm gesammelten Informationen über diese Gesellschaft, von der ihn utopische Distanzen trennen, bewußt – je nach den Umständen mehr oder weniger scharf. Ihm ist auch klar, daß sie herrührt von seiner Nicht-Teilhabe an den Bedingtheiten seines Beobachtungsgegenstands. Die eigentlichen Konflikte ergeben sich aus seiner kritischen Befragung der utopischen Distanz und der Unfähigkeit seines Instituts, auf diese Kritik einzugehen, d.h. zusammen mit Anton den orthodoxen Geschichtsbegriff zu befragen. Es wird von dem Historiker-Forscher verlangt, daß er als Don Rumata Erfahrungen macht, die er gleichzeitig als Anton zu Beobachtungen distanziert, welche dann als Informationen mit Hilfe einer – im Verhältnis zu dem Beobachtungs-Gegenstand – utopischen Technologie übertragen werden. Und es ist genau diese Annahme einer möglichen Gleichzeitigkeit von unvermittelt und vermittelt, welche den Wissensanspruch des Instituts für experimentelle Geschichte ebenso in Frage stellt wie den Machtanspruch der Gesellschaft, die eine solchen Geschichtsbegriff unterstützt und ausnützt. Erfahrung, Verstehen, Wissen sind auf spezifische Weise mit Handeln verbunden und daher vermittelt – eine Einsicht, die dem Institut mit seiner epistemologischen Wissensarroganz nicht zugänglich ist. Das Institut für experimentelle Geschichte betreibt nicht wirklich experimentell Geschichte; die sozial so weit entwickelte Gesellschaft bleibt in ihrem Selbstverständnis utopisch: nirgendwo und zu keiner Zeit in Beziehung zu anderen Gesellschaften, die sie so wenig verstehen wie sie von ihr verstanden werden kann.

Die für historisch-soziale Selbsterkenntnis so wichtige Frage des historisch bewußten Beobachters und seiner Perspektive hatten die Strugatzkis schon in der 1962 entstandenen Erzählung *Fluchtversuch* nalaysiert, die, zumindest oberflächlich betrachtet, etwas hoffnungsvoller scheint. Hier wird die auf sympathische Weise »naiv-utopische« Perspektive von zwei jungen Russen aus einer nahen Zukunft auf die KZ- oder Gulag-artige Gesellschaft einer nahen Vergangenheit konfrontiert mit der eines Historikers dieser Periode, der, wie sich herausstellt, ein Überlebender dieser Zeit ist. Vadim, ein sehr junger enthusiastischer struktureller Linguist und der etwas ältere skeptischere, reflektiertere Anton, hier ein Raumschiff-Pilot mit einiger Kontakterfahrung, fliegen den Fremden Saul auf dessen Bitte zu einem, irgendeinem unbewohnten Planeten. Die freundliche Erfüllung dieser Bitte – anscheinend ist man in dieser guten russischen Zukunfts-Gegenwart ausnehmend nett zueinander – bringt die beiden Freunde um einen wohlverdienten Vergnügungsflug und setzt sie Gefahren aus, die sie nicht für möglich gehalten hätten. Schließlich gehören sie einer sozial und technologisch hochentwickelten Zivilisation an, und die untermenschliche

Gesellschaft, die sie auf dem vermeintlich unbewohnten Planeten vorfinden, ist »natürlich« auch technologisch unterentwickelt und deshalb grundsätzlich nicht wirklich bedrohlich, wenn auch entsetzlich. Vadim reagiert am naivsten – er ist am meisten entsetzt im Sinne von schockiert, am hilfbereitesten auf eine Weise, die ihn hilflos macht, und am schnellsten zum Aufgeben, zur Rückkehr in die Sicherheit des eigenen Planeten, der eigenen Zeit entschlossen. Anton reagiert vorsichtiger und überlegter, aber auch er macht schwere Fehler, weil er diese von Menschen geschaffene Hölle für unmöglich hält: was nicht sein sollte, ist auch nicht. Einzig Saul, Historiker des 20. Jahrhunderts, verschwendet keine Energie an Entsetzen, sondern richtet sich sogleich aufs Überleben ein. Damit rettet er nicht nur sich und die beiden jungen Gefährten, sondern sammelt auch Informationen über Organisationsformen dieser Gesellschaft, die wichtiger sind als das momentane, persönliche Problem des Überlebens. Das ist ihm möglich, weil er eine spezifisch bedingte Erfahrungsfähigkeit entwickelt hat, die wiederum über die des »bloßen« Historikers hinausgeht. Anton, durch den der Leser die Ereignisse weitgehend erlebt, sieht das bis zu einem gewissen Grade. Anders als Vadim denkt er über Merkwürdigkeiten in Sauls Verhalten nach: ein Historiker, dessen sehnlichster Wunsch ein (von Menschen) unbewohnter Planet ist, der vor Hunden Angst hat, der eine Waffe mit sich herumträgt, die wegen ihrer Gefährlichkeit in Antons Erfahrung ein Anachronismus ist, der nicht, wie Anton und Vadim, mit den vertierten menschenähnlichen Wesen leidet. Ein Historiker, der die Irrationalität im (unter-)menschlichen Verhalten so gelassen hinnimmt, als hätte er nie etwas anderes erwartet, der nicht mit Mitleid, sondern mit Wut reagiert, für den die Grenze menschlicher Erfahrung merkwürdig verschoben und verschiebbar zu sein scheint, und der (deshalb?) mit seinen kalkuliert brutalen Handlungen sehr viel weniger Chaos und Leiden für die vertierten Opfer verursacht als Vadim und Anton mit ihren empathischen Versuchen zu nähren, zu kleiden und zu heilen.

Vadim, dem in seiner utopischen Nettigkeit so viel verborgen bleibt, rühmt an Saul vor allem die Entscheidungsfähigkeit, von der der grübelnde Anton, obwohl er der Kapitän des Raumschiffs ist, zu wenig hat. Saul, meint Vadim, sei eben ein wahrer Historiker des 20. Jahrhunderts. Er setzt also historisches Wissen unvermittelt gleich mit historischer Erfahrung, während Anton ahnt, daß das ein Kurzschluß ist. Diese Art von historischem Wissen ist nicht ohne gewisse Erfahrung möglich, die nicht der nur aus einer utopischen Distanz Beobachtende, die vielmehr nur der in seiner Gegenwart Handelnde machen kann, indem er die Distanz überbrückt.

An Sauls Fall werden nur einige Aspekte des Problems der historischen Perspektive dargestellt – *Fluchtversuch* ist ein einfacherer Text in bezug auf die Verschränkung geschichts-theoretischer und politischer Fragen. Saul hat sich aus seiner KZ- oder Gulag-Gegenwart in die Zukunft der jungen Russen gerettet und kehrt mit ihnen zurück in die Vergangenheit des anderen Planeten. Ihnen, aber nicht ihm, ist die Rückkehr in ihre eigene utopische Gegenwart gestattet und damit – so scheint es jedenfalls – auch die (jetzt als besser informierte? nützlichere? Menschen) Rückkehr in die Vergangenheit. Saul, der das Schiff irgendwo ohne Abschied verlassen hat, hinterläßt ihnen einen Zettel, dem sie entnehmen, daß er als Offizier der Roten Armee, von den Deutschen gefangengenommen, seinen Bewachern entkommen ist. Kein Historiker, sondern ein Überlebender im engsten und wörtlichsten Sinne und mit schlechtem Gewissen. Was er tun wird, bleibt unbestimmt; was sie tun werden, bleibt eine Forderung, deren Realisierung durch den Text selbst in Frage gestellt worden ist: geht zurück und befriedet den Planeten. Aber wie? Mit wessen Hilfe? Mit wessen Wissen, mit wessen Erfahrung?

Wenn wir Anton in *Es ist nicht leicht, ein Gott zu sein* wieder begegnen, ist ihm genau diese Bedeutung der Verbindung von Erfahrung und Wissen klarer, das Sich-Abschließen des Instituts für experimentelle Geschichte gegen die Forderungen des Experiments problematischer geworden. Anton als Don Rumata ist ein Historiker, der irrt, dessen Erfahrungen zu einem Wissensprozeß führen, bei dem es zwei Schritte vorwärts und anderthalb zurück geht. Das ist ein Falsifikationsprozeß, den das Institut nicht akzeptieren kann, weil es nicht so sehr an der sozialen Realität des anderen interessiert ist als an einer historisch untermauerten Fiktion der eigenen Gesellschaft, die bestimmte Machtansprüche – z. B. ideologisch begründetes Eingreifen in andere Gesellschaften – erlauben würde. Das Institut operiert also mit verschiedenen Bedeutungen von Realität und Experiment. Politische Experimente – des Eingreifens – sind erlaubt, weil sie gesetzmäßig ablaufen werden; eine sozial experimentelle Haltung ist dem Historiker, der die gewünschten Gesetzmäßigkeiten »experimentell« dokumentieren, d.h. erhärten soll, nicht erlaubt, denn sie könnte gerade diese Gesetzmäßigkeit in Frage stellen. Dem Historiker der SF-Zukunft, d.h. der guten russischen Gegenwart, wird also eine utopische Distanz aufgezwungen, die viel größer und verzerrender ist als die des »normalen« Historikers. Denn sie ist von einem historischen Wissensbegriff getragen, der den Zusammenhang von Erfahrung, Verstehen und Wissen vernachlässigt und der deshalb für ethnozentrische oder anthropozentrische Machtansprüche besonders leicht und gründlich ausgenutzt werden kann.

Die Gesellschaft, in der Anton als Don Rumata lebt, ist nicht wirklich die Vergangenheit seiner eigenen irdischen Gesellschaft. Der besonders gerissene bösartige Lord, mit dem er fertig werden muß, mag das Institut an Richelieu erinnern, aber das ist nur sehr begrenzt nützlich. Denn eine solcher Vergleich überspringt die Erfahrungs- und Verstehensmöglichkeiten Antons. Auch als Don Rumata ist Anton nicht Zeitgenosse Richelieus, und die außerirdische Gesellschaft ist nicht die Richelieus – Tatsachen, die das Institut nicht beachtet, die es aber bei seinem so sehr betonten experimentell-wissenschaftlichen Selbstverständnis beachten müßte.

Anton ist ein Teil des Experiments, das die Realität der außerirdischen als realisierte gesetzmäßige Entwicklungsstufe der irdischen Gesellschaft so konkret wie möglich bestätigen soll. Aber da das Experiment kein wirkliches ist, d.h. da nicht eine Hypothese bewiesen, sondern ein kulturell-politischer Machtanspruch bestätigt werden soll, darf Anton sich auch nicht experimentell verhalten, d.h. er darf nicht als soziales Wesen handeln. Das historische Institut rechnet nicht in irdischen, sondern in überirdischen Zeiteinheiten; es verlangt von seinen experimentellen Historikern im Untergrund einer fremden Vergangenheit, die gewaltsam zur eigenen gemacht werden soll, die Geduld, die Distanz von Göttern. »Wir sind die Götter hier«, sagt denn auch der institutsgläubige Don Kondor, der als Kontrolleur zu den geheimen Treffen im Untergrund kommt, mit festen Antworten auf alle Zweifel bewaffnet, wie die wirklichen Dons mit Schwertern. »Wir sind zudem verschieden von den Göttern, die sich die Menschen hier nach ihrem eigenen Bild gemacht haben: wir sind weiser und in unserer Distanz sicherer.« Das ist nicht nur ein religiöser Anspruch, sondern ein theokratischer, und in seiner Arroganz zerstörerisch –

auch für die, die mit Anton, dem widerwilligen Gott, in Berührung kommen. Von Anton wird verlangt, daß er in Situationen, die menschliches Handeln verlangen, nicht handelt, daß er sich verhält wie ein Gott. Es ist für ihn zu schwer, ein Gott zu sein. Aber in der vom Institut arrangierten und aufrechterhaltenen Situation hat sein menschliches Verhalten für ihn selbst und die, denen er sich verbunden fühlt, katastrophale Wirkungen, aus denen das Institut so wenig lernt wie aus den Berichten des Historikers als Zeitgenossen im Untergrund der Vergangenheit.

Was der Gesellschaft fehlt, die das Institut trägt und von ihm Selbstbestätigung eher denn Selbstbefragung erwartet, ist das wirkliche Interesse für die Wirklichkeit des anderen und die wirkliche Bereitschaft zum sozialen Experiment, d. h. die offene kritische Einstellung zur eigenen Gegenwart und Vergangenheit, die allein eine wirkliche Koexistenz mit dem anderen möglich macht. Gesellschaften sind nicht wie sie sind, gut oder böse, sie sind, wie sie geworden sind, und müssen innerhalb dieses Prozesses verstanden werden, dessen Gesetzmäßigkeiten keineswegs klar sind. Es ist denn auch nicht die verhärtete utopische Distanz der Ideologie (jeglicher Richtung) mit ihrer unreflektierten Theoriearmut, die eine präzisere und flexiblere Auffassung von Geschichte ermöglicht, wohl aber, in einigen glücklichen Fällen, die realistische, bewegliche Distanz der Science-fiction.

Anmerkungen

1 Arkadi Strugatzki, »Der Mensch muß immer Mensch bleiben«, *Sowjetliteratur* Nr. 7 (1983), S. 153–165, S. 158 (vgl. S. 14–27 in diesem Band).
2 Stanisław Lem, Nachwort zu *Picknick am Wegesrand*, Frankfurt/M: Suhrkamp, 1981, S. 189–215, S. 200.
3 Lem lobt vor allem die »menschlichen Dinge« des Romans (S. 201), d. h. die Diskussion der sozial-psychologischen Reaktionen auf den »Besuch« der außerirdischen Zivilisation. In bezug auf »das eigentliche Wesen des Besuchs« hat er verschiedene sehr anregende Einwände (S. 201 ff.), die den Text der Strugatzkis nicht so sehr in Frage stellen als bereichern.
4 *Picknick,* S. 9.
5 S. Patrick L. McGuire, »Future History, Soviet Style: The Work of the

Strugatsky Brothers«, *Critical Encounter,* II/8 (1982), 104–124, S. 114 ff.

6 In dieser Hinsicht sind die späteren Werke noch ausdrücklicher pessimistisch; das kann man deutlich sehen bei einem Vergleich von *Die bewohnte Insel* (1971) und *Ein Käfer im Ameisenhaufen* (1980). In *Die bewohnte Insel* verliert der Protagonist seinen besten Freund, wie Anton seine Geliebte – auch er ist im Auftrag der fortschrittlicheren Gesellschaft eine Art von (widerwilligem) Gott in seiner Umwelt, und die Konflikte ergeben sich aus dieser Situation. Im *Käfer* durchlebt derselbe Protagonist, nun 25 Jahre älter, ähnliche Konflikte, nun aber verschärft durch seine genauere Sicht der für alle (anderen und eigenen) so destruktiven Paranoia der Supermacht, in deren Auftrag er handeln muß.

Halina Stephan

Die Grenzen wissenschaftlichen Fortschritts in ›Milliarden Jahre vor dem Weltuntergang‹

Wer *Milliarden Jahre vor dem Weltuntergang* außerhalb des sowjetischen Kontexts liest, wird es zu den weniger bemerkenswerten Werken der Strugatzki-Brüder zählen. Die wohlwollenden Zitate von Theodore Sturgeon und Ursula K. Le Guin auf dem Schutzumschlag der amerikanischen Ausgabe (englischer Titel: *Definitely Maybe*) nützen einem Roman wenig, der sowohl Science-fiction wie eine Detektivgeschichte verheißt, aber keines dieser Versprechen einlöst. Zur erwarteten Konfrontation mit der außerirdischen Macht kommt es nie; der Schuldige, der eine Gruppe von Wissenschaftlern in Leningrad unter Druck setzt, wird nicht gefunden. Eher ist es wohl so, daß sich das erzählerische Interesse nicht auf eine Handlung konzentriert, sondern auf ein philosophisches und soziologisches Problem: auf den derzeitigen Verfall des wissenschaftlichen Ethos. Die Geschichte dreht sich also um das Paradoxon, daß der Erfolg der wissenschaftlich-technischen Revolution genau jene Werte zerstört, die vom Wissenschaftler als einer Vorbildfigur in der sowjetischen Kultur gefordert werden.

Milliarden Jahre schafft es nicht ganz, zu dem zu werden, was als »Literaturliteratur« bekannt ist, denn das Thema des modernen wissenschaftlichen Bewußtseins erfordert mehr an psychologischer Raffinesse, als die Strugatzkis aufbringen. Dabei mag der psychologische Schematismus der Geschichte davon herrühren, daß sich die Strugatzkis gewöhnlich nicht mit einer »realistischen« Thematik befassen. Jedenfalls haben sie bisher ihr beachtliches Talent in allegorischer Phantastik unter Beweis gestellt, die sich eher das Groteske und Absurde zunutze macht, wie in den Erzählungen *Die Schnecke am Hang*, *Picknick am Wegesrand* oder *Der Junge aus der Hölle*. Doch wenn das konkrete, realistische Milieu in den Erzählungen der Strugatzkis gewöhnlich fehlt, warum lassen sie jetzt *Milliarden Jahre vor dem Weltuntergang* in einem zeitgenössischen Wohnhaus in Leningrad spielen und warum haben sie eine Erzählperspektive mit deutlich naturalistischen Zügen gewählt, die Sex und Schweiß, Wodka und schmutzige Teller zu Leitmotiven ihrer Erzählung macht?

Im Kontext der sowjetischen SF scheint *Milliarden Jahre* zur sozialistisch-realistischen wissenschaftlichen Phantastik der frühen sechziger Jahre zurückzukehren, bringt dabei aber das Rollenbild des Wissenschaftlers auf einen neuen Stand. Die gesamte Erzählung ist der Analyse der Verhaltensweisen und Wertsysteme einer Reihe von Wissenschaftlern gewidmet, von denen fast keiner dem traditionellen Bild des russischen Gelehrten entspricht. Der pessimistische Schluß des Buches verweist auf das Ende eines entscheidenden sowjetischen Mythos: des Mythos vom edlen Wissenschaftler. Die Infragestellung dieses Mythos wiederum weist auf eine Krise in der neuesten sowjetischen SF hin, auf ein Bedürfnis nach einer Umorientierung innerhalb der sowjetischen wissenschaftlichen Phantastik.

Schon seit Mitte der sechziger Jahre hat die westliche Kritik eine Krise der Science-fiction im Westen festgestellt. Um die Mitte der siebziger Jahre hat diese Krise dann auch auf die sowjetische SF übergegriffen. Signalisiert wurde sie dort durch ein Desinteresse an der naturwissenschaftlich-technischen Komponente der SF, ein Desinteresse, das unerwarteterweise der zunehmenden Propagierung der wissenschaftlich-technischen Revolution parallel lief. In Wahrheit hatte sich nämlich diese Revolution für die traditionelle wissenschaftliche Phantastik als abträglich erwiesen, da sie die negativen Folgen der Technik immer stärker zu Bewußtsein brachte. So vermeidet es die sowjetische Kritik schon seit mehreren Jahren, die Bezeichnung wissenschaftliche Phantastik auf eine Literatur anzuwenden, die im großen und ganzen das Ziel aufgegeben hat, die wissenschaftlichen Errungenschaften zu popularisieren. Ohne die wissenschaftliche Authentizität jedoch fristet die *Phantastik* allein eine ungewisse Existenz, da der sozialistische Realismus noch immer die offizielle Norm ist. Mitte der siebziger Jahre kamen selbst die konservativsten sowjetischen Kritiker zu dem Schluß, daß die utopischen Visionen der SF immer mehr in den Hintergrund gerieten: »Heute müssen wir nicht ohne Bedauern zugeben, daß die Reise zu den Sternen ohnehin in weiter Entfernung liegt, daß Universalroboter nicht so bald in unser Heim kommen werden, und daß biologische Experimente auf molekularer Ebene zu neuen Labyrinthen des Seinszusammenhangs führen.«[1] Der Kritiker Kargarlizki hat überdies bemerkt, daß »selbst das Weltall so alltäglich geworden ist, daß es die Eigenschaften einer zweiten Realität annimmt«[2] und daher die exotische Nebenbedeutung verloren hat, die für Weltraumabenteuer notwendig ist. Parallel zum Niedergang der wissenschaftlich orientierten Fiktion hat die Kritikerin Tschernischewa auch eine generelle Krise der Phantastik festgestellt, die sich »im starken Rückgang des Stroms von neuen, bizarren, ›vernunftlosen‹ Ideen«[3] manifestiert.

Die zunehmend zwiespältige Einstellung zu den Errungenschaften der wissenschaftlich-technischen Revolution und die wachsende Tendenz zur Fantasy in der SF haben so auch das Bild des Wissenschaftlers als positiven Helden angenagt. Von der Revolution an bis vor kurzem hatte nämlich der Wissenschaftler noch die Schlüssel zum kommunistischen Utopia in der Hand gehalten. Das hohe Ansehen der wissenschaftlichen Phantastik ergab sich dementsprechend daraus, daß sie wissenschaftliche Entdeckungen feierte und die Vision vom Wissenschaftler als Personifizierung des kommunistischen Menschen der Zukunft perpetuierte. Mit Beginn der wissenschaftlich-technischen Revolution hatte der Wissenschaftler konkret einen neuen Typus menschlicher Persönlichkeit vorweggenommen, der als Folge der rapiden Modernisierung entstehen sollte: »ein fleißiger Mensch, völlig auf praktische Werte ausgerichtet, frei von Emotionen«.[4] Das Vertrauen in die wissenschaftlich-technische Revolution führte sogar zum Glauben an die Unausweichlichkeit eines völlig neuen Lebensrhythmus' für den Menschen, eine völlig neue Dynamik im Denken, bei der Arbeit, dem alltäglichen Tun. Dementsprechend hat die Literatur einen neuen Stil entwickelt, der den Geist der neuen Ära reflektieren sollte. Die Eigenschaften dieses Stils liegen »in der Kürze und Genauigkeit der Details und der künstlerischen Konzentration, die eine der naturwissenschaftlich-technischen Revolution verwandte Disziplin, Ordnung und Sachlichkeit reflektiert«.[5]

Diese neuen Werte rechtfertigen indirekt den utopischen Konstruktivismus der frühesten Sowjetzeit, der von Bogdanows organisatorischen Theorien befeuert wurde. Die Vorschläge der postrevolutionären Avantgarde fanden ein Echo in den Glaubensartikeln, die von den Anhängern der wissenschaftlich-technischen Revolution vertreten wurden. Man erinnere sich daran, daß es Majakowskis LEF-Gruppe war, die sich in den frühen zwanziger Jahren für die Umstrukturierung der psychologischen Beschaffenheit des Menschen in Übereinstimmung mit den Bedürfnissen der industriellen Welt einsetzte. Im Jahre 1923 bestand Tretjakow darauf: »der Mensch-Arbeiter solle energisch ausgebildet, solidarisch-diszipliniert sein, der prinzipielle Haß dieses neuen Typus' solle der Haß auf alles Nichtorganisierte sein ... Wunderschön ist alles, was das Merkmal der ordnenden Menschenhand trägt: überaus herrlich ist jedes Produkt menschlicher Tätigkeit.«[6]

Das konstruktivistische Programm der zwanziger Jahre erwies sich jedoch als nicht erfolgreicher als die optimistischen Spekulationen der Anhänger der wissenschaftlich-technischen Revolution. Seit kurzem geben die Kritiker zu, daß es wenig Anzeichen gibt, die das Entstehen dieses neuen Menschentypus stützen könnten. In der Tat ist sogar sein literarischer Archetypus, der Wissenschaftler, inzwischen entthront worden.

Seit ihrem Debüt in den späten fünfziger Jahren haben die Strugatzkis, die führenden sowjetischen SF-Autoren, ihre Aufmerksamkeit den sozio-psychologischen Auswirkungen der Wissenschaft anstatt der technischen Genauigkeit und Wahrscheinlichkeit der vorweggenommenen wissenschaftlichen Entdeckungen zugewandt. Dessenungeachtet unterscheidet sich das Bild des Wissenschaftlers in ihren frühen Werken kaum von der üblichen edlen Vision. Zugegeben, die Strugatzkis haben immer den Wissenschaftler »als lebendig, nicht als Mumie« bevorzugt, um mit Majakowski zu sprechen. Sie haben ihre Weltraumhelden durch geschickte Züge modernisiert, die sie bei Hemingway und Salinger entlehnt haben. Für ihre umgangssprachliche Ausdrucksweise und einen gewissen Mangel an Ziemlichkeit bei einigen ihrer Helden gerieten sie sogar unter kritischen Beschuß. Im großen und ganzen jedoch trugen sie zum Glanz des Wissenschaftlers bei, und zugleich humanisierten sie das Bild des Wissenschaftlers in solch frühen Werken wie *Mittag, 22. Jahrhundert* oder *Der ferne Regenbogen*. In Romanen wie *Es ist nicht leicht, ein Gott zu sein* erfanden sie sogar die »experimentelle Geschichte«, die es dem Gesellschaftswissenschaftler gestattete, an der Heldenrolle teilzuhaben.

Erst ihre jüngeren Arbeiten zeigen einen Orientierungswandel: in *Picknick am Wegesrand* und *Der Junge aus der Hölle* rücken sie die positive Gestalt des Wissenschaftlers an den Rand der Erzählung, wo er als obligatorisches Relikt sowjetischer SF verbleibt. Jetzt, in *Milliarden Jahre*, versetzen sie dem Bild des Wissenschaftlers als positivem Helden den Gnadenstoß.

Im Kontext der gegenwärtigen Diskussionen über das Bild des

Sowjetmenschen der Zukunft bietet *Milliarden Jahre* eine hochinteressante Allegorie über die Grenzen des Fortschritts, Grenzen, die durch den Niedergang des wissenschaftlichen Ethos gesetzt worden sind. Die Geschichte führt eine Gruppe heutiger Wissenschaftler aus Leningrad vor, die sich zufällig zusammengefunden haben, weil eine geheimnisvolle Kraft anscheinend alle von ihnen daran hindert, bei ihren Forschungen Fortschritte zu machen. Wir verfolgen das Zusammentreffen einer buntgewürfelten Wissenschaftlerschar: ein Mathematiker, ein Astronom, ein Ingenieur, ein Chemiker, ein Fachmann für den Fernen Osten, allesamt von Phänomenen heimgesucht, die ihre grundlegenden privaten Ängste berühren oder sie von ihrer Arbeit fortlocken, indem sie ihre Leidenschaften ansprechen oder sie mit Hobbys ablenken. Die Erzählung konzentriert sich ausschließlich auf die Privatwelt der Wissenschaftler. Jede gesellschaftliche Realität, Politik oder Verwaltungsprobleme bei der Arbeit, ist für ihre Zwangslage irrelevant. Ihr Streben nach Erkenntnis ist privat, abgetrennt von den Anforderungen ihrer Tagesarbeit, oft in Konflikt mit ihr, aber so intensiv, um ihre freien Stunden auszufüllen. Dabei handelt es sich nicht um technische Teamarbeit, sondern um reine Forschung mit keiner anderen Triebkraft als wissenschaftlicher Neugier. Und doch – beim ersten Anzeichen einer Bedrohung ihrer gut eingerichteten Existenz, dem Wohlbehagen an Heim, Freunden, der täglichen Routine, geben sie ihre Arbeit bereitwillig auf.

Die Mühelosigkeit, mit der sie von Kräften unter Druck gesetzt werden, die sie nicht verstehen, zeigt die Grenzen ihres Engagements für die Wissenschaft. Stanisław Lem hat einmal gesagt, daß es gute Gründe gibt, daran zu zweifeln, daß Fortschritte in Naturwissenschaft und Technik dem Wohl der Menschheit dienen. Das Problem liegt jedoch in der Definition des Guten: Soll das Gute als materielles, gesellschaftliches und geistiges Wohlbefinden aufgefaßt werden oder muß das Gute auch das bewußte Streben des Menschen nach Selbstvervollkommnung umfassen? Bei der ersten Variante ist der Fortschritt – der im Wohlbehagen gipfelt – begrenzt; in der zweiten ist der Fortschritt unbegrenzt und dauert an, solange es die Menschheit gibt.[7] Die Strugatzkis zeigen in ihrem Roman diese zwei Varianten des Fortschritts und kommen zu dem enttäuschenden Schluß, daß selbst die fortgeschrittenste Gruppe – die Wissenschaftler – den endlichen Fortschritt des Strebens nach Wohlbehagen und Sicherheit wählen. Nach Meinung der Strugatzkis ist die Wissenschaft durch den unglaublichen technischen Fortschritt der Menschheit entromantisiert worden, und der Mensch weigert sich nun, die Opfer auf sich zu nehmen, die für das Streben nach Erkenntnis notwendig sind. Das neue Wertesystem fördert die Befriedigung privater Bedürfnisse und die Erfüllung pragmatischer, unmittelbarer Ziele. Der Wissenschaftler gibt in der zeitgenössischen Kultur nicht mehr den Ton an, und er steigert nicht die Tonlage, sondern wird in der Hauptströmung mitgerissen.

A. Strugatzki hat 1976 bei einer Debatte über die Beschlüsse des 25. Parteitages als interessanteste Folge der wissenschaftlich-technischen Revolution das Auftreten eines neuen Menschentypus hervorgehoben. Im wirklichen Leben fand er jedoch nicht die vorweggenommenen Helden der wissenschaftlich-technischen Revolution, sondern vielmehr moderne Antihelden, neue Typen der Massenpersönlichkeit. Einen solchen Typus hat er als »satten ungezogenen Massenmenschen« bezeichnet, einen unersättlichen Konsumenten der wachsenden materiellen Güter, dessen materieller Wohlstand keineswegs die vorhergesehene Evolution seiner intellektuellen Interessen fördert. Der andere moderne Antiheld ist nach Meinung A. Strugatzkis der »wissenschaftliche Massenarbeiter«. Strugatzki glaubt, daß die Vermehrung der Zahl der wissenschaftlich Tätigen so sehr zu einem Absinken ihrer Qualifikation geführt hat, daß das wissenschaftliche Milieu die Entwicklung der Gesellschaft nicht mehr positiv vorwegnimmt: »... der Literat, welcher sich selbst ein hohes Ziel setzt, wie etwa die Darstellung von typischen Charakteren und typischen Konflikten in diesem Milieu, wird nichts Neues entdecken ... der wissenschaftliche Massenarbeiter entwickelt sich zusammen mit der Gesellschaft – so wie jeder andere auch.«[8]

Dennoch zeigen die Strugatzkis in *Milliarden Jahre* das Verschwinden des wissenschaftlichen Ethos nicht beim »wissenschaftlichen Massenarbeiter«, sondern an der Spitze der wissenschaftlichen Rangordnung. Die verschiedenen Helden nehmen Spitzenpositionen in ihrem jeweiligen Fachgebiet ein: einer ist ein Nobelpreisträger; ein anderer wiegt sich in dem Glauben, daß er bald den Nobelpreis erhalten wird; andere widmen sich Fragestellungen, die anscheinend von größter wissenschaftlicher Bedeutung sind. Dennoch, mit dem Unbekannten konfrontiert und von ihm unter Druck gesetzt, empfinden sie die Bedrohung als übermächtig. Ursprünglich versuchen sie, für ihre Enttäuschungen eine Regel zu entdecken, sie suchen nach Bedeutung in einer falschen Telefonnummer oder dem Besuch eines geheimnisvollen Rothaarigen, der sie im Amtston davor warnt, ihre Forschungen fortzusetzen. Sie stellen Spekulationen an, ob diese geheimnisvollen Eingriffe möglicherweise von außerirdischen Kräften herrühren oder Manifestationen eines Naturgesetzes des entropischen Universums sind, das die Menschheit daran hindert, zur Superzivilisation zu werden und auf diese Weise den stabilen entropischen Zustand des Weltalls zu gefährden.

Obwohl das Grundmuster in den Störungen nie nachgewiesen wird und ihr Ursprung unerklärt bleibt, ist ihre Furcht höchst real. So wird der Hauptheld, ein Astronom namens Maljanow, ein besonnener Familienvater, der sich hauptsächlich seiner Frau und seinem Sohn widmet, von einer üppigen Blondine aufgesucht, die ihn in Versuchung führt, mit ihr einen Seitensprung zu machen. Bald deuten seltsame Telegramme von einem geheimnisvollen Absender an, daß Frau und Kind von äußeren Kräften unter Druck gesetzt werden. Der Held, der um ihre Sicherheit und ihr Glück fürchtet, beschließt, seine freiberuflichen astronomischen Berechnungen aufzugeben, Berechnungen, die ihn zu einer wissenschaftlichen Entdeckung hätten führen können, und entscheidet sich, sich mit der Tagesarbeit, Fernsehen am Abend und Wochenendausflügen aufs Land zu begnügen. Das bloße Dasein triumphiert über den wissenschaftlichen Erkenntnisdrang.

Seine Freunde werden auf noch zwiespältigere, oft komische Art eingeschüchtert. Ein Erfinder, ein Elektronikspezialist und notorischer Schürzenjäger, wird von all den Frauen aufgesucht, mit denen er ein Verhältnis hatte, und alle stellen plötzlich unverschämte Forderungen an ihn; am Schluß dieser Episode bleibt ihm ein fünf Jahre altes Enfant terrible, der angeblich sein Sohn ist. Ein Biologe, das Phantom des Nobelpreises vor Augen, wird von seiner Arbeit durch die Entdeckung alter Münzen und eines umfangreichen Briefmarkenalbums abgelenkt. Dieser Entdeckung folgt sodann die Möglichkeit einer Beförderung in der Verwaltung, die ihn auf Dauer aus dem Labor entfernen würde.

Und so geht es weiter mit einer Serie von Zufällen, die einen außerirdischen Ursprung haben oder auch nicht, wobei die Strugatzkis eindeutig nicht vorhaben, das Rätsel zu lösen. Es ist behauptet worden, daß die Erzählung von den politischen und bürokratischen Kontrollen handelt, unter denen der Sowjetwissenschaftler arbeiten muß. Im Kontext der jüngsten Diskussionen über die wissenschaftlich-technische Revolution gesehen, befaßt sie sich jedoch mit den Grenzen des Strebens nach Erkenntnis. Die konkreten Ursachen des Drucks – ob Geheimpolizei oder Superzivilisation – werden irrelevant: die äußerste Grenze für den Fortschritt ist durch die psychologische Beschaffenheit des modernen Menschen vorgegeben.

Daß die Strugatzkis das Problem der modernen Werte ganz pessimistisch sehen, wird durch ihre Gruppierung der Helden deutlich. Nur ein einziger steht der Gruppe von Wissenschaftlern gegenüber, die beschließen, ihre Forschungen aufzugeben. Nur eine Figur in diesem Roman, von der Struktur her als Held des sozialistischen Realismus gekennzeichnet, hat vor, die Forschungen fortzusetzen. Und doch ist er kein moderner Held. Während die Gruppe mit den Ideen des zwanzigsten Jahrhunderts identifiziert wird, vertritt er ein antiquiertes Wertsystem des neunzehnten Jahrhunderts, ein Wertsystem, das ihm eine völlige Ergebenheit der Wissenschaft gegenüber erlaubt. Der Gegensatz zwischen ihm und den übrigen ist sowohl körperlich wie psychologisch. All die anderen Gestalten werden naturalistisch als robust, übergewichtig, lässig, unziemlich bekleidet oder unbekleidet beschrieben, er als einziger ist wie aus dem Ei gepellt, als sei er »bereit für den Ball in der Botschaft«, wie es einer seiner Kollegen ausdrückt. Im Gegensatz zu den heißen und unaufgeräumten Wohnungen der anderen Wissenschaftler hat er ein klimatisiertes Penthouse, makellos und mit der bestmöglichen Ausstattung. Während die anderen Frauen haben, denen sie untreu sind, und Freunde, mit denen sie unmäßig trinken und schwatzen, ist er alleinstehend, ohne sichtbare menschliche Bindungen. In seinem Verhalten personifiziert er Gelassenheit; sein Geschmack ist der eines humanistisch gebildeten Aristokraten, der Shakespeare und Baudelaire zitiert, den besten Kognak schlürft und mit einem Genuß Tee trinkt, den die anderen für Wodka reservieren. Obwohl er anscheinend den gleichen psychologischen Belästigungen ausgesetzt ist wie die anderen, enthüllt er nie die Natur seiner Ängste. Unterspielend, kultiviert und sehr allein, ist er der einzige, der vorhat, seine Forschungen auch angesichts der Bedrohung fortzusetzen.

Eine der Gestalten beschreibt ihn als »Don Quichotte« (S. 149) und einen »Roboter... aus dem neunzehnten Jahrhundert«

(S. 147).[9] Im Herzen ist er ein Existentialist: Was ihn interessiert, sind nicht die Gründe, warum er beunruhigt ist, sondern vielmehr die prinzipielle Einsamkeit der ethischen Wahl zwischen wissenschaftlicher Wißbegier und privaten Verpflichtungen:

»Von Gott haben wir uns losgesagt, doch auf unseren eigenen Beinen stehen, ohne Stütze, ohne Mythos-Krücken – das können wir noch nicht. Aber wir werden es lernen müssen. Denn in eurer Lage fehlen auch nicht bloß Freunde. Ihr seid so einsam, *daß ihr nicht einmal einen Feind habt.*« (S. 123)

Er erinnert seine Kollegen daran, daß jede Forschungstätigkeit immer mit Risiken verbunden war, aber erst jetzt schüchtert die Furcht vor dem Risiko die Wissenschaftler ein. Dennoch halte er daran fest, daß ein Risiko unvermeidbar sei, und das »nicht zum ersten- und nicht zum letztenmal in der Geschichte der Wissenschaft... an dieser Situation ist nichts prinzipiell Neues oder Ungewöhnliches« (S. 172).

Die anderen Gestalten in dem Roman – alle Menschen des zwanzigsten Jahrhunderts – lassen sich leicht ablenken. Die wissenschaftlich-technische Revolution hat letztlich solch romantische Begriffe wie Stolz und Ehre zerstört. Einer von ihnen, der sich am lautstärksten für eine friedliche Existenz engagiert, ein Orientalist mit dem bedeutsamen Namen Wladlen Gluchow[10], überlegt sich:

»Im vorigen Jahrhundert erschoß man sich sogar, um nicht zu kapitulieren... einfach aus Schmach... Komisch, aber in unserem Jahrhundert glaubt man, daß der Mensch mit sich selbst ins reine kommt... Weil es außer solchen Begriffen wie Stolz und Ehre massenhaft andere Dinge gibt, die zur Selbstbestätigung dienen können?« (S. 161–162)

Ähnlich erklärt ein Biologe in seiner Kapitulationsrede:

»Die Mehrzahl denkt (heute) mit Recht, es ist besser, reich und gesund zu sein als arm und krank... Das neunzehnte Jahrhundert ist vorbei... Zwanzigstes Jahrhundert... heißt Berechnungen und keinerlei Emotionen! Emotionen sind bekanntlich ein Mangel an Information, nichts weiter. Stolz, Ehre, Nachfahren – alles adliges Gewäsch... Werte? Bitte sehr. Das Kostbarste auf der Welt ist meine eigene Person, sind meine Familie und meine Freunde. Alles andere kann mir gestohlen bleiben... Mich schlagen? Wenn's sein muß. Für mich. Für meine Familie, die Freunde. Bis aufs Blut. Aber für die Menschheit? Die Würde des Erdenbewohners? Das galaktische Prestige? Für Worte schlag ich mich nicht!« (S. 145)

Dieser neue Wertekodex, die narzißtische Konzentration auf das

Individuum selbst, läßt die Helden die Bequemlichkeit vor Herausforderung und Risiko wählen. Der Roman nimmt Abschied vom traditionellen Rollenbild des Wissenschaftlers und illustriert zutreffend, daß der Mythos vom edlen Wissenschaftler des sozialistischen Realismus von Wertvorstellungen des neunzehnten Jahrhunderts abgeleitet war. Die wissenschaftlich-technische Revolution hat sie in Frage gestellt und zerstört, aber es ist ihr nicht gelungen, sie durch ein anderes gleichermaßen positives Ethos zu ersetzen. Den Strugatzkis zufolge betritt der gegenwärtige Mensch eine Zeit, in der die Technik unbegrenzte Möglichkeiten eröffnet hat, aber die Wahrnehmung dieser Möglichkeiten bringt den sorgfältig etablierten Status quo durcheinander.

Mit dem Niedergang des Mythos vom edlen Wissenschaftler ist auch die russische SF selbst in eine problematische Lage geraten. »Der Wissenschaftler als Held, Heiliger und Märtyrer«, wie es George Gibian formuliert hat[11], war eine Grundgestalt der gesamten Sowjetliteratur. Heutzutage erscheinen die früher so beliebten Darstellungen des wissenschaftlichen Milieus im Geiste der wissenschaftlichen Phantastik allzu überholt. Doch ihre Alternative, der gegenwärtige Trend zur Fantasy, die nicht dem marxistischen Standpunkt des historischen Fortschritts verpflichtet ist, bedroht die prinzipiell utopische Qualität der russischen SF. Zugegeben, die Strugatzkis präsentieren in *Milliarden Jahre* den Anschein eines positiven Schlusses. Der Wissenschaftler-Aristokrat kommt in den Besitz der Ordner und Hefte mit den aufgegebenen Forschungen seiner Kollegen. Im Geiste der Tradition des frühen neunzehnten Jahrhunderts, das seine Helden in die Wildnis des Kaukasus schickte, plant er, sich ins Pamir-Massiv zurückzuziehen, wo er imstande sein wird, in völliger Abgeschiedenheit weiterer wissenschaftlicher Arbeit nachzugehen. Dieser Schluß ist das Äußerste an überholter Romantik: im ansonsten realistischen Kontext des Romans kann man ihn schwerlich als positives Ende auffassen.

Anmerkungen

1 Jewgeni Brandis, W. Dmitrewski: »Neizbežnost' fantastiki«, *Newa*, Nr. 9 (1985), S. 142.

2 Ju. Kagarlizki: »Fantastika iščet novye puti«, *Voprosy literatury*, Nr. 10 (1974), S. 168.

3 T. Tschernischewa: »Potrebitel'nost' v udivitel 'nom i priroda fantastiki«, *Voprosy literatury,* Nr. 5 (1979), S. 231.

4 Ju. Osnos, »Literatura i NTR. Poiski. Obretenija. Zabluzdenija«, *Voprosy literatury,* Nr. 4 (1977), S. 6. Siehe auch Anton Hiersche, *Sowjetliteratur und wissenschaftlich-technische Revolution,* Berlin (DDR): Akademie-Verlag 1968, S. 97–109.

5 Osnos, S. 8.

6 Sergej Tretjakow, »Otkuda i kuda (perspektivy futurizma)«, *LEF,* Nr. 1 (1923), S. 59.

7 Zitiert bei Ju. Smelkow, »Gumanizm texničeskoj ery«, *Voprosy literatury,* Nr. 11 (1973), S. 59.

8 »XXV S'ezd KPSS i problemy literatury«, *Voprosy literatury,* Nr. 11 (1976), S. 16

9 Die Zitate sind der deutschen Übertragung entnommen: Arkadi und Boris Strugatzki; *Milliarden Jahre vor dem Weltuntergang,* übersetzt von Welta Ehlert. München: Heyne Verlag 1981.

10 Der nicht ungeläufige russische Vorname Vladlen ist eine Zusammensetzung aus *Vlad*imir *Len*in. Der Familienname Gluhkov (Gluchow) ist von dem Adjektiv gluxoi (*glukh*oi), dt. »taub«, abgeleitet.

11 George Gibian: *Interval of Freedom: Soviet Literature During the Thaw 1954–1957,* Minneapolis: The University of Minnesota Press 1960, enthält ein interessantes Kapitel über das Bild des Wissenschaftlers in der Sowjetliteratur (S. 29–73).

Florian F. Marzin

Der Mensch und das Unbegreifliche

Die herausragende Stellung der Strugatzkis innerhalb der sowjetischen und ihr Platz in der internationalen SF ist durch Publikationen von Darko Suvin u. a., die sich ihrem Schaffen widmen, inzwischen unbestritten, obwohl ihre Werke auch in Deutschland noch nicht die Beachtung gefunden haben, die sie verdienen.

Geht es darum, die Bücher der beiden Brüder einzuordnen, so werden übereinstimmend ihre schriftstellerische Qualifikation und die, die Gattung der SF tranzendierende Form des Gesellschaftsbezugs genannt, was im Fall des Romans *Die häßlichen Schwäne* dazu führte, daß er bis dato in der Sowjetunion nicht veröffentlicht werden konnte.

Dagegen überfordert ihre teilweise »verwirrend bildhafte und quälend symbolische« Geschichte *Die Schnecke am Hang*, aber auch »Das Märchen von der Troika« den nichtsowjetischen Leser, da die Parabel auf das direkt erlebte Gesellschaftssystem für den nicht damit vertrauten Leser nur schwer nachvollziehbar ist.[1] Doch sind diese beiden Werke eigentlich nicht symptomatisch für das Schaffen der Strugatzkis.

Im wesentlichen zeichnen sich ihre Romane und Erzählungen durch eine gut komponierte Handlung und psychologisch stimmige Charaktere aus. Die einzelnen Arbeiten verbinden sich untereinander lose zu mehreren Zyklen, in denen die einzelnen Werke einen direkten Bezug zueinander haben (Bykow-Trilogie), während andere lediglich auf bekannte Protagonisten zurückgreifen wie *Die bewohnte Insel* und *Ein Käfer im Ameisenhaufen*.[2]

Stand anfänglich die Erforschung des Sonnensystems vor dem Hintergrund einer kommunistisch geeinten Welt im Mittelpunkt (*Atomvulkan Golkonda*), so verschiebt sich der Schwerpunkt in der Erzählung *Fluchtversuch* zum erstenmal zu einer Konfrontation der technisch überlegenen Menschheit mit einem feudal/faschistischen Gesellschaftssystem auf einem fernen Planeten. In den Romanen *Die bewohnte Insel* und *Es ist nicht leicht, ein Gott zu sein* widmen sich die Autoren – ausgehend von der oben genannten Grundkonstellation – dem

Problem des Eingreifens in bestehende Sozialgefüge anderer Zivilisationen.

Daneben gibt es allerdings auch Werke der Strugatzkis, die in naher Zukunft spielen und eine Erde zeigen, die sich von unserer nur unwesentlich unterscheidet. Die drei bekanntesten sind *Picknick am Wegesrand, Milliarden Jahre vor dem Weltuntergang* sowie *Die häßlichen Schwäne.*

Ein Aspekt in den Werken der Strugatzkis, der sich leitmotivisch durch viele ihrer Arbeiten zieht, erscheint mir in der Auseinandersetzung mit ihrem Schaffen vernachlässigt, was um so bedauerlicher ist, als gerade er ein Kennzeichen der beiden Autoren ist. Dieser Aspekt soll als »Der Mensch und das Unbegreifliche« bezeichnet werden.

Am deutlichsten kommt diese Konstellation in *Picknick am Wegesrand* zum Ausdruck. In dem Roman stehen sowohl die Protagonisten als auch der Leser fasziniert-verzweifelt vor einem Phänomen, dessen Urheber fremde Besucher waren und das sich allen Erklärungsversuchen entzieht.

Die Handlung ist recht einfach: Außerirdische Wesen haben in nicht allzuferner Zukunft (Ende des 20. Jahrhunderts) die Erde besucht. Niemand hat sie gesehen, nur die Auswirkungen ihrer Landung waren deutlich spürbar. An sechs Stellen haben sich Zonen gebildet, in denen rätselhafte Gegenstände herumliegen und eigenartige physikalische Erscheinungen den Aufenthalt in dem eng umgrenzten Bereich schnell tödlich werden lassen. Das »Internationale Institut für außerirdische Kulturen« versucht hinter die Bedeutung des kosmischen Strandgutes und des Besuchs selbst zu kommen, wobei aber bis zum Schluß des Romans die von den Autoren angebotenen Erklärungen im Bereich der Spekulationen belassen werden. Im Mittelpunkt steht eine der sechs Zonen, Harmont, bei deren Entstehung eine Stadt fast gänzlich zerstört wurde. Am Rand der Zone hat sich eine Subkultur gebildet, die Schatzgräber, Menschen, die an der Absperrung durch das Militär vorbei in die Zone eindringen, um allen Gefahren zum Trotz rätselhafte Gegenstände aus dem Bereich hinauszubringen und für gutes Geld zu verkaufen. Eins dieser Objekte wird als Null bezeichnet und besteht »im Grunde bloß aus zwei Kupferscheiben von der Größe einer Untertasse und einer Dicke von fünf Millimetern – der Abstand zwischen den Scheiben beträgt ungefähr vierzig Zentimeter. Außer dem Abstand gibt es nichts zwischen ihnen, absolut nichts, nur Leere.«[3]

Was das Eindringen in die Zone so gefährlich macht, sind Erscheinungen mit wahrhaft eidetischen Namen wie: sengender Flaum, Teufelskraut, Hexensülze oder Fliegenklatsche. Bekannt ist nur die tödliche Wirkung, nicht aber die Funktion, die sie erfüllen bzw. erfüllen sollen.

Es offenbart sich ein Auseinanderklaffen von Erscheinung und Bedeutung, wobei letztere nicht aus der Gestalt der Dinge erschließbar ist. Hier ist die Einheit von Entität und Quidität der Dinge zerstört, und Ratlosigkeit bleibt zurück. Die Beschränkung auf die Entität, das direkt Erfahrbare, ohne die Funktion erfassen zu können, die einer solchen Erscheinung zukommt, macht ein Begreifen unmöglich. In den menschlichen Denkkategorien definiert sich ein Ding von seiner äußeren Gestalt und von seiner funktionalen Bestimmung. Ein Schraubenschlüssel als Entität ist sinnlos, erst durch die Kenntnis des Wesens wird daraus ein sinnvolles, für den menschlichen Geist erfaßbares und einzuordnendes Ding. Das gilt auch für Objekte des künstlerischen Bereichs, die durch die Definition als Kunst zu ihrer Entität die Quidität erhalten und so zu einem begreifbaren Ganzen werden. Ist diese Verschmelzung nicht gegeben, d.h. die Masse der Betrachtenden spricht einem Objekt das Epitheton Kunst ab, dann bleibt es eine nicht deutbare sinnlose Entität.

Mit diesem Problem sind die Wissenschaftler bei der Erforschung der Materialien innerhalb der Zone konfrontiert, wobei wir ausschließen wollen, die fremden Besucher hätten Kunstgegenstände auf der Erde zurückgelassen, denn dann wäre es prinzipiell unmöglich, irgendwelche Bedeutungen erschließen zu können.

Man sieht sich einer Gruppe von Entitäten gegenüber, deren Quidität sich der Erkenntnis entzieht, wobei man aber notabene eine solche unterstellen muß, denn auch der äußere Anschein widerspricht der Definition als Kunst.

In ähnlicher Weise verhält es sich mit dem Besuch selbst, denn er ist so ganz anders verlaufen, als uns viele anglo-amerikanische SF-Autoren glauben machen möchten. Weder eine brutale Invasion im Stile von H. G. Wells' *War of the Worlds* noch eine Lösung aller weltpolitischen Probleme durch eine galaktische Superrasse wie in Arthur C. Clarkes *Childhood's End* hat stattgefunden, sondern Ratlosigkeit herrscht unter den Wissenschaftlern, die in Dr. Pillmans Hypothesen über den Besuch Ausdruck findet.

»Ein Picknick. Stellen Sie sich einen Wald vor, einen kleinen Pfad, eine Wiese. Vom Pfad biegt ein Auto zur Wiese ab, ein paar Burschen und junge Mädchen steigen aus, beladen mit Flaschen, Proviant, Kofferradios, Fotoapparaten ... Sie zünden ein Lagerfeuer an, bauen Zelte auf, spielen Musik. Am nächsten Morgen fahren sie wieder ab. (...) Auf der Wiese stehen Lachen von Kühlwasser und Benzin, kaputte Zündkerzen, und ausgewechselte Ölfilter liegen herum. (...) Die Autoreifen haben Schlammreste hinterlassen, die von irgendeinem Sumpfgebiet stammen. (...) So ist es. Ein Picknick am Rande eines kosmischen Weges.«[4]

Eine andere Version lautet:

»Die zum Beispiel, daß ein Besuch noch gar nicht stattgefunden habe, daß dieser Besuch erst noch ausstehe. Eine uns unbekannte hochentwickelte Zivilisation habe einen Container mit Mustern seiner materiellen Güter zu uns gesandt und erwarte nun, daß wir diese Muster studieren, und einen technischen Spruch zuwege bringen und ihnen durch ein Antwortsignal unsere Bereitschaft zum Kontakt ausdrücken.«[5]

Und eine dritte Theorie:

»Der Besuch habe tatsächlich stattgefunden, sei aber längst noch nicht zu Ende. Faktisch befänden wir uns im Zustand der Kontaktaufnahme, ohne es selbst zu wissen. Die Gäste aus dem All hätten sich in den Zonen eingenistet und studierten uns sorgfältig, wobei sie uns gleichzeitig auf die ›künftigen Wunder‹ vorbereiteten.«[6]

Sowohl über den Besuch selbst, wie über die zurückgelassenen Dinge sind nur Spekulationen möglich, keine gesicherten Aussagen. Die Autoren lösen – was ihnen hoch anzurechnen ist – das Rätsel nicht, sondern überlassen es dem Leser selbst weiterzudenken, was ein berühmter Leser, nämlich Stanisław Lem, in seinem Nachwort auch gemacht hat.

Wie geschickt die Autoren bei der Konstruktion ihres Romans vorgegangen sind, merkt man erst an Lems Beitrag, der sich bereitwillig mit der Fiktion auf einer der Realität adäquaten Ebene auseinandersetzt. Er fügt den Aussagen über den Besuch eine weitere Theorie hinzu. Ausgehend von der Art der Gegenstände, ihrer begrenzten, wenn auch undurchsichtigen Funktionsfähigkeit, ihrer Größe und ihrem Gewicht kommensurabel dem menschlichen Körper, kommt er zu der Annahme, daß sie für den Finder bestimmt waren. Die chaotische Verteilung in der Zone läßt auf einen Unfall schließen, und die tödliche Bedrohung für die Menschen auf eine gestörte Funktionsfähigkeit.[7]

Lem zieht folgendes Fazit:

»In die Nähe der Erde gelangte ein Raumschiff, gefüllt mit Behältern, die Proben von Erzeugnissen einer hohen Zivilisation enthielten. Es war nicht ein bemanntes Schiff, sondern eine automatisch gesteuerte Sonde.«[8]

Diese geriet in Havarie, und die Fehlfunktion der Geschenke ergibt sich aus den durch die Katastrophe hervorgerufenen Beschädigungen.[9]

Lems Erklärung will die oben genannten Schwierigkeiten der Zuordnung von Entität und Quidität durch ein Verweisen auf die Sinnlosigkeit der Gegenstände lösen. Sind die Dinge beschädigt – verunstaltet durch die Havarie –, so entbindet das den Menschen von der Aufgabe, sie begreifen zu wollen bzw. in Pillmans Hypothese als Unterstützung zur Weiterentwicklung begreifen zu müssen.

Ein zerbrochener und verbogener Schraubenschlüssel erhält seine Quidität aus der Bestimmung in gebrauchsfähigem Zustand. Doch, um bei Lems Beispiel zu bleiben, niemand kennt die Funktion der Nullen im gebrauchsfähigen Zustand, also bleibt ihre Quidität den Wissenschaftlern verschlossen. Lem führt hier den Regreß auf das Sinnlose, deshalb Unergründliche durch und benennt damit eine unproblematische Lösung.

Der Roman *Picknick am Wegesrand* zeigt den Menschen angesichts des Unbegreiflichen, das sich den Dimensionen seines Denkens verschließt. Die Suche nach dem Verstehen und die Erkenntnis, daß bei einer Trennung von Entität und Quidität ein solches nicht mehr möglich ist, wird zur zentralen Aussage.

Die Erklärungsmodelle, die innerhalb des Textes und von Lem im Nachwort gegeben werden, bringen deutlicher als alles andere zum Ausdruck, daß da kein Verstehen sein kann, wo die Kategorien des menschlichen Verstandes selbst verletzt werden. Zwar ist es gelungen, einige der in der Zone gefundenen Gegenstände für die menschliche Zivilisation dienstbar zu machen, doch ist der Gebrauch auf die Anwendung beschränkt und hat nicht zu einem Begreifen der zur Wirkung führenden Ursachen gereicht.[10]

Die Konfrontation des einzelnen bzw. der Gesellschaft mit

Phänomenen, die auf sie einwirken, ist ein Grundthema der Strugatzkis, das allerdings nicht immer in der hier geschilderten Offensichtlichkeit auftritt.

In dem letzten in deutscher Übersetzung erschienenen Roman *Ein Käfer im Ameisenhaufen* ist dieses Motiv von den Autoren wieder deutlich hervorgehoben worden.

Lew Abalkin, ein Progressor, wird vom galaktischen Sicherheitsdienst verfolgt, als er widerrechtlich auf die Erde kommt. Maxim Kammerer, bekannt aus dem Roman *Die bewohnte Insel,* wird vom Geheimdienstchef Sikorsky auf Abalkin angesetzt. Es stellt sich heraus, daß Abalkin eins von 13 Kindern ist, die aus 40000 Jahre altem Genmaterial gezeugt wurden, das den Menschen durch eine uralte Rasse, »Wanderer« genannt, zugespielt wurde. Gleichzeitig besteht zwischen den Kindern und eigenartigen, in ihrer Funktion nicht bestimmbaren Objekten, den Zündern, eine ungeklärte Beziehung. Abalkin versucht an den ihm zugehörigen Zünder zu kommen, woran er im letzten Moment durch Sikorsky mit einem tödlichen Schuß gehindert wird.

Die Menschheit ist auf ihren Flügen durchs All auf die Spuren der Wanderer gestoßen, ohne daß es zu einem direkten Kontakt mit ihnen gekommen wäre. Der Fund des Genmaterials stellt in der Beziehung der beiden Rassen den Höhepunkt dar. Nach langen Überlegungen entschließt man sich, entgegen aller Sicherheitserwägungen, das Experiment durchzuführen, obwohl ungewiß ist, welches Kuckucksei man ausbrütet. Doch die Kinder entwickeln sich normal, bis zu dem Punkt, wo Abalkin Nachforschungen über seine Vergangenheit anstellt.

Auch hier ist die Menschheit konfrontiert mit etwas Unbegreiflichem, doch sind es nicht tote Gegenstände wie im *Picknick am Wegesrand,* sondern eine Rasse, die ihre unlesbaren Spuren in der Galaxis zurückgelassen hat. Die Spuren äußern sich als Eingriffe der Wanderer in die Zivilisation eines anderen Planeten, wo sich plötzlich ein Tor in die Unendlichkeit öffnet, das für die Menschen nicht begreiflich und in seinen Dimensionen nur von einem Vertreter der intelligenten Hunderasse der Kopfler zu erfassen ist.

»Die Planeten sind rund, versuchte er (der Kopfler) zu erläutern, und dieser Planet hier ist auch rund, ich habe es selbst gesehen, aber auf jenem Platz ist er überhaupt nicht rund. Dort ist er wie ein Teller. UND in dem

Teller ist ein Loch. Das Loch führt von der einen Leere, wo wir uns befinden, direkt in eine andere, wo wir nicht sind.«[11]

Die latente Bedrohung, verkörpert durch Abalkin, und die brutale Abwehr durch Sikorsky stehen sich unversöhnlich gegenüber. Das Unbegreifliche ist etwas Böses, es muß vernichtet werden, obwohl bis zum Schluß die Beziehung zwischen den künstlich gezeugten Menschen und den Zündern ungeklärt bleibt, wird die Möglichkeit der Erforschung durch Sikorskys Schuß erst einmal verhindert.

Da die Handlungen der Wanderer für die Menschen nicht nachvollziehbar bzw. zu verstehen sind, werden sie sui generis als Bedrohung aufgefaßt. Der rätselhafte Gegenüber entzieht sich der menschlichen Erkenntnis, man kann nur Vermutungen äußern, und so faßt Sikorsky, ähnlich wie Pillman, seine Hypothese über die fremden Kinder zusammen:

»Ein Käfer im Ameisenhaufen ... Ach wie schön wäre das! Wie gern man daran glauben möchte! Kluge Onkels haben aus rein wissenschaftlicher Neugier einen Käfer in einen Ameisenhaufen gesteckt und registrieren überaus eifrig alle Nuancen der Ameisenpsychologie, alle Feinheiten ihrer Organisation. Die Ameisen jedoch sind zu Tode erschrocken, die Ameisen jedoch laufen aufgeregt hin und her, machen sich Sorgen, sind bereit, ihr Leben für den heimatlichen Haufen herzugeben, und sie haben keine Ahnung, daß der Käfer letzten Endes aus dem Ameisenhaufen kriechen und seiner Wege ziehen wird.«[12]

Auch hier wird der Mensch wieder in seiner eingeschränkten Erkenntnisfähigkeit gezeigt, die angesichts des Unbegreiflichen nur kapitulieren kann. Wie im *Picknick am Wegesrand* Pillman, so werden in *Ein Käfer im Ameisenhaufen* die Protagonisten mit einer Entität konfrontiert, einem Wesen, das in seiner Entelechie nicht erfahrbar ist und dessen Quidität verschlossen bleibt. Im Unterschied zum *Picknick am Wegesrand* ist die Problematik in *Ein Käfer im Ameisenhaufen* allerdings ausgeweitet und hat an Subtilität gewonnen, da sich der Gegenstand der Erkenntnis nicht vollständig dem menschlichen Verstand entzieht, sondern nur in seiner letzten Dimension.

Abalkin ist ein Mensch und nimmt innerhalb der Gesellschaft seine Funktion wahr. Nur für den, der seine Herkunft kennt, bleibt ein Rest des Unbegreiflichen zurück, das vom Chef des

Geheimdienstes in einer durchaus gängigen Verbindung von Unergründlichem und Bösem als letzteres bezeichnet wird.

Im 1966 bis 1968 entstandenen Roman *Die Schnecke am Hang*, wird das Universum »auf einen phantastischen Sumpfwald reduziert – das überlieferte russische Gegenstück zur Zivilisation – und wird nur undeutlich erkannt durch das schmerzerfüllte Bemühen der Helden, es zu verstehen«.[13]

Auch hier fällt es nicht schwer, den Wald als Unbegreifliches zu benennen, da die Gleichsetzung Wald – Universum diesen Schritt im Symbolcharakter des Bildes schon antizipiert. Weiterhin spricht Darko Suvin von einem »Fehlen von Informationen und die Unmöglichkeit von Verallgemeinerungen«, was ohne weiteres dem Verhältnis des Menschen zum Universum entspricht.[14] Doch der Wald, einmal von außen bzw. oben gesehen durch die Walduntersuchungs- und Waldverwertungsbehörde, sozusagen als Mikrokosmos, und andererseits als Umwelt und Makrokosmos erlebt, muß bei beiden Beobachtungsweisen dem Betrachter in seiner Quidität verschlossen bleiben, zumal das Phänomen Wald selbst erst aus dem Zusammenwirken vieler im einzelnen nicht geklärter Entitäten seine Gestalt gewinnt.[15]

Weder Pfeffer von der Waldbehörde, noch Kandid, der über dem Wald abgestürzte Pilot, sind in der Lage, den Wald zu begreifen. Der Bezug zu Voltaires gutmütig, weltfremden Helden Candide ist dabei unübersehbar, denn auch der Voltairesche Candide erlebt die Wirrnisse der Welt, ohne sie begreifen zu können. Die Bürokratie, die sich die Aufgabe gestellt hat, den Wald zu verwalten, ist eine offensichtliche Anspielung auf die russische Gesellschaft und ihre Verwaltungsorgane, und auf dieser Ebene transportiert der Roman stark gegenwartskritische Tendenzen.[16]

Wäre dies die einzige Aussage, so könnte das Werk nur schwerlich vor dem westlichen (SF-)Leser bestehen, doch mit der weitergehenden, von Darko Suvin antizipierten Gleichsetzung des Waldes mit dem Universum, erschließt sich eine Aussage, die über den Gesellschaftsbezug hinaus Gültigkeit hat. Die Kapitulation vor dem Wald, die sowohl Pfeffer und Kandid als auch den Leser erfaßt und in ein Erkennen der Unbegreiflichkeit dessen mündet, was so leicht als Universum oder die Schöpfung Gottes bezeichnet wird, ist das Grundthema der *Schnecke am Hang*. Allerdings muß angemerkt werden, daß die Strugatzkis in keinem anderen Roman diese Aussage so verschlüsselt darbieten.

Nicht immer findet das Unbegreifliche in kosmischen Dimensionen Ausdruck, aber meist ist es ein Element, das bei der Gestaltung der Handlung mitschwingt.

In ihrem ersten Roman *Atomvulkan Golkonda* wird es repräsentiert durch die Venus, deren Unwirtlichkeit bis zum Datum der Expedition, von der das Werk handelt, sich jeder Erforschung entzogen hat. Auf der Venus selbst wütet die Golkonda, ein riesiger natürlicher (?) atomarer Schmelzofen, der für die Menschheit erschlossen werden soll. Doch er bleibt in Geheimnisse gehüllt und bringt auch diese Expedition an den Rand des Scheiterns. Ergründet werden kann die Golkonda nicht und die Menschen stehen ratlos vor dem Phänomen.

»Da war sie, die Golkonda (...). Sie dehnte sich nach beiden Seiten bis zum Horizont, und mitten darin erhob sich, von vielfarbigen Blitzen erhellt, ein gigantischer kohlenschwarzer Felsenberg. Er verdeckte den halben Himmel, und sein Gipfel verlor sich in den ungestüm dahinziehenden blutroten Wolken. Ein anhaltendes dumpfes Tosen drang von diesem ungeheuerlichen Krater herüber. Der Boden bebte und glitt wie ein lebendes Wesen unter den Füßen weg.«[17]

Auch in *Atomvulkan Golkonda* wird die Inferiorität des Menschen gegenüber den Kräften des Universums deutlich.

In ähnlicher Weise behandeln die Strugatzkis das Thema in dem Roman *Der ferne Regenbogen*. Die Handlung erinnert etwas an Goethes Zauberlehrling, doch auf die Rückkehr des Meisters, der alles wieder ins Lot bringt, warten die Wissenschaftler vergeblich. Auf dem Planeten Regenbogen werden von Forschern Experimente zur Entwicklung des Null-Transports durchgeführt, wobei ein Versuch außer Kontrolle gerät und sich zu einem planetenumspannenden Feuergürtel, Welle genannt, ausweitet, der den Untergang aller auf dem Planeten lebenden Menschen besiegelt. Die Wissenschaftler stehen ratlos vor den von ihnen entfesselten Kräften und der Kapitän des einzigen vorhandenen Raumschiffs – vor die Frage gestellt, die wichtigen Forschungsunterlagen oder die Kinder der menschlichen Kolonie zu retten – entscheidet sich für die Kinder. Eine Absage an die Technologie und ein Bekenntnis zur Menschlichkeit und dem Glauben an die Zukunft, der Ausdruck in der Rettung der nächsten Generation findet. Aber auch in diesem Roman werden Menschen gezeigt, die mit einem Phänomen konfrontiert sind, das sich ihrem Erkenntnisvermögen (bis jetzt) entzieht. Selbst im

Untergang protokollieren sie noch akribisch den Verlauf der »Welle«.

»Ihr (der Welle) Verhalten ist zwar verständlich, aber eigentlich ihrer nicht würdig. (...) Die Deformierung des ringförmigen Typs. Sie entspricht der Kappagleichung, und wenn die Welle ein Kappafeld hat, so kommt schlagartig Licht in die Dinge, mit denen sich unser armer Maljajew die ganze Zeit herumgeschlagen hat: die D-Durchdringung, die Telegenität der Fontänen, die ›doppelten Trugbilder‹ ...«[18]

Dieses Nicht-Verstehen beschränkt sich nicht nur auf naturwissenschaftlich-technische Phänomene, sondern kommt auch in den Zivilisationsromanen der Strugatzkis zum Ausdruck.

Die häßlichen Schwäne sind dafür das hervorstechendste Beispiel. Es sei einmal außer acht gelassen, daß der Roman aufgrund der relativ unverschlüsselten gesellschaftspolitischen Kritik, die in ähnlicher Weise auch in *Die Schnecke am Hang* transportiert wird, ein klares Anliegen an den Leser hat, sondern gezeigt werden soll die übergreifende Thematik des Unbegreiflichen, die hier in sehr engem Rahmen, im Konflikt des Menschen mit einer anthropologischen Akzeleration, Ausdruck findet.

Der Ort der Handlung ist eine zeitlose und geographisch willkürliche russische Kleinstadt, in der der Schriftsteller Victor Banev in die Auseinandersetzung um ein Camp hineingezogen wird. In dem Camp leben »Naßmänner«, auch »Brillentypen« genannt, die eine körperlich-geistige Deformation aufweisen, einen Mutationssprung hin zum Homo superior. Offiziell werden sie in »Leprosorien«, einer Art Quarantäne, gehalten. Die Regierung schweigt, und nur sehr unzureichend dringen Informationen durch den Arzt Golem, der dort arbeitet, an die Öffentlichkeit. Im Verlauf der Handlung konkretisiert sich der Eindruck, es hier mit dem Homo superior zu tun zu haben, aber am Ende verschwindet das Camp im Nebel, ohne ergründet zu sein.

Über die Naßmänner selbst existieren nur Spekulationen:

»Er spreche von dem außerordentlich weit verbreiteten Glauben, daß die sogenannten Naßmänner einen verhängnisvollen Einfluß ausübten; man bringe sie in Verbindung mit dem Klimaumbruch, mit dem Ansteigen der Fehlgeburtenrate und der Zahl kinderloser Ehen, dem massenhaften Auszug einiger Haustierarten aus der Stadt und dem Auftreten einer besonderen Abart der Hauswanze, der sogenannten geflügelten Wanze.«[19]

Und undurchsichtige Andeutungen, die Golem macht:

»›Nein. Im Gegenteil.‹ Golem schwieg wieder. ›Diese Schwachköpfe. Sie haben ihm (einem Naßmann) nichts zu lesen gegeben, und er ist verhungert.‹«[20]

In diesem Roman, der wohl die größte Affinität zur Gegenwart hat, sieht sich der Protagonist Victor Banev dem Unbegreiflichen gegenüber. In dieser Konfrontation findet das Grundthema der Strugatzkis Ausdruck, doch nicht anhand von außen beigebrachter Entitäten, sondern durch eine Entwicklung auf der Erde. Die »Naßmänner« sind den normalen Menschen so fremd und unverständlich, wie es die Nullen im *Picknick am Wegesrand* oder die Welle in *Der ferne Regenbogen* waren. In *Die häßlichen Schwäne* ist die Unbegreiflichkeit des Mitmenschen, die Beschränktheit menschlicher Erkenntnisfähigkeit in bezug auf die Evolution zu einem den Roman mittragenden Thema geworden und zeigt sich in der Reaktion der staatlichen Organe auf die Andersartigkeit der »Naßmänner«.

In dem früher entstandenen Roman *Es ist nicht leicht, ein Gott zu sein* wird die in den *Häßlichen Schwänen* vollendete Entwicklung der Fremdheit des anderen, der nur äußerliche Züge einer Menschenähnlichkeit trägt, schon angedeutet. Rumata, Agent der Erde zur Beobachtung unterentwickelter Planeten, bewegt sich auf einer Welt mit mittelalterlicher Sozialstruktur und faschistischen Tendenzen. Er steht als utopischer Mensch den Verhältnissen auf diesem Planeten entsetzt bis fassungslos gegenüber, da er die dort stattfindende Entwicklung nur mit den dunkelsten Epochen der menschlichen Geschichte vergleichen kann.

»Die Geschichte des braunen Hauptmanns Ernst Röhm war bereit, sich zu wiederholen.«[21]

»Hinter Hitler hatte das Kapital gestanden, dachte Rumata, hinter Don Reba aber steht niemand.«[22]

Die Lage auf dem Planeten und die Schwierigkeiten, die die Agenten haben, sich dem Postulat der Nichteinmischung zu beugen, zwingt Rumata zu dem traurigen Fazit der Resignation.

»Und auf der Erde glaubt man bis auf den heutigen Tag, daß sich mit den kompliziertesten Problemen die Null-Physiker befassen.«[23]

Hier wird deutlich, daß in der Konfrontation des utopisch denkenden neuen Menschen mit Strukturen seiner eigenen Vergangenheit sich ein Moment des Unbegreiflichen manifestiert und Rumata, als er sich aus der Rolle des Beobachters löst und in die Ereignisse aktiv eingreift, in die Aporie zwischen Gott-sein und doch nicht dessen Macht und Erkenntnisfähigkeit zu haben, stürzt.[24]

Auch Maxim Kammerer, als notgelandeter Pilot in *Die bewohnte Insel,* steht dem dortigen Gesellschaftssystem in Nichtverstehen hilflos gegenüber. Die Informationen, die er von den »Eingeborenen« erhält, sind nur Bruchstücke eines Mosaiks, dessen Gesamtbild sich bis zum Schluß nicht enthüllt. Die rätselhaften Strahlen, die bei einem Teil der Bevölkerung Enthusiasmus auslösen, bei den als Mißgeburten bezeichneten Oppositionellen aber zu unerträglichen Schmerzen führen, werden erst durch den Galaktischen Sicherheitsdienst, im Volksmund der Bewohner des Planeten die »Unbekannten Väter« genannt, erklärt. Maxim, der in *Ein Käfer im Ameisenhaufen* die Jagd nach Abalkin aufnehmen wird, stellt sich zuerst in den Dienst der Herrschenden, wechselt dann auf die Seite der Untergrundkämpfer, doch begreift er nie die Gesellschaft, in die er geworfen ist. Zwar wird sie durch Erklärungen von verschiedener Seite im Verlauf der Handlung immer transparenter, dennoch bleibt die Grundlage der von Maxim vorgefundenen Situation im Dunkel von Andeutungen und Relikten verborgen.

Gänzlich verwirrend ist die Lage an der »Front«. Dort kämpft das Militär gegen steuerlose Kriegsmaschinen, die aus irgendeiner Auseinandersetzung zurückgeblieben sind und jetzt unkontrolliert ihre Funktion erfüllen.

»Am nächsten Tag bedrohte Maxim auch der Wald. Hier konnte man keinen Schritt gehen, ohne auf irgendein Eisen zu stoßen: auf totes und durch und durch verrostetes Eisen; auf verstecktes Eisen, das jeden Augenblick zu töten bereit war; auf heimlich rotierendes, zielendes Eisen; auf sich vorwärts bewegendes Eisen, das blind und ziellos die Reste der Straßendecke aufriß. (...) Dieses Gebiet war buchstäblich vollgepfropft mit Kriegsmaschinerie – mit selbstfahrenden Kanonen, Raketenwerfern auf Ketten, Feuerwerfern und Gaswerfern.«[25]

Alle diese Aspekte sind in ein Netz verwoben, so daß ihre Erklärung, falls sie erfolgt, immer ein Rest von Ungewißheit zurückläßt. Dieser Rest ist es, der dem Protagonisten und damit auch dem Leser das Gefühl vermittelt, hier einem Phänomen gegenüberzustehen, das eigentlich unbegreiflich ist und auch so bleiben muß, denn eine letztgültige Erklärung ist unmöglich und würde die Aussage in unzulässiger Weise profanieren.

Der Roman *Milliarden Jahre vor dem Weltuntergang*, den die Autoren zusammen mit *Die Schnecke am Hang* am meisten schätzen, thematisiert das Unbegreifliche mehr von der makaber-ironischen Seite.[26] Wissenschaftler der nahen Zukunft – vielleicht sogar schon der Gegenwart –, die an epochemachenden Entdeckungen arbeiten, werden auf die eine oder andere Weise daran gehindert, ihre Arbeit weiterzuführen. Attraktive Frauen, ein rothaariger Gnom, der ein Ultimatum überbringt, und vieles andere mehr, bis hin zu rätselhaften Selbstmorden, sind die Mittel, deren sich Unbekannte bedienen, um die technologische Entwicklung auf der Erde in eine andere Richtung zu bringen bzw. zu verhindern. Doch keine der im Buch angebotenen Erklärungen für die eigenartigen Phänomene kann als gültig akzeptiert werden. Die Gründe für den Eingriff von außen, der vielleicht schon vor der Erfindung der Atombombe wünschenswert gewesen wäre, werden nicht enthüllt. Es bleibt nur ein halbherziger Trost.

»Bis zum Weltuntergang sind es Milliarden Jahre. In Milliarden Jahren kann man viel, sehr viel schaffen, wenn man nicht aufgibt und begreift und nicht aufgibt.«[27]

Dieses Begreifen-Wollen und Nicht-Aufgeben, sondern auch das Unerklärliche zu erforschen, zieht sich durch die Bücher der Strugatzkis. Das Unbegreifliche, mit dem der Mensch konfrontiert wird, ist nur zu diesem Zeitpunkt und nicht a priori unbegreiflich. Der Mensch wird konfrontiert mit Phänomenen, die sich seinem Verständnis entziehen, doch der Weg zum Verstehen ist offen und wird beschritten werden. In *Atomvulkan Golkonda* von den nachfolgenden Expeditionen, in *Picknick am Wegesrand* läßt die zum Schluß gefundene goldene Kugel einen Schimmer von Hoffnung erkennen, in *Der ferne Regenbogen* tragen die geretteten Kinder die Möglichkeit des späteren Verstehens in sich und in *Ein Käfer im Ameisenhaufen* schließlich ist die Wahrscheinlichkeit eines Kontaktes mit den Wanderern nicht gänzlich ausgeschlossen.

Die Romane der Strugatzkis zeichnen sich im wesentlichen durch ihre Mehrgleisigkeit aus. Neben dem – durch die Transformation der Gegenwartsgesellschaft in eine bessere utopische, die wiederum mit ihrer eigenen Vergangenheit konfrontiert wird – gesellschaftspolitischen Bezug, ist die Auseinandersetzung mit dem Unbegreiflichen ein durchgehendes Motiv.

Der politische Anspruch der Romane allein – der Rückgriff auf die deutsche Geschichte des Dritten Reiches erscheint manchmal überbetont – wäre nicht in der Lage, die SF der Strugatzkis außerhalb ihres Heimatlandes tragfähig zu machen.

Die allgemein-menschliche Frage nach der Erkenntnis und ihren Grenzen, die nie in Resignation gegenüber dem Unbegreiflichen erstarrt, sondern zu einem Überdenken der Möglichkeiten menschlichen Verstehens führt, eröffnet den Werken der Strugatzkis die Dimension der erkenntnisbezogenen Verfremdung, wie sie Darko Suvin als wesentliches Merkmal einer guten SF charakterisiert hat.

Anmerkungen

1 Franz Rottensteiner: »Science Fiction in Osteuropa«, in: *Heyne Science Fiction Magazin* 4, München 1982, S. 252.
2 Erik Simon: »Porträt des Gottes als Ameise«, in: A. und B. Strugatzki: *Ein Käfer im Ameisenhaufen*. Bielefeld 1983, S. 232/233.
3 A. und B. Strugatzki: *Picknick am Wegesrand,* Frankfurt 1981, S. 11.
4 Ebda.: S. 131/132.
5 Ebda.: S. 133.
6 Ebda.: S. 133.
7 Stanisław Lem: »Nachwort« zu *Picknick am Wegesrand, a.a.O.*, S. 205/206.
8 Ebda.: S. 207.
9 Ebda.: S. 211.
10 A. und B. Strugatzki: *Picknick am Wegesrand,* a.a.O., S. 136/137.
11 A. und B. Strugatzki: *Ein Käfer im Ameisenhaufen,* Bielefeld 1983, S. 78.
12 Ebda.: S. 201.
13 Darko Suvin: »Ein Abriß der sowjetischen Science Fiction«, in: Eike Barmayer (Hg.): *Science Fiction,* München 1972, S. 334.
14 Ebda.: S. 334.
15 Darko Suvin: »Nachwort« zu A. und B. Strugatzki, *Die Schnecke am Hang,* Frankfurt 1978, S. 272.
16 Franz Rottensteiner: *a.a.O.*, S. 252.

17 A. und B. Strugatzki: *Atomvulkan Golkonda,* Berlin o. J., S. 224.
18 A. und B. Strugatzki: *Der ferne Regenbogen,* Frankfurt 1983, S. 64.
19 A. und B. Strugatzki: *Die häßlichen Schwäne,* München 1982, S. 102.
20 Ebda.: S. 138.
21 A. und B. Strugatzki: *Es ist nicht leicht, ein Gott zu sein,* Berlin/Wien 1983, S. 114.
22 Ebda.: S. 84.
23 Ebda.: S. 42.
24 Darko Suvin: »Ein Abriß...«, *a.a.O.,* S. 331.
25 A. und B. Strugatzki: *Die bewohnte Insel,* Berlin/Wien 1982, S. 205/206.
26 *Quarber Merkur,* 60 (1983), S. 30.
27 A. und B. Strugatzki: *Milliarden Jahre vor dem Weltuntergang,* München 1981, S. 174.

Bibliographie der deutschen Buchausgaben Arkadi und Boris Strugatzkis (chronologisch nach russischen Ersterscheinungen)

1959: *Atomvulkan Golkonda (Strana bagrovych tuč)*. Aus dem Russischen von Willi Berger.
Berlin (DDR): Kultur und Fortschritt 1961
Berlin: Gebrüder Weiß [1962]
München: Heyne Verlag 1974, Heyne SF Nr. 3377

1962/1967:
Mittag, 22. Jahrhundert (Auswahl aus *Alfa Eridana, Polden' XXII Vek* und *Stašeri)*. Aus dem Russischen von Aljonna Möckel.
Berlin (DDR): Das Neue Berlin 1977
München: Knaur 1984, Knaur SF Nr. 7557
[Enthält: »Nacht auf dem Mars«; »Der Mensch muß leben«; »Spezielle Voraussetzungen«; »Planetenerkunder«; »Tiefsee-Erkundung«; »Kerzen vor dem Pult«; »Von Wanderern und Reisenden«; »Ein gut eingerichteter Planet«; »Der Jäger«; »Die Niederlage«; Nachwort von Erik Simon: »Die gut eingerichtete Welt des Mittags«]

1962: *Fluchtversuch (Popytka k begstvu)*. Aus dem Russischen von Dieter Pommerenke.
In: Hannelore Menke, Hrsg.: *Fluchtversuch*. Berlin (DDR): Volk und Welt 1976
Frankfurt/Main: Suhrkamp 1983, st 872 (»Phantastische Bibliothek«, Band 89)

1963: *Der ferne Regenbogen (Dalekaja Raduga)*. Aus dem Russischen von Aljonna Möckel.
Berlin (DDR): Das Neue Berlin 1971
München: Heyne Verlag 1976, Heyne SF Nr. 3497
Frankfurt/Main: Suhrkamp 1983, st 956 (»Phantastische Bibliothek«, Band 111)

1964: *Es ist nicht leicht, ein Gott zu sein (Trudno Byt' Bogom)*. Aus dem Russischen von Hermann Buchner.
Hamburg und Düsseldorf: Marion von Schröder 1971 (»science fiction & fantastica«)
München: Heyne 1973, Heyne SF Nr. 3318
Frankfurt/Main, Berlin, Wien: Ullstein SF Nr. 31074
Ein Gott zu sein ist schwer. Aus dem Russischen von Arno Specht.
Berlin (DDR): Volk und Welt 1975

1964: *Montag beginnt am Samstag (Ponedel'nik načinaetsja v subbotu)*. Aus dem Russischen von Hermann Buchner.
Frankfurt/Main: Insel Verlag 1974 (»SF der Welt«)

Frankfurt/Main: Suhrkamp Verlag 1982, st 780 (»Phantastische Bibliothek«, Band 72)

1965: *Die gierigen Dinge des Jahrhunderts (Chiščnye vešči veka).* Aus dem Russischen von Heinz Kübart.
Berlin (DDR): Volk und Welt 1981
Frankfurt/Main: Suhrkamp 1982, st 827 (»Phantastische Bibliothek«, Band 78)

1966/1968:
Die Schnecke am Hang (Ulitka na sklone). Aus dem Russischen von Hans Földeak. Mit einem Nachwort von Darko Suvin.
Frankfurt/Main: Suhrkamp Verlag 1978, st 434 (»Phantastische Bibliothek«, Band 13)

1968: *Die zweite Invasion auf der Erde.* Aus dem Russischen von Giuseppina Morbioli.
Frankfurt/Main: Insel Verlag 1973 (»SF der Welt«)
Neuer Titel: *Die zweite Invasion der Marsianer*
Frankfurt/Main: Suhrkamp Verlag 1984, st 1081 (»Phantastische Bibliothek«, Band 139)
[Enthält: »Die zweite Invasion auf der Erde« bzw. »Die zweite Invasion der Marsianer« (»Vtoroe nasestvie marsian«); »Das Märchen von der Trojka« (»Skazka o trojke«).]
Die zweite Invasion der Marsmenschen.
Aus dem Russischen von Thomas Reschke.
Berlin (DDR): Volk und Welt 1976

1970: *Hotel ›Zum verunglückten Bergsteiger‹ (Otel' »U pogibšego al'pinista«).* Aus dem Russischen von R. Willnow.
Berlin (DDR): Volk und Welt 1973

1971: *Die bewohnte Insel (Obitaemyj ostrov).* Aus dem Russischen von Hermann Buchner.
Hamburg und Düsseldorf: Marion von Schröder 1972 (»science fiction & fantastica«)
Frankfurt/Main, Berlin, Wien: Ullstein 1983, Ullstein SF Nr. 31038

1971: *Die dritte Zivilisation (Malyš).* Aus dem Russischen von Aljonna Möckel.
Berlin (DDR): Das Neue Berlin 1975
Berlin (DDR): Volk und Welt 1977, »Romanzeitung« Nr. 330 als »Der Knirps« in:
Wolfgang Jeschke, Hrsg.: *Heyne Science Fiction Jahresband 1981.*
München: Heyne 1981, Heyne SF Nr. 3790
Wolfgang Jeschke, Hrsg.: *Letzte Bestellung.*
Stuttgart: Deutscher Bücherbund 1983

1972: *Picknick am Wegesrand (Piknik na obočine).* Aus dem Russischen von Aljonna Möckel.
Berlin (DDR): Das Neue Berlin 1976, 1979
Berlin (DDR): Volk und Welt 1981, »Romanzeitung« 378
Frankfurt/Main: Suhrkamp 1981, st 670 (»Phantastische Bibliothek«, Band 49). Mit einem Nachwort von Stanislaw Lem.

1972: *Die häßlichen Schwäne (Gadkie lebedi).* Aus dem Russischen von Hans Földeak.
München: Heyne Verlag 1982, Heyne SF Nr. 3891

1976: *Milliarden Jahre vor dem Weltuntergang (Za milliard let do konca sveta).* Aus dem Russischen von Welta Ehlert.
Berlin (DDR): Volk und Welt 1980
München: Heyne 1981, Heyne SF Nr. 3809

1979/1980:
Ein Käfer im Ameisenhaufen (Žuk v muravejnike). Aus dem Russischen von Erik Simon.
Bielefeld: Übergrenzen Verlag 1983. Mit einem Nachwort von Erik Simon.
Berlin (DDR): Das Neue Berlin 1984. Mit einem Nachwort von Erik Simon: »Porträt des Gottes als Ameise. Nachwort und Lesarten.«
Frankfurt/Main: Suhrkamp Verlag 1985, st 1160 (»Phantastische Bibliothek«, Band 152).

Copyrightvermerke, Quellen- und Übersetzungshinweise

Arkadi Strugatzki: »Der Mensch muß immer Mensch bleiben.« (Aus: *Sowjetliteratur* 35 (1983) 7, S. 153–165. © »Sowjetliteratur«, 1983. Deutsche Übersetzung von N. Letnewa. Mit freundlicher Genehmigung von WAAP.)

Arkadi und Boris Strugatzki: »Die Wunschmaschine«. (Aus *Lichtjahr* 4, Verlag Neues Berlin, 1985. Aus dem Russischen von Aljonna Möckel. Copyright © Arkadi und Boris Strugatzki, 1981. Deutsche Übersetzung © Verlag Das Neue Berlin, Berlin/DDR 1985. Mit freundlicher Genehmigung von WAAP, Nutzung der deutschen Übersetzung mit freundlicher Genehmigung des Verlages Das Neue Berlin.)

Arkadi und Boris Strugatzki: »Die Geschichte von der gigantischen Fluktuation« (»Rasskaz o gigantskoj fluktuaciej«, ursprünglich in A. und B. Strugatzki, *Stašeri,* Moskau 1968. Entnommen aus: *Der Wurfspieß des Odysseus,* hrsg. von Jewgeni Brandis. Berlin: Verlag Das Neue Berlin 1981, S. 69–77. Aus dem Russischen von Erik Simon. Für die deutsche Übersetzung © Verlag Neues Leben, Berlin/DDR 1981. Mit freundlicher Genehmigung des Verlages Neues Leben.)

Arkadi und Boris Strugatzki: »Der Jäger.« (Aus: Edwin Orthmann: *Das Raumschiff,* Berlin: Verlag Neues Leben, 1977. Aus dem Russischen von Aljonna Möckel. Für die deutsche Übersetzung: © Verlag Neues Leben, Berlin/DDR, 1977. Mit freundlicher Genehmigung des Verlages Neues Leben.)

Erik Simon: »Porträt des Gottes als Ameise.« (Nachwort zu Arkadi und Boris Strugatzki: *Ein Käfer im Ameisenhaufen,* Berlin: Das Neue Berlin, 1984, S. 221–240. © Verlag Das Neue Berlin, Berlin, 1984. Mit freundlicher Genehmigung des Verlages.)

Istvan Csicsery-Ronay jr.: »Das letzte Märchen: *Picknick am Wegesrand* und das Märchenparadigma in der Science-fiction der Strugatzkis« (»Toward the Last Fairy Tale: *Roadside Picnic* and the Fairy Tale Paradigm in the Strugatzkys' Science Fiction«. Originalbeitrag. © Istvan Csicsery-Ronay jr., 1986. Aus dem Amerikanischen von Franz Rottensteiner.)

Diana Greene: »Mann und Frau in *Die Schnecke am Hang*« (»Male and Female in *The Snail on the Slope* by the Strugatskij Brothers«. Eine frühere Fassung wurde 1982 auf der Jahresversammlung der American

Association for Teachers of Slavic and East European Languages vorgetragen. © Diana Greene, 1986. Aus dem Amerikanischen von Franz Rottensteiner.)

Dagmar Barnouw: »Historische Erfahrung im Untergrund der Vergangenheit: *Es ist nicht leicht, ein Gott zu sein*« (Originalbeitrag, © Dagmar Barnouw, 1986.)

Halina Stephan: »Die Grenzen wissenschaftlichen Fortschritts in *Milliarden Jahre vor dem Weltuntergang*« (»The Limits of Scientific Progress in *Definitely Maybe (Za milliard let do konca sveta)* by the Strugatskys«. © Halina Stephan, 1986. Aus dem Amerikanischen von Franz Rottensteiner.)

Florian F. Marzin: »Der Mensch und das Unbegreifliche« (Originalbeitrag, © Dr. Florian F. Marzin, 1986.)

Über die Autoren

Dagmar Barnouw ist Professor für deutsche Literatur an der University of Texas in Austin. Buchpublikationen über Eduard Mörike, Thomas Mann und Elias Canetti, Zeitschriftenbeiträge u.a. zur Science-fiction, auch eine Buchstudie: *Die versuchte Realität oder Von der Möglichkeit, glücklichere Welten zu denken.* Utopischer Diskurs von Thomas Morus bis zur feministischen Science Fiction (Meitingen: Corian-Verlag 1985).

Istvan Csicsery-Ronay jr. lehrt englische und Weltliteratur an der DePauw University, Indiana, erwarb einen Ph. D. in vergleichender Literaturwissenschaft an der Princeton University. Derzeit schreibt er an Arbeiten über Stanisław Lem und Georg Lukács.

Diana Greene hat einen Ph. D. von der Columbia University in Slawischen Sprachen und Literaturen. Ein auf ihrer Dissertation basierendes Buch über Fjodor Sologub erscheint in diesem Jahr. Derzeit arbeitet sie an einem Buch über Karolina Pawlowa.

Florian F. Marzin (geb. 1953) studierte 1973–1982 an der Universität Frankfurt Deutsche Philologie und Politik; 1981–1982 Lehrbeauftragter im Fachbereich Neuere Philologie der Universität Frankfurt. Schrieb eine Dissertation *Die phantastische Literatur*. Eine Gattungsstudie (Frankfurt/Main, Bern: Peter Lang 1982) und gab einen Sammelband zu Lem heraus: *Stanisław Lem: An den Grenzen der Science Fiction und darüber hinaus* (Meitingen: Corian-Verlag 1985).

Erik Simon (geb. 1950) ist gelernter Elektromonteur, Diplomphysiker, Fachübersetzer, Lektor im Verlag Das Neue Berlin, SF-Autor und einer der besten Kenner der internationalen Science-fiction in der DDR. Bislang veröffentlichte er die Erzählungsbände *Die ersten Zeitreisen* (Berlin: Verlag Neues Leben 1977, zusammen mit Reinhard Heinrich) und *Fremde Sterne* (Berlin: Das Neue Berlin 1979) und gab die Anthologien *Kontaktversuche* (1978, bulgarische Phantastik), *Die Rekonstruktion des Menschen* (1980) und *Maschinenmenschen* (1980) heraus. Mit Olaf R. Spittel kompilierte er *Science-fiction. Personalia zu einem Genre in der DDR* (Berlin: Verlag Das Neue Berlin 1982).

Halina Stephan erwarb 1975 einen Ph. D. in Russisch und Polnisch an der University of Michigan. Sie war von 1975–1985 Professor am Department of Slavic Languages and Literatures der University of Southern California und lehrt jetzt an der University of Florida. Sie veröffentlichte zahlreiche

Zeitschriftenaufsätze zu slawistischen Themen, darunter auch zu Mrożek, Majakowski und den Strugatzkis.

Arkadi (geb. 1925) und *Boris* (geb. 1933) *Strugatzki* sind die führenden sowjetischen SF-Autoren. Arkadi absolvierte die Hochschule für Fremdsprachen in Moskau und arbeitete am Institut für Information als Übersetzer für Englisch und Japanisch und war auch Verlagslektor; Boris studierte Astronomie in Leningrad und arbeitete als Astronom an der Sternwarte Pulkovo. Seit 1964 sind beide freie Schriftsteller, Boris in Leningrad, Arkadi in Moskau. Die häufig gebrauchte Formulierung, daß sie ihre Geschichten stets gemeinsam schrieben, stimmt nicht mehr, denn in den letzten Jahren hat Arkadi Strugatzki zwei längere Erzählungen unter dem Pseudonym S. Jaroslawzew veröffentlicht (eine davon erscheint 1986 bei Suhrkamp in der Anthologie *Phantastische Zeiten*). Das Pseudonym ist kein besonderes Geheimnis, doch erlaubt Arkadi Strugatzki nicht, daß die Texte unter seinem Namen erscheinen. Die Werke der beiden Brüder zählen zur Spitze der Welt-SF. Viele ihrer Erzählungen wurden verfilmt, am bekanntesten ist unzweifelhaft Andrej Tarkowskis *Stalker,* nach ihrem *Picknick am Wegesrand.* Andere Filme, wie der vom *Hotel ›Zum verunglückten Bergsteiger‹,* sind kaum über die Sowjetunion hinausgekommen. Einer ihrer besten Romane, *Es ist nicht leicht, ein Gott zu sein* (1964), wird derzeit von Peter Fleischmann in einer aufwendigen deutsch-sowjetischen Gemeinschaftsproduktion verfilmt. Die meisten Bücher der Strugatzkis liegen in der »Phantastischen Bibliothek« vor, darunter *Picknick am Wegesrand, Die zweite Invasion der Marsianer, Die Schnecke am Hang* und *Ein Käfer im Ameisenhaufen.*

Phantastische Bibliothek in den suhrkamp taschenbüchern

Eine Auswahl

Aldiss, Brian W.: Der unmögliche Stern. Science-fiction-Geschichten. Aus dem Englischen von Rudolf Hermstein. st 834

Ballard, J. G.: Das Katastrophengebiet. Science-fiction-Erzählungen. Aus dem Englischen von Alfred Scholz und Rudolf Hermstein. st 924

– Der tote Astronaut. Science-fiction-Erzählungen. Aus dem Englischen von Michael Walter. st 940

– Billennium. Science-fiction-Erzählungen. Aus dem Englischen von Alfred Scholz und Michael Walter. st 896

– Hallo Amerika! Science-fiction-Roman. Aus dem Englischen von Rudolf Hermstein. st 895

– Der ewige Tag und andere Science-fiction-Erzählungen. st 727

Becher, Martin Roda: An den Grenzen des Staunens. Aufsätze zur phantastischen Literatur. st 915

Bioy Casares, Adolfo: Morels Erfindung. Phantastischer Roman. Aus dem Spanischen von Karl August Horst. Mit einem Nachwort von Jorge Louis Borges. st 939

– Die fremde Dienerin. Phantastische Erzählungen. Aus dem Spanischen von Joachim A. Frank. st 962

Blackwood, Algernon: Besuch von Drüben. Gruselgeschichten. Deutsch von F. Polakovics. st 411

– Das leere Haus. Phantastische Geschichten. Deutsch von F. Polakovics. st 30

Blick vom anderen Ufer. Europäische Science-fiction. Hg. F. Rottensteiner. st 359

Braun, Johanna u. Günter: Conviva Ludibundus. Utopischer Roman. st 748

– Der Irrtum des Großen Zauberers. Phantastischer Roman. st 807

– Das kugeltranszendentale Vorhaben. Phantastischer Roman. st 948

Bulwer-Lytton, Edward: Das kommende Geschlecht. Roman. st 609

Dick, Philip K.: UBIK. Science-fiction-Roman. Deutsch von Renate Laux. st 440

Erckmann-Chatrian. Das Eulenohr und andere phantastische Erzählungen. Herausgegeben von Kalju Kirde. Aus dem Französischen von Hilde Linnert. st 989

Franke, Herbert W.: Transpluto. Science-fiction-Roman. st 841

– Einsteins Erben. Erzählungen. st 603

– Sirius Transit. Roman. st 535

52/1/8.84

Phantastische Bibliothek in den suhrkamp taschenbüchern

Eine Auswahl

Franke, Herbert W.: Ypsilon minus. st 358

Hodgson, William Hope: Stimme in der Nacht. Unheimliche Seegeschichten. Deutsch von Wulf Teichmann. st 749

Lem, Stanisław: Die Astronauten. Utopischer Roman. Deutsch von R. Pabel. st 441

– Der futurologische Kongreß. Deutsch von I. Zimmermann-Göllheim. st 534

– Die Jagd. Neue Geschichten des Piloten Pirx. Deutsch von R. Buschmann, K. Kelm, B. Sparing. st 302

– Memoiren, gefunden in der Badewanne. Deutsch von W. Tiel. Mit einer Einleitung des Autors. st 508

– Nacht und Schimmel. Erzählungen. Deutsch von I. Zimmermann-Göllheim. st 356

– Die Ratte im Labyrinth. Ausgewählt von Franz Rottensteiner. Aus dem Polnischen von Roswitha Buschmann, Caesar Rymarowicz, Jens Reuter und Klaus Staemmler. st 806

– Robotermärchen. st 856

– Sterntagebücher. Deutsch von C. Rymarowicz. Mit Zeichnungen des Autors. st 459

– Die Untersuchung. Kriminalroman. Deutsch von J. Reuter und H. J. Mayer. st 453

Lexikon der phantastischen Literatur. Hrsg. Rein A. Zondergeld. st 880

Lovecraft, H. P.: Stadt ohne Namen. Deutsch von Charlotte Gräfin von Klinckowstroem. Mit einem Nachwort von Dirk Mosig. st 694

– Berge des Wahnsinns. st 220

– Cthulhu. Geistergeschichten. Deutsch von H. C. Artmann. Vorwort G. Manganelli. st 29

– Der Fall Charles Dexter Ward. Zwei Horrorgeschichten. Deutsch von R. Hermstein. st 391

Über H. P. Lovecraft. Hg. F. Rottensteiner. st 1027

Maupassant, Guy de: Die Totenhand und andere phantastische Erzählungen. Aus dem Französischen v. W. Widmer u. a. st 1040

Mercier, Louis-Sébastien: Das Jahr 2440. Ein Traum aller Träume. Deutsch von Christian Felix Weiße (1772). Herausgegeben, mit Erläuterungen und einem Nachwort versehen von Herbert Jaumann. st 676

Poe, Edgar Allan: Der Fall des Hauses Ascher. Deutsch von A. Schmidt und H. Wollschläger. st 517

52/2/8.84

52/3/8.84

Verzeichnis der suhrkamp taschenbücher

Eine Auswahl

2/1/6.84

2/2/6.84

2/3/6.84

2/4/6.84

2/5/6.84

2/6/6.84